VON DER DONAUMONARCHIE ZUM VEREINTEN EUROPA

VON DER DONAUMONARCHIE ZUM VEREINTEN EUROPA

20 REICHSRATSABGEORDNETE DIE GESCHICHTE SCHRIEBEN

Wieser Verlag

W I E S E R   V E R L A G
KLAGENFURT – WIEN – LJUBLJANA – SARAJEVO
A-9020 Klagenfurt/Celovec, Ebentaler Straße 34b
Tel. +43(0)463 37036, Fax +43(0)463 37635
office@wieser-verlag.com
http://www.wieser-verlag.com

ISBN 3 85129 409 2

Originalausgabe
Herausgegeben
von der Parlamentsdirektion

Text:
Andreas P. Pittler
Maria-Luise Janota (Alcide de Gasperi)

Mitarbeit:
Zuzana Bekečova,
Daniela Humajova,
Helena Verdel,
Franz Josef Weißenböck

Lektorat:
Mediendesign

Gestaltung & Satz:
Bernhard Kollmann,
www.kollmanndesign.at

---

www.parlament.gv.at

Geleitwort

Dieses Buch ist ein Willkommensgruß - ein freudiger Willkommensgruß - an die zehn europäischen Länder, deren Beitritt zur Europäischen Union am 16. April 2003 in Athen unterschrieben wird.

Die Erweiterung der Europäischen Union ist wahrlich ein historischer Schritt. Europa wächst wieder zusammen, und Österreich findet sich wieder in der Mitte unseres Kontinents. Es entsteht eine neue mitteleuropäische Dimension in der EU, und Österreich hat die Chance, mit seinen Nachbarn eine neue wirtschaftliche, politische, kulturelle „Wachstumszone" zu begründen.

Gerade aus der Sicht des Österreichischen Parlaments ist der Beitritt unserer Nachbarstaaten ein denkwürdiger Schritt. War nicht unser Parlament das erste „europäische" Parlament? Im Reichsrat der Jahre 1911 bis 1914 waren acht Nationen versammelt. Das vorliegende Buch beschreibt nun in 20 Kurzbiographien den Weg von Politikern, die im Reichsrat einen ersten Höhepunkt ihrer politischen Karriere erreicht haben. Einige von ihnen spielten im Anschluss daran in ihren jeweiligen Nationen und Staaten eine wichtige Rolle, gelangten sogar an deren Spitzen wie Alcide De Gasperi und Tomas Masaryk, oder endeten tragisch wie Cesare Battisti.

Zehn Jahre nach dem Ende des Vielvölkerparlaments fand dessen vorletzter Präsident, Julius Sylvester, im Reichsrat die Ursache dafür, dass die Nachfolgestaaten sich so schnell formieren konnten. Dies wäre nicht möglich gewesen, meinte Sylvester, „wenn nicht die Gesetze, die sie vom alten Staat übernommen haben, im österreichischen Abgeordnetenhaus beraten und beschlossen worden wären. Eine Unsumme von Arbeiten wurde da geleistet, die besten Redner und die auserlesensten Fachmänner haben daran gearbeitet, und wenige Parlamente in Europa werden so tüchtige und arbeitsame Kräfte in ihrer Mitte besitzen, wie sie das österreichische Abgeordnetenhaus besessen hat."

Die Biographien dieses Buches zeigen einmal mehr, dass die Nachfolgestaaten der Monarchie nicht nur das Elend des Jahres 1918 teilen mussten, sondern auch auf eine gemeinsame Erfahrung in Politik und Verwaltung zurückgreifen konnten. Die Länder gingen ihre eigenen Wege, manchmal miteinander und zu oft gegeneinander. Nach bitteren und blutigen Jahrzehnten von Nationalismus und Krieg, Unterdrückung, Vertreibung und Not, führte sie die europäische Integration wieder zueinander.

In der Europäischen Union findet jetzt wieder zusammen, was zusammen gehört.

Univ.-Prof. Dr. Andreas Khol
Präsident des Nationalrates

Wanderer zwischen den Welten

FRANZ GRAFENAUER
(1860-1935)

Unter jenen slowenischen Mandataren, die bis zum November 1918 dem österreichischen Reichsrat angehörten, um danach im ersten jugoslawischen Parlament zu wirken, ragt der Name Franz Grafenauer heraus. Denn der „Kärntner Volkstribun“ emigrierte aus seiner Heimat im Gailtal, um seiner panslawistischen Vision zu folgen.

KARGE JUGEND

Wie auch Anton Korošec entstammt Franz Grafenauer einfachsten Verhältnissen. Er wird am 2. Dezember 1860 in dem Örtchen Brugg im Bezirk Hermagor als Sohn eines kleinen Landwirtes und Orgelbauers geboren. Die Lage am Hof ist oft verzweifelt, da das Haus mit Hypotheken überlastet und noch dazu Gegenstand eines Servitutsstreites ist, sodass es immer wieder am Nötigsten fehlt. Als Grafenauers Mutter kurz nach seinem 9. Geburtstag stirbt, muss er sich als Hirte und Knecht verdingen, um zum Einkommen beizutragen. Für Schulbesuche blieb wenig Zeit. 1874, als er die Schule verließ, war er insgesamt gerade einmal vier Jahre dem Unterricht gefolgt. Der Lehrer hatte ihn dennoch höheren Orts empfohlen und drängte den Vater dazu, ihn nach Gmünd in eine höhere Schule zu schicken. Doch der Vater bestand darauf, dass Grafenauer das Orgelbauerhandwerk erlerne und ihm als Lehrling zur Hand gehe.

In jenen Jahren erwachte in Grafenauer ein nationalpolitisches Bewusstsein. Verantwortlich dafür war die regelmäßige Lektüre der Broschüren der Hermagoras-Bruderschaft, die billige Volksausgaben von literarischen Erzeugnissen unter das Volk brachten. Grafenauer wurde mit der Lektüre von Dichtern wie Jurčič, Stritar und Majar-Ziljski zum Autodidakten und verschlang auch alsbald die slowenischen Zeitschriften der „Slovenska Matica", die politische Fragen in populärwissenschaftlicher Manier thematisierten.

Nach der Lehre ging Grafenauer in alter Tradition auf die Walz, doch verließ er dabei die Grenzen Kärntens nicht. Dafür aber begegnete er Andreas Einspieler, dem damals unbestrittenen Führer der Kärntner Slowenen, der sein politischer und geistiger Mentor werden sollte. Alsbald begann Grafenauer, in der slowenischen Zeitung „Mir" („Der Friede") regelmäßig Artikel zu publizieren, die sich vor allem gegen den Deutschnationalismus richteten.

In der aufgeheizten Atmosphäre der 80er Jahre des 19. Jahrhunderts politisierte sich auch sein Vater, der im Februar 1888 wegen Majestätsbeleidigung verhaftet wurde. Man warf ihm vor, die Aussage „Alle Abgeordneten sind Lumpen, und der Kaiser ist ihr Protektor" getätigt zu haben. Er wurde zu sechs Monaten schweren Kerkers verurteilt und starb 1889 nur kurz nach seiner Freilassung im Alter von 64 Jahren. Franz Grafenauer sollte diese Episode niemals vergessen und engagierte sich nur noch bedingungsloser für die slowenische Sache.

Schon 1887 hatte Grafenauer in einem Grundsatzartikel die Idee des Panslawismus beschworen: „Der Kampf gegen die slawische Nation hat eine Gestalt angenommen, welche die Slawenstämme mahnen muss, der fremden, hereingebrachten Zersplitterung zu entsagen und zu der Jahrhunderte behaupteten nationalen Einheit des Slawentums zurückzukehren."

Mit diesen Ansichten stand Grafenauer in der Tradition der Panslawisten, die bereits um die Mitte des 19. Jahrhunderts dabei in Ausformungen, die vom konservativen František Palacky bis zum anarchistischen Michail Bakunin reichten - die Einheit aller slawischen Völker propagiert hatten. Grafenauer folgte diesem Konzept zeitlebens, auch wenn er ab 1907, als er in den Reichsrat gewählt wurde, Zugeständnisse an die Realpolitik machen musste und gleich seinen Fraktionskollegen von der Slovenska Ljudska Stranka (SLS - Slowenische Volkspartei) einen Trialismus innerhalb der Habsburger-Monarchie propagierte - also die Gleichstellung der Slawen mit Deutschsprachigen und Ungarn in der Monarchie.

1888 aber saß auch Grafenauer jr. in Haft, da ihn die Behörden verdächtigten, die Ansichten seines Vaters zu teilen. Kaum aus dem Gefängnis, entschloss er sich, für den Gemeinderat seiner Heimatgemeinde Egg zu kandidieren.

Laut Volkszählung 1880 lebten in Egg (Brdo) 1.511 Einwohner, von denen nur 90 Deutsch als Muttersprache angegeben hatten (was allerdings noch nicht heißen muss, dass dies der Realität entsprach, gaben doch oftmals Gendarmen, Zöllner, Förster und andere Amtsträger Deutsch aus Gehorsam an, wiewohl es mit den diesbezüglichen Fähigkeiten mitunter nicht unbedingt zum Besten stand). Für die national gesinnten Slowenen war Grafenauer durch die behördliche Drangsalierung zu einem Helden geworden, sodass er - wiewohl eigentlich noch nicht passiv wahlberechtigt - in den Gemeinderat gewählt wurde. Der Bürgermeister, wie Grafenauer ein Parteigänger der Slowenischnationalen, meinte, es genüge, dass dieser die Wahlberechtigung im Laufe der Wahlperiode erreichen würde.

Grafenauer stürzte sich mit Feuereifer in seine erste politische Aufgabe, erkannte aber auch schnell, dass, wollte man seine Ziele effizient erreichen, eine entsprechend flächendeckende Organisation vonnöten war. Grafenauer zählte zu den Gründungsmitgliedern des 1890 ins Leben gerufenen „Katoliško Politično Društvo" (Katholisch Politische Vereinigung), in dessen Vorstand er gewählt wurde.

Der KPD blieb bis 1918 das wesentliche politische Sammelbecken der konservativen Slowenen Kärntens, die auf parlamentarischer Ebene mit der SLS kooperierten. Doch schon bei der Vereinsgründung ergab sich eine Justizposse, die durchaus aktuelle Anklänge zu haben scheint. Der KPD hatte dem Magistrat der Stadt Klagenfurt seine Statuten übermittelt, der diese aber zurückwies, da eine beglaubigte deutsche Übersetzung fehle. Die Slowenen wandten sich daraufhin an die Wiener Zentralstellen, wo ihnen prompt Recht gegeben wurde, da gemäß Artikel 19 des Staatsgrundgesetzes von 1867 den Slowenen das Recht der Nutzung ihrer Muttersprache eingeräumt sei und „die slowenische Sprache im Herzogtum Kärnten, speziell aber auch in der Landeshauptstadt Klagenfurt eine landesübliche Sprache" sei, weshalb der Magistrat verpflichtet gewesen wäre, die Statuten anzunehmen. Die deutschnationale Verwaltung in Klagenfurt legte daraufhin Beschwerde beim Verwaltungsgerichtshof ein, doch wurde dieser Rekurs vom VwGH zurückgewiesen, „weil die Stadtgemeinde Klagenfurt keine Legitimation zur Beschwerdeführung hatte“.

Mit der Übernahme zentraler Funktionen im KPD begann Grafenauer auch auf überregionaler Ebene eine politische Rolle zu spielen. Bei den durch den Tod des Reichsratsabgeordneten Oswald Nischelwitzer nötig gewordenen Nachwahlen engagierte sich Grafenauer im Sommer 1894 quasi als Wahlkampfmanager für den Kandidaten der Slowenen (der auch gewann), im Herbst 1894 zählte er zu den Organisatoren des Wahlkampfes für die routinemäßig anstehenden Landtagswahlen. Wenngleich er in jenem Jahr noch nicht selbst für ein öffentliches Amt kandidierte, so machte er sich dennoch im Gail- und im Kanaltal als Redner und Politiker einen Namen, sodass er allgemein als einer der kommenden Männer in Kärnten galt.

VOM LANDTAG IN DEN REICHSRAT

So war es nicht verwunderlich, dass Grafenauer im September 1896 im Wahlkreis Hermagor/Tarvis selbst als Kandidat für den Landtag nominiert und auch gewählt wurde. Mit 36 Jahren übernahm er damit sein erstes öffentliches Amt und spielte alsbald in der kleinen slowenischen Landtagsfraktion eine führende Rolle (sie bestand 1896 aus drei von insgesamt 38 Abgeordneten, die beiden anderen waren Gregor Einspieler und Franz Muri, die im Jauntal gewählt worden waren). Da er sich auf dem parlamentarischen Parkett anfangs noch nicht zuhause fühlte, studierte er die stenographischen Protokolle der vorangegangenen Legislaturperioden, um daraus zu lernen, wie man im Plenum des Landtages stilvoll Reden hält.

Im September 1902 kam es zu einer grundlegenden Wahlrechtsreform in Kärnten. Einerseits wurde die Gesamtzahl der Mandate auf 43 erhöht, andererseits wurden die Wahlkreise neu eingeteilt. Was zunächst eine Verbesserung der Lage für die Slowenen schien, war realiter eine massive Verschlechterung, weil die Wahlkreise nicht länger den historischen Siedlungsgebieten entsprachen, sondern eine oft willkürliche Vermischung von Ober- und Unterkärntner Gemeinden brachten. Grafenauer, der diesmal im Wahlkreis Bleiburg/Eisenkappel kandidierte, gewann seinen Sitz mit klarer Mehrheit, doch in allen anderen Wahlkreisen wurden die Vertreter der Slowenen geschlagen. Zum Teil nur knapp, wie im Fall von Valentin Podgorc im Wahlkreis Eberndorf/Völkermarkt, dem ganze 19 Stimmen fehlten. Für die neue Periode war Grafenauer nun ein „Ein-Mann-Team".

Innerparteilich plädierte er daher dafür, die Strukturen entsprechend zu verbessern und den KPD ähnlich der Vorgangsweise der SLS in Krain und dem Küstenland umzuformieren. Die Erfolgschancen waren denkbar gering, da im Herzogtum Kärnten bis zum Ende der Monarchie jeder Versuch, das alte Kurienwahlrecht gemäß der Reichsratsreform zu adaptieren, an der deutschnationalen Mehrheit im Landtag scheiterte, worunter auch Christlichsoziale und Sozialdemokraten zu leiden hatten. Dies sollte sich bei den letzten Wahlen vor Ausrufung der Republik zeigen, die im Frühjahr 1909 stattfanden. Die Deutschnationalen errangen 37 von 43 Mandaten - gegenüber zwei Christlichsozialen, zwei Slowenen, einem Sozialdemokraten und einem Parteilosen -, in den Wahlkreisen mit slowenischsprachiger Bevölkerung immerhin elf Sitze gegenüber zwei für den KPD. Die Ungerechtigkeit dieses Wahlsystems zeigt sich an der Stimmenanzahl: Die Deutschnationalen erhielten

6.790 Stimmen (ein Schnitt von 616 Stimmen pro Mandat), die Slowenen 3.337 (1.668 pro Mandat). Grafenauer setzte sich wieder im Wahlkreis Bleiburg/Eisenkappel durch, hinzu kam ein weiterer Sitz im Wahlkreis Eberndorf/Völkermarkt. Von 1902 bis 1918 war Grafenauer damit Sprecher der slowenischen Wähler im Kärntner Landtag. Doch ab 1907 verschob sich sein Wirkungskreis immer mehr in Richtung Wien: Nach den ersten freien, allgemeinen und gleichen Wahlen zog er in den Reichsrat ein.

Im Parlament zu Wien waren die Slowenen seit 1897 durch Lambert Einspieler (der mit Andreas und Gregor nicht verwandt war) vertreten, der den Wahlkreis Klagenfurt/Völkermarkt für sich entschieden hatte. Dieser verzichtete aber 1901 auf eine Wiederwahl, sodass der KPD seinen Landtagsabgeordneten Grafenauer ins Rennen schickte. Sehr zum Leidwesen der Slowenen verlor Grafenauer die Wahl gegen den Landbundkandidaten Anton Tscharre um ganze 52 Stimmen. Tscharre starb aber schon im Juni 1905, sodass sich Grafenauer nochmals nach den Modalitäten des Kurienwahlrechtes um das Mandat im Wahlkreis Klagenfurt bewarb. Sein Gegner war diesmal der Großgrundbesitzer Friedrich Seifritz, der sofort eine wilde deutschnationale Hetzkampagne gegen Grafenauer lostrat und ihn abwechselnd als Agenten des Klerus oder als Vorkämpfer für eine großslowenische Dominanz über Kärnten hinstellte. Am Wahltag unterlag Grafenauer wieder denkbar knapp, diesmal betrug sein Rückstand 84 Stimmen.

Grafenauer musste bis zur Wahlrechtsreform von 1906 warten, um bei den ersten freien Wahlen eine faire Chance zu haben. Im Mai 1907 trat er wieder gegen Seifritz an, diesmal in einem Wahlkreis, der aus den

Gerichtsbezirken Ferlach, Eisenkappel, Bleiburg und Eberndorf zusammengesetzt war. Bei einer deutlich erhöhten Zahl an Wahlberechtigten war Grafenauer das Mandat sicher. Er gewann gleich im ersten Wahlgang mit einem Vorsprung von knapp 3.000 Stimmen gegenüber Seifritz, wobei auf den Sozialdemokraten Etbin Kristan als dritten Kandidaten im Wahlkreis noch knapp 2.000 Stimmen entfielen. Im Juni 1907 wurde Grafenauer im Hohen Haus am Ring als Abgeordneter angelobt und schloss sich der von Anton Korošec, Janez Evangelist Krek und Ivan Šusteršič geführten SLS-Fraktion an, in der sich zehn Krainer, fünf Südsteirer, zwei Görzer und mit Grafenauer ein Südkärntner zusammengefunden hatten. Vier Jahre später, bei der letzten Reichsratswahl, siegte Grafenauer wieder im ersten Wahlgang, wobei sein Hauptgegner diesmal der spätere Vizekanzler Vinzenz Schumy war, den Grafenauer mit knapp 2.000 Stimmen Vorsprung auf den zweiten Platz verwies.

GRAFENAUERS ABGEORDNETENTÄTIGKEIT

Grafenauers Tätigkeit im Reichsrat umfasste knapp sieben Jahre und oszillierte praktisch ausnahmslos um die Lage der slowenischen Bevölkerung in Kärnten und die Idee eines einheitlichen Jugoslawien. Selten nur äußerte er sich zu anderen Themen, meist wirtschaftlichen und agrarischen Belangen. Den Hauptteil seiner Reden bildeten aber Willensbekundungen hinsichtlich einer panslawistischen Zukunft. Die diesbezüglichen Forderungen reichten von einer allen Slawen gemeinsamen Schriftsprache und einer politischen Vereinigung aller Südslawen unter Einbeziehung der Bulgaren bis hin zur bedingungslosen Unterstützung einer trialistischen Umgestaltung der Monarchie als erstem Schritt zu einem gemeinsamen Jugoslawien.

Dabei ist allerdings zu bemerken, dass Grafenauer zu Beginn seiner Abgeordnetentätigkeit noch durchaus kompromissbereit agierte und sich bereit erklärte, den deutschnationalen Abgeordneten gegenüber Zugeständnisse zu machen. Erst deren unversöhnliche Ablehnung jedweder Reform zugunsten der slowenischen Volksgruppe ließ Grafenauer im Laufe der Jahre selbst immer unerbittlicher und entschlossener werden. Erstaunlich zukunftweisend waren daneben aber seine „tagespolitischen" Reden im Abgeordnetenhaus, die sich mit Fragen der Kanalisation, dem Wildwasserverbau, der Verbesserung der südkärntner Infrastruktur, aber auch mit Servitutsfragen und dem Schulwesen befassten. Ungeachtet seines slowenisch-klerikalen Hintergrundes agitierte Grafenauer auch immer wieder für eine nachhaltige Verbesserung der Lage der Arbeiterschaft und für ein stärkeres Augenmerk auf die allgemeine Wohlfahrt und die soziale Fürsorge. Doch bei all diesen Grundsatzreden wurde sein Wirken doch stets von der ihm über alles wichtigen nationalen Frage dominiert.

Bereits am 19. Dezember 1907 hatte er eine wahre Philippika gegen die Sprachpolitik der Kärntner Landesregierung gehalten, der er Germanisierungsabsichten und Einschüchterungspolitik vorwarf. Das Staatsgrundgesetz habe in Kärnten, so sein Vorwurf, keine Geltung, werde doch seine „Anwendung und Beachtung der Willkür der Beamten überlassen". Kärnten sei nichts weiter als eine orientalische Despotie, „ein Paschaland", wofür Landtag und Regierung verantwortlich seien, die den Slowenen keinerlei nationale Rechte einräumten, die „nur mehr als geduldete Gäste auf ihrer heimatlichen Scholle betrachtet" würden. Besonders geharnischte Kritik widmete er dem Beamten- und Schulbereich, wo das Slowenische vorsätzlich stigmatisiert und marginalisiert werde. Private Organisationen wie der „Deutsche

Schulverein Südmark" machten real die Politik, während Wien dem Kärntner „Treiben" tatenlos zusehe. In einer seiner letzten Reichsratsreden im November 1913 stellte er, quasi in Konklusion seines sechsjährigen Kampfes für die Emanzipation der Kärntner Slowenen, die Forderung auf, dass jeder Beamte in Südkärnten beide Landessprachen in Wort und Schrift beherrschen müsste, um überhaupt in den Landesdienst treten zu dürfen. Derlei Gedanken sind auch 90 Jahre später reine Zukunftsmusik, sorgten aber damals für helle Empörung im deutschnationalen Lager.

Ähnlich entschlossen zeigte sich Grafenauer hinsichtlich der ungleichen Behandlung der Sprachen vor Gericht sowie gegenüber dem Druck, der anlässlich der Volkszählung 1910 auf die Bevölkerung ausgeübt worden sei, Deutsch als Mutter- respektive Umgangssprache anzugeben. Um die Zahl der Kärntner Slowenen künstlich niederzuhalten, hätten, so führte Grafenauer in einer Plenarrede am 15. Juni 1910 aus, die Volkszähler den Betroffenen erklärt, Umgangssprache definiere sich als jene Sprache, die man verwende, wenn man mit Behörden und dergleichen „Umgang habe", worauf natürlich „Deutsch" angegeben worden sei, da die Behörden eben nur in Deutsch mit der Bevölkerung kommunizierten. Auf diese Art sei es der deutschnationalen Verwaltung in Kärnten gelungen, die Zahl der Slowenen von weit über 100.000 auf knapp über 80.000 zu drücken, empörte sich Grafenauer: „Kärnten ist ein Wunderland, in welchem kaum glaubliche, wirklich wie Märchen klingende Dinge vorkommen, die sich von Märchen nur dadurch unterscheiden, dass sie blutige Wahrheit sind." Am schlimmsten aber sei, so Grafenauer weiter, dass die Behörden „diesen Schwindel" anerkannten. Am Ende seiner Rede hatte Grafenauer selbst für den Herrgott einen entsprechenden Rat: „Dem Herrgott würde ich nicht empfehlen, die Deutschnationalen in den Himmel zu lassen, er läuft da Gefahr, mit allen Heiligen germanisiert zu werden."

Die fortgesetzte Germanisierungspolitik in Südkärnten evozierte immer geharnischteren Protest Grafenauers, der im Hohen Haus am 31. Oktober 1912 seinen politischen Gegnern zurief: „Wir sind dieser ewigen Bedrängnis satt. Wir wollen nicht mehr Knechte sein in unserem Hause - in unserem Hause sind wir die Herren." Im Dezember 1913 wurde er noch deutlicher: „Man treibe mit uns keine Scherze - wir lassen uns nicht mehr als Ringelspielfiguren gebrauchen, denn das könnte dem Staate höchst unangenehm werden. Denn wir brauchen uns heute nicht mehr als einen abgesonderten Teil des übrigen slowenischen Volkes zu betrachten. Die Regierung sei sich ihrer Pflicht bewusst, sonst könnte sich der herrliche Süden in geeigneter oder vielleicht auch für die Regierung in nicht geeigneter Zeit bewölken." Grafenauers Kassandraruf gipfelte in dem Satz: „Wir Slowenen lassen uns in unseren nationalen Rechten nicht einschränken, das nationale Bewusstsein ist auch in Kärnten erwacht."

GRAFENAUER IM ERSTEN WELTKRIEG

In Anlehnung an die „Monster-Meetings", mit denen die irischen Katholiken ihre Gleichberechtigung gegenüber den englischen Protestanten erzwungen hatten, versuchten auch die Kärntner Slowenen, den Druck auf die Regierung zu erhöhen. Die Volksversammlungen wurden „Tabor" genannt und sollten einerseits die Verbundenheit der Bevölkerung mit den Abgeordneten und andererseits die politischen Forderungen der Slowenen unterstreichen. Die letzte Kundgebung dieser Art fand am 17. Mai 1914 in Bleiburg statt, wo sich beinahe 10.000

Kärntner Slowenen eingefunden hatten, um Franz Grafenauer reden zu hören.

„Wir Kärntner Slowenen haben uns hier versammelt, um gegen die Ungerechtigkeiten, unter denen wir leiden, infolge der Brutalität der Deutschnationalen und der unglaublichen Nachgiebigkeit der Zentralregierung zu protestieren. Dieser und den Gegnern rufen wir zu: Unser Maß ist voll, führt nicht noch mehr ungerechtes Gut zu, denn das Blut unserer Wunden geht in Eisen über und schreit zum Himmel um Rache empor."

Deutete also im Frühsommer 1914 alles auf eine Eskalation der Situation hin, so ergab sich durch die Ermordung des österreichischen Thronfolgers im Folgemonat eine völlig neue Lage. Die überwältigende Mehrheit der slawischen Abgeordneten im Hohen Haus erging sich in Ergebenheitsadressen, und auch für die Kärntner Slowenen stand es außer Frage, in Zeiten der nationalen Not die eigenen Interessen hintanzustellen. Anders sah die Dinge nur Franz Grafenauer, dessen Herz in der militärischen Auseinandersetzung für die südslawischen Brüder schlug. Konsequenterweise entzog er sich daher aller politischen Ranküne und begab sich noch Anfang August auf sein heimatliches Gut in Egg, um dort den Verlauf der Ereignisse abzuwarten.

In der Tat wurden die Slowenen bald eines Besseren belehrt, denn von staatlicher Seite schien man an ihrer Loyalität von Anfang an zu zweifeln. Bereits im Herbst 1914 kam es zu ersten Verhaftungen unter slowenischen Funktionären, denen man Störung der öffentlichen Ordnung zur Last legte. Am 30. September 1914 wurde auch der Obmann des KPD, Dr. Brejc, verhaftet, doch ließ man ihn nach heftigen Protesten und einer parlamentarischen Anfrage durch SLS-Obmann Korošec wieder frei. Im Mai 1915 setzte eine weitere Verhaftungswelle ein, nachdem die Erfolge im Feld ausblieben und in der Heimat der Unmut wuchs. Die Serben hatten eine umfangreiche Propagandamaschinerie in Gang gesetzt, die Südslawen drohten den Habsburgern ebenso zu entgleiten wie die Tschechen. Dass die Behörden ausgerechnet zahlreiche slowenische Landpfarrer als „Aufwiegler“ entdeckt zu haben glaubten, hatte eine besonders verheerende Wirkung auf die Stimmung in der Bevölkerung. Standen bei Kriegsbeginn noch alle Slowenen rückhaltlos auf der Seite der Monarchie, so bekamen jene, die eine Vereinigung mit den anderen Südslawen anstrebten, ab 1916 immer mehr Zulauf.

Die Situation spitzte sich zu, als die Behörden im März 1916 neuerlich etliche Priester verhafteten und diesmal auch den als Abgeordneten eigentlich durch seine Immunität geschützten Franz Grafenauer arretierten. Die Habsburger-Monarchie hatte mittlerweile bereits jeden Anschein von Legalität fallen gelassen, wie der Hochverratsprozess gegen Karel Kramář und die Lynchjustiz gegen Cesare Battisti bewiesen (beide waren Grafenauers Kollegen als Abgeordnete gewesen). Nach zwei Monaten Untersuchungshaft wurde Grafenauer im Mai 1916 der Militärgerichtsbarkeit unterworfen (der Grafenauer als Zivilperson gar nicht unterstand), die ihn wegen „Ruhestörung“ zu fünf Jahren schweren Kerkers verurteilte, womit auch der Verlust des Reichsratsmandates verbunden war. Begründet wurde dieses „Urteil“ damit, dass Grafenauer „ein fanatischer Panslawist und Russenfreund“ sei, der „bösen Vorsatzes staatsgefährdende Gesinnung“ propagiere.

Das Urteil löste einen politischen Skandal ersten Ranges aus und führte zu heftigen Kontroversen zwischen der

Regierung und den zur Untätigkeit verurteilten Abgeordneten - das Parlament war bereits im Sommer 1914 sistiert worden. Vor allem Korošec und Krek nahmen sich des Falles an, zumal das Urteil jeder Grundlage entbehrte. Einerseits hatte man Grafenauer nichts nachweisen können, andererseits betrug die für „Ruhestörung" vorgesehene Höchststrafe 14 Tage. Außerdem wäre das Militärgericht für den Fall gar nicht zuständig gewesen, die ganze Angelegenheit war mithin eine zynische Farce.

Doch die Proteste fruchteten nichts. Am 4. Juni 1916 wurde das Urteil vom Armeekommando bestätigt, wodurch Grafenauer, der seit drei Monaten im Klagenfurter Gefängnis saß, seiner Bürgerrechte verlustig ging. Wenig später brachte man ihn in die Strafanstalt Möllersdorf, wo er bis Juli 1917 eine Zelle mit dem späteren tschechischen Ministerpräsidenten Kramař teilte.

Grafenauer war seit 14 Monaten seiner Freiheit beraubt, als der Reichsrat Ende Mai 1917 erstmals seit fast drei Jahren wieder zusammentreten konnte. Ein Proteststurm der slawischen Abgeordneten brauste über die Regierung hinweg und ließ es geboten scheinen, den Anliegen der Tschechen und Slowenen ein wenig entgegenzukommen. Durch einen kaiserlichen Amnestieerlass wurde Grafenauer am 27. Juli 1917 begnadigt und aus der Haft entlassen.

Staatlicherseits vertrat man allerdings die Auffassung, dass Grafenauer rechtlich weiterhin ein verurteilter Straftäter sei, weshalb die Kassierung seines Mandates aufrecht bleiben müsse. Durch die Amnestie habe Grafenauer nur die Fähigkeit zur Erlangung eines Mandates wieder erworben, er könne sich also in der erforderlichen Nachwahl in seinem Wahlkreis neuerlich um den Sitz bewerben. Bis dahin aber könne er nicht als Abgeordneter gelten und dürfe an den Reichsratssitzungen nicht teilnehmen.

Diese „authentische Interpretation“ empörte die Slawen umso mehr, als insgesamt 23 ihrer Mandate (13 Tschechen, 4 Südslawen, 2 Polen, 1 Ruthene, dazu 3 Italiener) auf diese Weise als „erledigt“ betrachtet wurden. Zwar stellte die Regierung einen Wahltag im Februar 1918 in Aussicht, doch beide Seiten wussten, dass eine Wahl unter Kriegsbedingungen wohl kaum stattfinden würde. Dementsprechend verschärfte sich die Frontstellung zwischen Habsburg und den Slawen, und selbst die besonnensten Kräfte unter den slawischen Abgeordneten begannen laut über eine Zukunft außerhalb der Monarchie nachzudenken.

Mit ihrer Mai-Deklaration taten die Südslawen bereits 1917 einen ersten Schritt in diese Richtung, sie wurde von zehntausenden Slowenen mit ihrer Unterschrift bekräftigt. Desertionen häuften sich, politische Proteste nahmen zu, und wie schon vor Kriegsausbruch wurden wieder „Tabori“ abgehalten. Auf der Versammlung vom 24. Januar 1918 zeigte die Rede des Vizepräsidenten des Abgeordnetenhauses Josef Ritter von Pogačnik, dass die Unabhängigkeitstendenzen der Slowenen mittlerweile allgemeiner Konsens waren. Demonstrativ wurde Franz Grafenauer im Januar 1918 zum neuen Obmann des KPD gewählt. Gerade hatte ihn ein neuer Schicksalsschlag getroffen: Sein erst 17-jähriger Sohn, den die Behörden wohl absichtsvoll eingezogen hatten, war in Italien gefallen.

Dementsprechend bitter klang seine „Antrittsrede“, die er in Form eines offenen Briefes in der Zeitung „Mir“ am

22. Februar 1918 publizierte: „1000 Jahre war unsere unglückliche Heimat unter der Maske der christlichen Kultur und der befreienden Bildung ein Schauplatz der Verachtung, Geringschätzung und Übertretung des 7. Gebots Gottes. Aber was unsere gierigen Gegner uns nicht rauben konnten, ist die aufrichtige und innige Liebe zu unserer jugoslawischen Heimat, eine Liebe, die sich von neuem mit unwiderstehlicher Kraft meldet und furchtlos der ganzen Welt zuruft: In unserem Heim sind wir die Herren! Uns, was unser ist!"

Die Protestversammlungen gingen weiter, den Behörden fiel nichts anderes mehr ein, als im Mai 1918 jede Versammlung in Südkärnten kategorisch zu verbieten. Damit trieben sie freilich die letzten loyalen Untertanen in die Reihen der Irredenta. Bereits im August 1918 konstituierte sich in Ljubljana ein „Narodni Svet" („Volksrat"). An der Sitzung nahm auch Grafenauer teil. Anton Korošec wurde zum Vorsitzenden, Grafenauer, der stürmische Ovationen erlebte, in den Vorstand gewählt.

Es vergingen keine zwei Monate mehr, und die Habsburger-Monarchie war endgültig Geschichte. Slowenien proklamierte seine Unabhängigkeit und erklärte die k.k. Bezirkshauptmannschaften Südkärntens für suspendiert. An ihre Stelle traten bereits am 30. Oktober 1918 slowenische Verwaltungsbehörden.

ABGESANG IN JUGOSLAWIEN

Grafenauer erlebte diese entscheidenden Tage in seinem Heimatort, wo er ebenfalls versuchte, slowenische Behörden zu etablieren. Die Slowenen hatten weite Teile Südkärntens in Besitz genommen, doch ein „Abwehrkampf" der deutschsprachigen Bevölkerung trieb sie zunächst teilweise zurück. So wurde auch Egg von

Deutschnationalen besetzt, woraufhin Grafenauer am 5. Januar 1919 flüchten musste, um nicht von seinen Gegnern ermordet zu werden. Er wich zunächst ins Kanaltal aus, um sich schließlich Mitte Januar 1919 in Ljubljana wiederzufinden. Dort traf er auf zahlreiche weitere exilierte Slowenenvertreter, so auf seinen ehemaligen Landtagskollegen Gregor Einspieler.
Die Slowenen waren aber nicht bereit, diesen Rückschlag hinzunehmen, und rüsteten unter dem Kommando des erfahrenen Generals Rudolf Majster eigene Truppen aus, die bis Mai 1919 weite Teile Kärntens bis weit über die Drau hinweg zurückeroberten und erst zum Stehen kamen, als die Entente Verhandlungen über Kärntens Zukunft ansetzte, an denen von slowenischer Seite auch Grafenauer teilnahm.

Als alter SLS-Mandatar zog Grafenauer im Februar 1919 in die Belgrader Skupščina ein, in der wiederum Korošec sein Klubobmann war. Grafenauer vertrat dort den Wahlkreis Südkärnten, nicht unähnlich jenen Mandataren in Wien, die 1918/19 südböhmische und so genannte sudetendeutsche Wahlkreise repräsentierten.

Als sich im Sommer 1920 abzeichnete, dass es in Kärnten eine Volksabstimmung über die weitere Zukunft des Landes geben würde, wurden Grafenauer und Brejc seitens Jugoslawiens mit den entsprechenden Werbemaßnahmen betraut. Unermüdlich hielt Grafenauer daher in Südkärnten Veranstaltungen ab, deren Höhepunkt der große Volkstabor in Kühnsdorf am 15. August war, wo Grafenauer nebst General Majster als Hauptredner fungierte. Auf Volksfesten, Tanzunterhaltungen und Theaterabenden von St. Jakob im Rosental bis nach Eisenkappel versuchte Grafenauer, Stimmung für einen Anschluss an Jugoslawien zu machen.

Noch vor dem Abstimmungstermin am 10. Oktober 1920 erlitt Grafenauer einen entscheidenden Rückschlag: Sein Mandat wurde in Belgrad auf die Dauer der unklaren Lage in Kärnten sistiert. Wenige Wochen später verlor Jugoslawien die Abstimmung um Kärnten, und der 60-jährige Grafenauer war endgültig ein geschlagener Mann. Im Exil in Ljubljana war er gezwungen, seinen Lebensunterhalt zu verdienen - bis 1919 war er Bauer in Egg gewesen -, und arbeitete zunächst als Organist, ehe er eine Anstellung in einer Molkerei fand. Zutiefst verbittert über seine eigene Partei, die nach der Niederlage 1920 einfach zur Tagesordnung übergegangen war und der er „Egoismus und Korruption" vorwarf, trat Grafenauer aus der SLS aus und gründete die „Nationalradikale Patei", mit der er bis 1924 versuchte, in Slowenien politisch Fuß zu fassen. Die meisten taten sein Wirken als die Verbitterung eines gescheiterten alten Mannes ab, über den die Stürme der Zeit hinweggegangen waren.

Krank und müde erhielt er 1926 die Mitteilung, dass ihm gestattet werde, sein Gut in Egg wieder in Besitz zu nehmen. Völlig desillusioniert, kehrte er sofort aus Jugoslawien nach Österreich zurück, wo er seine Tage - wie in seiner Jugend - als Orgelbauer zubrachte, ehe er am 13. Dezember 1935, nur wenige Tage nach seinem 75. Geburtstag, infolge einer Nierenerkrankung starb. Erst post mortem erfuhr er von Freund und Feind jene Würdigung, die zeitlebens ausgeblieben war.

Der Priester als Premier

ANTON KOROŠEC
(1872-1940)

Wenn auch der Name Anton Korošec nicht so geläufig ist wie jene von de Gasperi oder Masaryk, so zählte er doch schon in der Monarchie zu den unumstrittenen Frontbänklern, die nach 1918 auch eine überaus gewichtige Rolle in einem der Nachfolgestaaten des Habsburgerreiches spielen konnten.

EINE JUGEND AUF DEM LANDE

Korošec, der am 12. Mai 1872 in dem Weiler Biserjane im Örtchen St. Georg an der Stainz (Videm ob Štavnici) zur Welt kam, entstammte einfachsten Verhältnissen. Sein Vater Janez war ein Keuschler, der gerade einen kleinen Acker und einen Weingarten sein Eigen nennen konnte. Korošec sollte seiner bäuerlichen Abstammung verhaftet bleiben und nahm als Erbteil jenen Weingarten in Anspruch, dessen Produkte er noch als jugoslawischer Regierungschef seinen Gesprächspartnern kredenzen sollte.

Ab 1878 besuchte Korošec die am Ort befindliche Volksschule, 1883/84 absolvierte er ein Zusatzjahr in Pettau/Ptuj, um die deutsche Sprache zu erlernen, die unabdingbar für ein Fortkommen in der Donaumonarchie war. Im Folgejahr wechselte er auf das Pettauer Gymnasium, ab 1885 ging er auf das Marburger Gymnasium, das 1758 von den Jesuiten gegründet worden war. 1885 ist es staatlich und von deutschnationalen Lehrern dominiert. Korošec wird erstmals mit der nationalen Frage konfrontiert, die ihn zeitlebens ebenso beschäftigen wird wie die soziale Problematik. Korošec hätte freilich das Gymnasium nicht absolvieren können, wäre er nicht in den Genuss eines Stipendiums der Statthalterei Graz gekommen, das ihm 1888 zuerkannt worden war und bis zur Matura 1892 erhalten blieb.

Im Herbst 1892 begann Korošec seine Vorbereitung auf den Priesterberuf im fürstbischöflichen Priesterseminar von Marburg (Maribor). Zu seinen Lehrern dort gehörte Ivan Mlakar - er unterrichtete Dogmatik und Fundamentaltheologie -, der seit 1885 auch Chefredakteur des „Slovenski Gospodar“ war, in welcher Funktion ihm Korošec dereinst folgen sollte.

Schon als Seminarist unternahm Korošec erste Schreibversuche. Er publizierte in der Kulturzeitschrift „Lipica“ („Lindenbäumchen“) kleinere Essays, aber auch ein von nationalistischem Überschwang geprägtes Theaterstück des Titels „Ob Vrbskem jezeru“ („Am Wörthersee“), doch der Erfolg blieb aus, sodass sich Korošec gänzlich dem Journalismus zuwandte.

Sein wichtigstes Werk aus jenen Jahren trägt den Titel „V krščanstvu je rešitev“ („Im Christentum ist die Rettung“). Darin schrieb er 1894: „In der gesamten menschlichen Gesellschaft beobachtet man heutzutage eine große Unzufriedenheit mit den bestehenden Verhältnissen. Wohin immer wir blicken, überall herrscht ein unruhiges Wallen und Rauschen. Verschiedene Ideen bilden verschiedene Lager. Die Geister trennen und vereinen sich. Auf allen Seiten werden Vorbereitungen für einen harten, entscheidenden Kampf getroffen. Es bewaffnen sich Glaube und Unglaube, Herrscher und Untertan, der Reiche und der Arme. Der Menschheit stehen stürmische Zeiten bevor."

Das Grundübel für diese Situation ortete Korošec im Kapitalismus: „Der Kapitalist lebt glänzend und verschwenderisch, geht von einer Unterhaltung zur anderen, fährt von einem Kurort in den anderen, aber für das Elend und die Armut derselben Leute, die ihm mit ihrem Schweiß sein Glück aufbauen helfen, hat er kein Herz." Als Priester sieht Korošec gleichwohl nicht im Sozialismus die Antwort auf das Problem der Zeit, sondern in einer Rückbesinnung auf christliche Werte: „Solange sich aber dem Glauben nicht der Unglaube beugt, werden sich Herrscher und Untertan nicht finden, wird der Gegensatz zwischen dem Armen und dem Reichen nicht verschwinden, werden die Feindschaft, das Elend und die Unzufriedenheit noch weiterhin ertragen werden müssen. Nur im Glauben liegt die Rettung, und weil nur der christliche Glaube der einzig richtige und wahre ist, liegt nur im christlichen Glauben die echte Rettung."

Wenig später befasste sich Korošec mit einem zweiten Thema, das ihn zeitlebens faszinieren sollte: mit der Lage der Bauern. In seiner Schrift „Skrb za kmečki stan" („Die Sorge um den Bauernstand") schreibt Korošec: „Von allen Seiten umtoben ihn die Wellen des zügellosen gesellschaftlichen Meeres und versuchen, ihn zu zerstören und in den Abgrund zu ziehen, aus dem es keine Rettung mehr gibt. Eine Weile stand der Bauernstand noch fest, in der letzten Zeit begann er aber zu schwanken, er begann zu zerfallen. Noch kann man ihm helfen, doch die Hilfe muss bald und schnell kommen. Und wer soll ihm helfen? Jeder, der wünscht, dass der Kirche gesunde christliche Familien erhalten bleiben, dass der slowenische Volksstamm auf seinem Boden erhalten bleibe und unseren Kaisern die allertreuesten Staatsbürger."

PRIESTER UND POLITIKER

1895 feiert Korošec in der Heimatpfarre seine Primiz, geht aber danach nochmals für ein Jahr für theologische Studien nach Marburg. Erst im Sommer 1896 beginnt er in der Seelsorge zu arbeiten. Nach einigen Monaten als Kaplan in Süßenberg (Sladka Gora) wird er im März 1897 nach Mahrenberg (Radlje ob Dravi) versetzt. Dieser Ort war um die Jahrhundertwende ein pulsierendes Regionalzentrum. Eine Zugsverbindung ins steirische Eibiswald sorgte für raschen Güteraustausch, außerdem besaß die Marktgemeinde ein Bezirksgericht, einen Bezirksschulrat, Finanz- und Postamt sowie einen eigenen Gendarmerieposten. Gleichwohl schien Korošec Mahrenberg nicht der richtige Ort zu sein, um vorwärts zu kommen, und so nahm er bereits im Mai 1898 wieder Abschied von der Gemeinde und ging nach Maribor zurück, wo er die Stelle des Studienpräfekten im Knabenseminar „Marianum" übernahm. Diesen Posten bekleidete Korošec in der Folge bis zum Sommer 1902, als er sich dazu entschloss, hauptamtlich politisch tätig zu werden. In jenem Jahr kandidierte er erstmals, wenn auch erfolglos, für den steirischen Landtag, um sich nach dem Wahlkampf ausschließlich der journalistischen Arbeit für das slowenisch-klerikale Wochenblatt „Slovenski Gospodar" zu widmen, dessen Chefredakteur er mittlerweile geworden war.

In dieser Kapazität machte Korošec erstmals mit der Ordnungsmacht Bekanntschaft. Er hatte einen Artikel verfasst, in dem er die Urheber eines Brandanschlages auf das Haus des slowenischen Reichsratsabgeordneten Leopold Gregorec in den deutschnationalen Kreisen rund um die Zeitung „Štajerc" vermutete. Diese klagten umgehend wegen übler Nachrede und gewannen den Prozess. Korošec wurde zu sechs Wochen Arrest verurteilt, wodurch der Priester amtlich als vorbestraft galt. Korošec berief gegen dieses Urteil, doch der Revisionsprozess zog sich derart in die Länge, dass Korošec noch vor Ende des Verfahrens im Zuge einer Amnestie aus Anlass eines kaiserlichen Jubiläums vor dem Antritt der Strafe bewahrt wurde. Worüber sich Korošec vorerst freute, hatte aber einen Pferdefuß, denn das Urteil war de iure nicht getilgt - er blieb ein rechtskräftig Verurteilter.

Es waren Erfahrungen wie diese, die Korošec immer mehr in die nationale Politik trieben. Er beschloss, endlich sein Doktorat der Theologie zu machen, um sich sodann ganz der Politik zu widmen. Als Dissertationsthema wählte Korošec eine Frage aus dem Bereich der Dogmatik. Sein „De Sacramentorum Causalitate" („Über die Kausalität der Sakramente") wurde Anfang 1905 approbiert, und am 11. Juni 1905 promovierte Korošec an der Universität Graz.

Keine drei Monate später starb der untersteirische Reichsratsabgeordnete Josip Zickar, wodurch eine Nachwahl in der 5. Kurie erforderlich wurde. Auf Fürsprache des Dechanten Marko Tomažič und des Celjer Abgeordneten France Robič wurde der 33-jährige Korošec für die Slowenisch-Klerikalen ins Rennen geschickt. Sein Gegner war der deutschnationale Agitator Wratschko, der am Wahltag, dem 29. Mai 1906, mit 7.065 Stimmen klar dem Priester aus St. Georgen unterlag, auf den 19.153 Stimmen entfielen. Am 7. Juni 1906 wurde Korošec als neuer Abgeordneter der allgemeinen Kurie des Wahlkreises Cilli (Celje) im Hohen Haus am Ring angelobt.

Damit kam Korošec zu einer politisch brisanten Debatte zurecht. Im Gefolge der ersten russischen Revolution von 1905 war auch in Wien der Kampf um das allgemeine und gleiche Wahlrecht voll entbrannt. Der Maiaufmarsch der Sozialdemokratie 1906 war ein einziges Fanal für die demokratische Gleichberechtigung geworden, und der junge Mandatar Korošec warf sich mit Feuereifer für das gleiche Wahlrecht ins Zeug.

Dabei stellte er klar, dass vor Gott alle Menschen gleich seien, weshalb man ihnen auch auf Erden das gleiche Recht nicht verwehren dürfe: „Man trete uns deswegen auch nicht mit dem Gespenste der religionsfeindlichen, gottlosen Sozialdemokratie entgegen, welcher durch das neue Wahlgesetz auch in Österreich Tür und Tor geöffnet werde“, erklärte Korošec im Oktober 1906 im Plenum des Abgeordnetenhauses. „Für uns ist die Sozialdemokratie nichts anderes als eine politische Partei, welcher man allerdings nicht so sehr mit nationalen, autonomistischen und staatsrechtlichen Problemen, als vielmehr mit der praktischen sozialen Reformarbeit im christlichen Sinne wirksam entgegentreten kann.“ Das Badenische Wahlrecht, so erklärte Korošec weiter, sei nichts als ein „Zerrbild, welches selbst den Keim des Todes in sich trägt und ehestens durch das allgemeine gleiche Wahlrecht abgelöst werden muss, falls man es nicht zu Katastrophen kommen lassen will. Darum glaube ich als Vertreter der agrarischen Bevölkerung der Untersteiermark gegenüber dem allgemeinen und gleichen Wahlrechte sagen zu können: je früher, desto besser."

Frei von „nationaler" und „autonomistischer" Argumentation war freilich auch Korošec selbst nicht. Zur Freude der tschechischen Abgeordneten verfocht Korošec strikt die Gleichberechtigung aller Sprachen der Monarchie und hielt auch seine Reden wahlweise in Slowenisch oder Serbokroatisch, um lediglich für den zentralen Forderungsteil ins Deutsche zu wechseln. Außerdem zählte die Forderung nach Errichtung einer eigenen slowenischen Universität in Ljubljana während seiner ganzen Zeit im Parlament zu seinen ständig vorgebrachten Anliegen.

Im Mai 1907 fanden die ersten allgemeinen und gleichen Wahlen (für Männer) in Österreich statt. Wie populär Korošec nach nur elf Monaten im Parlament bereits geworden war, zeigte das Wahlergebnis in seinem Wahlkreis. Er erhielt 4.187 Stimmen, während auf seinen deutschnationalen Gegner Drofenik gerade 654 entfielen. Der Klub der slowenischen Abgeordneten trug diesem Resultat Rechnung, indem Korošec im Juni 1907 zum stellvertretenden Klubobmann nach dem Krainer Abgeordneten Ivan Šusteršič (der 1912 Landeshauptmann von Krain werden sollte) gewählt wurde.

Bemerkenswert modern muten Korošecs Forderungen anlässlich der Budgetdebatte für das Jahr 1908 an. Er beklagte in der Diskussion des Budgetpostens „Parlament" den empfindlichen Raummangel und forderte Versammlungs- und Sitzungsräume sowie Empfangszimmer für die Deputationen. Außerdem erhob er die Forderung nach einem eigenen Sekretär für jeden aktiven Mandatar, um rasches und effizientes Erledigen der parlamentarischen Arbeit gewährleisten zu können.

ÖSTERREICH NEU ODER ÖSTERREICH ADIEU

Politisch war ab 1908 immer stärker die Parole eines „Trialismus" - die Slawen sollten den Deutschsprachigen und den Ungarn gleichgestellt werden - das Motto auch der südslawischen Abgeordneten. Diese Forderung erhielt zusätzliche Brisanz, als die Donaumonarchie Bosnien-Herzegowina formell annektierte. Damit waren die Südslawen der Monarchie dreigeteilt. Jene in Slowenien, Istrien und Dalmatien entsandten ihre Vertreter nach Wien, jene Kroatiens nach Budapest, und die Bosnier wurden von den Zentralstellen verwaltet, ohne eigene Mandatare stellen zu können. Naheliegenderweise forderten die südslawischen Abgeordneten eine Zusammenfassung all dieser Gebiete zu einer einzigen Verwaltungseinheit, die den Reichsteilen Österreich und Ungarn ebenbürtig sein sollte. Da aber auch die Tschechen eine derartige Forderung erhoben, kamen die slawischen Vertreter bis 1914/15 überein, quasi eine „Quadrupel-Allianz" zu begehren, in der zwei slawische Einheiten den traditionellen Einheiten Österreich und Ungarn gegenüberstehen sollten. Die Kriegsentwicklung machte solche Forderungen freilich obsolet.

Ende 1908 warnten die südslawischen Abgeordneten die Monarchie, in der Balkanfrage Fehler zu begehen: „Diese Länder haben den vollen Anspruch, mit den übrigen südslawischen Ländern seiner Majestät zu einem eigenen staatsrechtlichen Körper verbunden zu werden", lautete die Botschaft eines dringlichen Antrags, und Šusteršič erklärte in der Plenarsitzung vom 16. Dezember 1908: „Die glückliche Lösung der südslawischen Frage ist für die Monarchie von vitaler Bedeutung; denn diese Frage - darüber gebe man sich angesichts der europäischen Konstellation keiner Täuschung hin - kann mit der Monarchie, sie kann aber auch gegen die Monarchie gelöst werden."

Im Januar 1909 begann Korošec, ein eigenes Organ - „Straža" („Die Wache") - zu publizieren, in dem er noch stärker als bisher die Interessen der Slowenen propagierte: „Die traurigen Erscheinungen des alltäglichen Lebens rufen uns immer mehr zur Verteidigung auf, zur beharrlichen Arbeit für das Wohl und die Existenz unseres Volkes, in dem Kampf, um dem slowenischen Volk und unserer Sprache überall jene Rechte zu erstreiten, die uns Natur- und Staatsgesetz garantieren."

Im selben Jahr wurde er auch steiermärkischer Landtagsabgeordneter, sodass er nunmehr zwischen Wien, Graz und Ljubljana hin- und herpendelte und dabei immer mehr zur unumstrittenen Führungsfigur der konservativen Slowenen wurde. Bereits im Oktober 1909 wählten ihn diese zum stellvertretenden Parteiobmann der „Slovenska Ljudska Stranka" („Slowenische Volkspartei", SLS), und ab Anfang 1912 war Korošec de facto auch Klubobmann des südslawischen Abgeordnetenklubs.

Im Juni 1911 fanden die letzten Parlamentswahlen der Monarchie statt. Korošec kandidierte diesmal im Stadtwahlkreis Celje, was einigermaßen riskant war, da die Deutschnationalen in der städtischen Bevölkerung weit mehr Rückhalt besaßen als im ländlichen Umkreis. 1907 hatten die Slowenisch-Klerikalen gegen ihren liberalen Gegenkandidaten mit 2.658 zu 4.131 Stimmen verloren, und der amtierende Abgeordnete versuchte auch 1911 wieder sein Glück. Denkbar ungünstige Voraussetzungen für Korošec also, der aber mit einem entschlossenen Wahlkampf zeigte, dass er willens war, diesen Wahlkreis für seine SLS zu erringen. Schließlich siegte er mit einem Vorsprung von 419 Stimmen, wie die SLS generell aus den Reichsratswahlen als Sieger hervorging. Sie errangen 20 der 24 für die slowenischen Gebiete zur Verteilung gelangenden Sitze, zwei entfielen auf die istrianischen Slowenen und zwei auf die Fortschrittspartei. Liberale, Deutschnationale und Sozialisten gingen hingegen leer aus.

Dem Gedanken des „Trialismus" trugen die südslawischen Abgeordneten bei der Konstituierung ihrer Gremien auch insoferne Rechnung, als für die Gesetzgebungsperiode ab 1911 ein eigener „Südslawischer Klub" gebildet wurde, in dem die SLS die führende Position einnahm, da sie mehr als 50 Prozent aller in den jugoslawischen Gebieten Cisleithaniens zur Verteilung gelangenden Mandate (37) innehatte. Korošec war zunächst stellvertretender Obmann dieses Klubs, ein halbes Jahr später avancierte er de facto zum Chef dieser Fraktion, da Šusteršič Anfang 1912 Krainer Landeshauptmann wurde.

Der Ton wurde nun zusehends schärfer. Der Reichsratsabgeordnete Janez Evangelist Krek nannte in einer Rede im November 1912 alle Kroaten und Serben seine Brüder und griff zu einer rhetorischen Figur: „Wo immer unsere Flüsse fließen, überall dort lebt unser Volk. Unsere Flüsse fließen Richtung Belgrad, und kein einziger unserer Flüsse fließt nach Wien."

Einen Monat später legte Korošec nach: „Alle Parteien von rechts und links, ob deutsch oder slawisch, anerkennen in Worten die Bedeutung der südslawischen Frage - aber eben nur in Worten. Sie treiben darin nur die Politik des Vogels Strauß. Daraus aber entsteht für

Österreich ein großes Verhängnis, welches von den schwersten Folgen begleitet sein kann."

Korošec nannte Österreich in dieser Rede am 28. Dezember 1912 „den kranken Mann an der Donau", der aus den Fehlern der Vergangenheit nicht lerne: „Das ist ja immer das Verhängnis Österreichs, dass es seine Gefahren wohl einsieht, aber zu schwach ist, diesen Gefahren auch zu begegnen."

Dass Korošec auch mit über 40 noch ein überaus impulsiver Politiker geblieben war, erhellt übrigens eine Episode aus jener Dezembersitzung, in der er sich ob der Behandlung der Südslawen durch die Deutschsprachigen zu dem bekannten Zitat aus dem Schauspiel „Götz von Berlichingen" hinreißen ließ - was übrigens von präsidialer Seite folgenlos blieb - und weiter meinte, das System in Österreich-Ungarn sei ein „Schandmal für ganz Europa und für die ganze gesittete Welt": „Wir Südslawen fühlen diese Situation, wir sehen, dass man uns in diesem Reiche nur mit Hass verfolgt, dass wir in diesem Reiche kein Verständnis finden." Doch die Zeit des Kampfes sei nun gekommen, donnerte der Prediger: „Unser Volk aber steht in geschlossener Masse hinter uns, und das wird uns in dem Kampfe unterstützen, welchen wir bereit sind aufzunehmen, ein Ringen mit allen, die uns bedrücken. Von welcher Seite immer uns Feindschaft entgegengebracht wird, wir werden den Kampf zu führen wissen."

Zu Beginn des Jahres 1913 brodelte es in der Monarchie also an allen Ecken und Enden, und in der Tat schien alles auf das reinigende Gewitter zu warten, das so oder so Klarheit über die Zukunft bringen musste. Doch die Wiener Zentralstellen erkannten die Zeichen der Zeit nicht und begnügten sich mit der Politik des „Fortwurstelns". Auf die Bedürfnisse der Tschechen und Südslawen wurde auch weiterhin nicht eingegangen, die nationale Frage blieb ebenso ungelöst wie die soziale.

Vor diesem Hintergrund traf die Ermordung Franz Ferdinands alle politischen Lager völlig unvorbereitet. Dass Österreich gewollt in einen Krieg schlitterte, hielt Korošecs Mitstreiter Krek schon im Sommer 1914 für den Beginn vom Ende Österreichs: „Nun haben die österreichischen Staatsmänner das Todesurteil für Österreich unterschrieben. Sie müssten sich dessen bewusst sein, dass Österreich wegen der ungelösten Nationalitätenfrage einem Zimmer gleicht, in dem sich nur vom Holzwurm befallene, morsche Möbel befinden. Wenn diese Einrichtung völlig ruhig steht, kann sie noch ziemlich lange halten, wenn man sie aber zu verschieben beginnt, zerfällt alles."

Doch die Österreicher gingen sogar noch einen Schritt weiter: Sie gingen auf ihre Möbel mit der Hacke los. Bereits im August 1914 wurden in Kärnten und der Steiermark 27 katholische Priester slowenischer Nationalität unter der Anschuldigung verhaftet, sie sympathisierten mit den Serben. Der Reichsratsabgeordnete Franz Grafenauer wurde ungeachtet seiner parlamentarischen Immunität in den Kerker geworfen, der Reichsratsabgeordnete Cesare Battisti gar gehenkt. Die Begeisterung jener Völker, die neben den Österreichern und den Ungarn in der Monarchie lebten, sank allmählich auf den Nullpunkt.

Die Serben und Montenegriner setzten klarerweise auch auf die Parole von Einheit und Brüderlichkeit, und sie erwarben sich den Respekt ihrer „Brüder" jenseits der Grenze, indem sie ihr Land gegen die Habsburger-

Armeen lange Zeit erfolgreich verteidigten. So stand Krek mit seiner Losung „Ein Volk, ein Herrscher, ein Staat" für alle Südslawen alsbald nicht mehr alleine da. Vor allem die Exilslawen in den Ententeländern gingen konkret daran, einen südslawischen Staat zu zimmern.

ZU WENIG, ZU SPÄT

Am 21. November 1916 starb Kaiser Franz Joseph. Von seinem Nachfolger erhofften sich Korošec und die Seinen endlich durchschlagende Reformen. Doch die erste Audienz bei Karl war ernüchternd: „Über die Frage der Vereinigung aller Südslawen wollte der Kaiser offensichtlich nicht reden. Er lächelte nur und sagte ja, ja. Dann begann er die Tapferkeit und die Treue der südslawischen Soldaten zu loben. Damit endete die Audienz in Laxenburg", erinnerte sich Korošec 1925.

Im November 1916 hatten exilierte Südslawen im amerikanischen Pittsburgh eine Deklaration verabschiedet, in der die Schaffung eines eigenen Jugoslawien zum Hauptziel erklärt wurde. Unterstützt wurden sie dabei nicht nur von Serbien, sondern auch von US-Präsident Wilson, der sich in einer Rede am 10. Januar 1917 für die Unabhängigkeit der „Tschechoslowaken, Südslawen und Rumänen von der Fremdherrschaft der Deutschen und Magyaren" aussprach und dies mit den Worten „every people has a right to choose the sovereignty under which they shall live" untermauerte.

Wenige Wochen später trat der Weltkrieg in eine neue Phase. Einerseits hatte eine Revolution den Zaren vom Thron gestürzt, andererseits traten die USA auf der Seite der Entente in den Krieg ein. Die Lage für die Mittelmächte wurde immer verzweifelter.

In dieser Situation beschloss der Kaiser die Wiedereinberufung des 1914 sistierten Reichsrates. Dieser trat am 30. Mai 1917 erstmals wieder zusammen. Tags zuvor berieten die Mandatare des Südslawischen Klubs ihre weitere Vorgangsweise und nahmen dabei eine Erklärung an, die als „Mai-Deklaration“ in die Geschichte einging. Darin heißt es: „Der Südslawenklub spricht die feste Überzeugung aus, dass eine Neuordnung der Monarchie nach demokratischen Prinzipien notwendig ist, wobei alle in der Monarchie lebenden Slowenen, Kroaten und Serben in einem politischen Verwaltungsgebiet zu vereinigen sind.“ Diese Deklaration wurde in der Folge in Kärnten, der Steiermark, der Krain und im Küstenland zur Unterzeichnung aufgelegt. Bis Jahresende 1917 bekräftigten Hunderttausende dieses Ziel mit ihrer Unterschrift.

Im Juni 1917 unterstrich Serbien seine Vereinigungswünsche mit den Südslawen der Donaumonarchie in der Deklaration von Korfu, und auch die Entente-Mächte machten nun die Schaffung eines einheitlichen Jugoslawien immer mehr zu einem ihrer Kriegsziele.

Korošec war zu dieser Zeit hin- und hergerissen. Einerseits pendelte er beständig zwischen Ljubljana, Wien und Prag, um Tschechen und Südslawen auf ein gemeinsames Vorgehen einzuschwören, andererseits reifte in ihm die Erkenntnis, dass die Donaumonarchie nicht mehr zu retten war. Im Januar 1918 kam es erstmals zu Hungerrevolten, die Desertionen nahmen zu, und allerorten zeigten sich ernsthafte Auflösungserscheinungen, die nur noch durch die deutschen Verbündeten halbwegs hintangehalten werden konnten.

Im Frühjahr 1918 unternahmen führende slowenische Politiker Schritte zur Gründung eines „Narodni Svet" („Nationalrat"), der die Keimzelle des künftigen Staates sein sollte. Klarerweise war für Korošec ein prominenter Platz vorgesehen. Doch der zierte sich noch. Erst als über den Sommer immer noch keine konkreten Vorschläge zur Lösung der Krise erarbeitet worden waren, erteilte er Österreich endgültig eine Abfuhr. In seiner letzten Rede im Hohen Haus am Ring sagte er am 2. Oktober 1918: „Es gibt keine Künste der Welt mehr, welche die Kroaten und Serben von den Slowenen trennen würden. Wir Slowenen, Kroaten und Serben wollen zusammen sein, zusammen leben und zusammen sterben."

Zehn Tage später erteilte Korošec in einer Audienz auch dem Kaiser eine Abfuhr: „Majestät, es ist zu spät", sagte er lapidar und zog damit einen Schlussstrich unter eine 600-jährige gemeinsame Geschichte.

FÜHRENDER POLITIKER JUGOSLAWIENS

Am 29. Oktober proklamierte der Narodni Svet eine neue Nation. Der „Država Slovencev, Hrvatov in Srbov" („Staat der Slowenen, Kroaten und Serben" - SHS) wurde unabhängig, und Korošec wurde zum Präsidenten dieses Staates gewählt. In dieser Funktion amtierte er allerdings nur 33 Tage - von denen er noch dazu die meiste Zeit bei den Genfer Friedensverhandlungen weilte. Am 1. Dezember 1918 marschierte die serbische Armee in ehemaligen Habsburgerlanden der Südslawen ein und rief das Königreich SHS (diesmal allerdings der Serben, Kroaten und Slowenen) aus. Korošec musste ins zweite Glied zurücktreten.

Die SLS - deren Obmann Korošec seit November 1917 war - zählte gleichwohl zu den wichtigen Parteien im neuen Jugoslawien, zumal sie in den slowenischen Wahlkreisen fast alle Mandatare stellte. Korošec wurde deshalb im Februar 1919 auch anstandslos in die provisorische Nationalversammlung nach Belgrad entsandt, wo er abermals die Funktion des Klubobmanns der SLS einnahm. Dort sah er sich aber wie sein kroatisches Pendant Stjepan Radić einer serbischen Dominanz gegenüber, zu der die SLS in strikter Opposition stand. Bei den ersten freien Wahlen in Jugoslawien im November 1920 wurde die SLS hinter den beiden serbischen Parteien (den Radikalen von Nikola Pašić und den Demokraten von Ljubomir Davidovićs), der Kroatischen Bauernpartei und der Kommunistischen Partei mit 27 von 419 Sitzen fünftstärkste Kraft und blieb ebenso in Opposition wie nach den Neuwahlen 1923 und 1925.

Im Januar 1921 verschärften sich die Konflikte zwischen Slowenen und Kroaten einerseits sowie Serben und Montenegrinern andererseits. Plädierte Korošec für einen föderativen Staatsaufbau und weitgehende Autonomie für die einzelnen Landesteile, so vertrat Pašić einen strikten und kompromisslosen Zentralismus. Für Radić stand selbst die Staatsform in Frage, denn seine Bauernpartei nannte sich gar „republikanisch“ (Hrvatska Republikanska Seljacka Stranka, HRSS) und erkannte den „fait accompli“ vom 1. Dezember 1918 immer noch nicht an. Anders als in Österreich gab es also im Verfassungsausschuss des Belgrader Parlaments, der Skupščina, keinen Common Sense, und so setzten sich die Zentralisten bei der Beschlussfassung der ersten jugoslawischen Verfassung - die symbolträchtig am 28. Juni 1921, dem Vidov Dan (Veitstag, dem jugoslawischen Nationalfeiertag), angenommen wurde - mit 223 Stimmen gegen eine Opposition von 196 Mandataren durch (die allerdings zum größten Teil die Abstimmung durch Fernbleiben boykottierten). Um der Regierung auch pro futuro eine Mehrheit zu sichern, ließ Pašić im Juli 1921 die KPJ verbieten, die zuvor in Kommunalwahlen überaus erfolgreich gewesen war und sich den WählerInnen als einzige übernationale Partei empfohlen hatte. Ihre Mandate wurden für verfallen erklärt, ihre Funktionäre verhaftet - darunter übrigens auch der Sekretär der Zagreber KP-Organisation Josip Broz, der später unter seinem Nom de Guerre „Tito“ Geschichte machen sollte.

Für Korošec und seine SLS kam im April 1922 der nächste Schock. Die Regierung beschloss ein Gesetz, wonach der Staat nach dem Vorbild der französischen Departements organisiert werden sollte. Ganz Jugoslawien gliederte sich nun in 33 „Oblasti“ („Gebiete“), wodurch Slowenien als regionale Einheit zerschlagen wurde. Zwar behielt die SLS in den neuen „Oblasti“ Ljubljana und Maribor die Mehrheit, doch der prestigeträchtige Posten eines Chefs der Landesregierung, den nach 1918 Korošecs Freund Pogačnik innegehabt hatte, ging verloren.

Korošec suchte nunmehr nur noch intensiver den Kontakt zur HRSS, die das Belgrader Parlament aus Protest gegen die Politik Pašićs generell boykottierte, indem die HRSS-Abgeordneten wie die irischen Sinn Fein-Parlamentarier in Großbritannien ihre Sitze gar nicht erst einnahmen. Korošec überzeugte Radić, dass eine Änderung dieser Strategie die Regierung um ihre Mehrheit bringen würde, wodurch die Chance auf eine Neuordnung Jugoslawiens gegeben wäre. So trat die HRSS am 11. März 1924 überraschend ihre Mandate an, und Pašić verlor prompt die Vertrauensabstimmung. Damit wurden die Radikalen erstmals aus der Regierung gedrängt, und Davidovićs Demokraten bildeten unter Duldung von SLS, HRSS und der Muslimen-Partei JMO von Mehmet Spaho eine neue Regierung.

Doch diese wurde bereits im November 1924 wieder gestürzt, als der König selbst in die Innenpolitik eingriff - ein Wetterleuchten seines Putsches vom Januar 1929. Pašić wurde wieder Premier, und wenige Tage vor Weihnachten 1924 stellte die Regierung Radić unter Arrest. Als Vorwand für diese Willkürhandlung diente die Reise einer HRSS-Delegation in die Sowjetunion, die seitens der Belgrader Zentralregierung als „Verschwörung mit dem Ausland" gedeutet wurde. Während Radić in Haft saß, fanden im Februar 1925 vorgezogene Neuwahlen statt, die der Regierung 163, der Opposition 152 Mandate einbrachten. Erst im Juli 1925 kam Radić wieder frei, nachdem er zahlreiche zentrale Punkte seiner Politik öffentlich widerrufen hatte. Wenn Pašić gehofft hatte, die HRSS damit ruhig zu stellen, dann irrte er sich, denn kaum wieder auf freiem Fuß, widerrief Radić seinen Widerruf. Es war offensichtlich, dass das System Pašić am Ende war.

In der Tat musste Pašić 1926 zurücktreten. Mit seinem Nachfolger Nikola Uzunović schien die Möglichkeit eines Neubeginns gegeben. Nach langwierigen Verhandlungen erklärte sich die SLS im Februar 1927 bereit, erstmals in der Geschichte des jungen Staates Regierungsverantwortung zu übernehmen, und Anton Korošec wurde im zweiten Kabinett Uzunović Verkehrsminister.

Dieser Schwenk kam allgemein überraschend, da Korošec in der Skupščina noch im März 1926 resignativ festgehalten hatte: „Die Serben regieren, die Kroaten diskutieren, und die Slowenen zahlen" - vor dem Hintergrund der Ereignisse nach 1990 eine erstaunlich zeitnahe Aussage.

Als Verkehrsminister bemühte sich Korošec nun um den Ausbau der schwachen jugoslawischen Infrastruktur. Vor allem im Bereich des Schienennetzes lag vieles im Argen, da die Überreste der k.u.k. Staatsbahnen keine Anbindung an Montenegro oder Serbien aufwiesen und manche Teile Jugoslawiens, etwa im Kosovo oder in Makedonien, verkehrsmäßig noch nicht einmal richtig erschlossen waren. Selbst das Straßennetz zwischen Ljubljana, Zagreb und Belgrad bedurfte dringend einer Verbesserung.

Korošec steckte noch mitten in den dafür erforderlichen Arbeiten, als im Frühjahr 1928 die Regierung unter Uzunovićs Nachfolger Velja Vukičević in die Krise geriet. Einerseits verlor der Premier in seinen eigenen Reihen an Vertrauen, andererseits spitzte sich der Konflikt mit den Kroaten immer mehr zu, der in der Ermordung Radićs durch den Abgeordneten Puniša Račić von der Radikalen Partei des Regierungschefs während einer Plenarsitzung am 20. Juni 1928 gipfelte, als Račić im Rahmen der Behandlung einer dringlichen Anfrage an den Innenminister betreffend den Geisteszustand Radićs am Rednerpult plötzlich einen Revolver zog und Radić, seinen Neffen Paul und einen weiteren HRSS-Abgeordneten namens Djuro Basariček erschoss, um dann ungehindert Rednerpult, Plenarsaal und Parlament zu verlassen.

Sollte der Staat an dieser Tat nicht zerbrechen, dann mussten die Serben ein klares Zeichen setzen. Anfang

Juli 1928 trat Vukičević daher zurück, und mit Anton Korošec wurde erstmals ein Nichtserbe Premierminister Jugoslawiens. Nicht ganz zehn Jahre nach seiner „Präsidentschaft" fand sich Korošec wieder in der allerersten Reihe der jugoslawischen Politik.

Doch nicht für lange. Auch Korošec gelang es nicht, die Gegensätze zwischen den Völkern Jugoslawiens zu überbrücken. Gleichzeitig verlor König Alexander immer mehr die Geduld mit den - in Jugoslawien ohnehin nur rudimentär vorhandenen - demokratischen Institutionen. Getrieben von abstrakten Vorstellungen einer absoluten Königsherrschaft, putschte der König am 6. Januar 1929 gegen seine eigene Regierung. Alle politischen Parteien wurden verboten, als Staatsname nun auch offiziell „Jugoslawien" festgelegt und als neuer Premier der Gardegeneral Petar Živković eingesetzt.

Die Halbherzigkeit der königlichen Maßnahme zeigte sich u. a. daran, dass die führenden Repräsentanten der nun verbotenen Parteien ins Kabinett berufen wurden. Korošec, formal ein gewaltsam gestürzter Premier, übernahm bereits am 7. Januar 1929 wieder das Verkehrsministerium, und auch die anderen Protagonisten blieben weitgehend auf ihren Posten.

So erstaunlich es war, dass Korošec, zeitlebens ein kompromissloser Demokrat, die Zerschlagung des Parlamentarismus und seiner SLS kommentarlos hinnahm, so schien die Reform von 1929, als Slowenien als einheitlicher Landeskörper wiederhergestellt wurde (es gab nun neun „Banate" anstelle der 33 „Oblasti"), Korošecs Schweigen aus nationalpolitischer Sicht zu rechtfertigen. Es dauerte bis zum September 1930, dass Korošec sich sein politisches Scheitern unter den gegebenen

Rahmenbedingungen eingestand und nach dreieinhalb Jahren aus der Regierung ausschied.

Von diesem Zeitpunkt an war Korošec, mittlerweile 58 Jahre alt, de facto Rentner. Er lebte zurückgezogen in Ljubljana, beständig von den Ordnungskräften des Königs überwacht. Als das Regime im September 1931 Scheinwahlen organisierte, um sich eine Pseudolegitimität zu verschaffen - der deutsche Botschafter in Belgrad berichtete davon, dass sich Beamte des Regimes öffentlich brüsteten, 20- bis 30-mal für die Einheitsliste der Regierung abgestimmt zu haben -, riefen Korošec, Spaho und Maček (Radićs Nachfolger als HRSS-Chef) zum Boykott auf, was ihnen sämtlich Inhaftierung eintrug.

Erst die Ermordung Alexanders durch einen Ustasa-Aktivisten im Oktober 1934 mischte die Karten in Jugoslawien neu. Unverhofft kam Korošec nach mehr als vier Jahren zu einem politischen Comeback. Im Juni 1935 wurde er im Kabinett des ehemaligen Finanzministers Milan Stojadinović, der mit seinen 47 Jahren als Hoffnungsträger einer demokratischen Erneuerung Jugoslawiens galt, Vizepremier und Innenminister. Stojadinović verkündete ein Programm der nationalen Aussöhnung und versuchte eine vorsichtige Demokratisierung des Landes, wobei die Ausgangsbedingungen denkbar ungünstig waren. Die Weltwirtschaftskrise verschärfte die innenpolitische Lage zusätzlich, außenpolitisch kam vor allem ab dem Sommer 1938 immer größerer Druck von Nazideutschland.

Das Verhältnis zu Italien, ob der offenen Gebietsfragen ohnehin seit 1919 durchgehend schwer belastet, verschlechterte sich durch das Bündnis zwischen Hitler und

Mussolini neuerlich, und da Stojadinović und Korošec nicht über ihren Schatten zu springen und der faschistischen Bedrohung eine wirklich demokratische Front entgegenzustellen vermochten, geriet Jugoslawien immer mehr unter Druck. Mitte Dezember 1938 hielt die Regierung erstmals verhältnismäßig freie Wahlen ab, die prompt ein für Stojadinović und Korošec enttäuschendes Ergebnis brachten. Korošec zog die Konsequenz und trat Anfang Januar 1939 von seinen Ämtern zurück. Einen Monat später zerfiel die gesamte Koalition, und Stojadinovićs Nachfolger Cvetković suchte die Annäherung an die Achsenmächte.

Im März 1941 stand Cvetković kurz davor, sich mit Deutschland und Italien offen zu verbünden, doch eine Volksrebellion unter dem Motto „Bolje rat, njego pakt" („Besser Krieg als Pakt") stürzte Cvetković und hob den als links geltenden General Simović auf den Schild, der sogleich einen Rückversicherungsvertrag mit der Sowjetunion abschließen wollte. Noch bevor aber konkrete Schritte unternommen werden konnten - die wohl seitens der UdSSR ohnehin nicht gesetzt worden wären, da sich Stalin an seinen Pakt mit Hitler aus dem August 1939 hielt -, überfiel die deutsche Luftwaffe Jugoslawien ohne Kriegserklärung, dessen Widerstand nach wenigen Tagen zusammenbrach. Bis 1945 blieb das ehemalige Jugoslawien von Deutschland und seinen Verbündeten besetzt, ehe es von der Partisanenarmee Titos befreit werden konnte.

Anton Korošec hat all diese Entwicklungen nicht mehr erlebt. Noch ehe Jugoslawien überfallen wurde, starb er am 14. Dezember 1940 in Belgrad, wo er zuletzt das unauffällige Leben eines Pensionisten geführt hatte, der privaten Studien nachging.

Der „Moses" der jugoslawischen Unabhängigkeit

JANEZ EVANGELIST KREK
(1865-1917)

Janez Evangelist Krek hat sein großes Lebensziel persönlich nicht erreicht. Wie einst Moses durfte er sein gelobtes Land nicht mehr betreten. Doch als er Ende 1917 starb, da zeichnete sich bereits überdeutlich ab, dass sein Traum von einer Vereinigung aller „jugoslawischen Brüder" Wirklichkeit werden würde. Auf seinen Beitrag zu dieser Vereinigung haben Generationen jugoslawischer Politiker immer wieder hingewiesen.

DER THEOLOGE ALS POLITIKER

Wie Anton Korošec entstammte auch Krek dem Bauernstand und ergriff den Priesterberuf. Geboren am 25. Dezember 1865 in St. Gregor im damaligen Kronland Krain, machte der junge Krek durch seinen wachen Verstand auf sich aufmerksam, sodass seine Lehrer ihm den Besuch des Gymnasiums in Ljubljana ermöglichten. Von dort wechselte er an die theologische Lehranstalt Ljubljanas, wo er seine Studien zügig vorantrieb. Bereits 1888 wurde er zum Priester geweiht, doch sah Krek seine Zukunft nicht in einer kleinen Landpfarre.

Vielmehr erwirkte er die Möglichkeit, an die Wiener Universität zu gehen, um dort Theologie zu studieren. Vier Jahre später wurde er zum Doktor Theologiae promoviert. Er kehrte nach Slowenien zurück, wo er sich besonders um die Lage der Bauern kümmerte, deren politische Organisierung Krek sofort energisch und in christlichsozialem Sinn in Angriff nahm. Ausfluss dieser Arbeit war die 1894 erschienene Schrift „Über die Lage des Bauernstandes“ sowie eine Vielzahl von Vereinen, in denen Krek zum Teil eine führende Rolle spielte. Im Laufe seines Lebens sollte Krek u. a. Präsident des slowenischen Genossenschaftsverbandes und Präsident des Volkswirtschaftlichen Verbandes in Ljubljana werden. Überdies avancierte er bald zum Obmann des „Christlichsozialen slowenischen Verbandes“ in Krain.

1895 wurde der 30-Jährige Professor an der theologischen Lehranstalt in Ljubljana, die er selbst erst sieben Jahre zuvor abgeschlossen hatte. Im gleichen Jahr machte er die Bekanntschaft eines der dortigen Schüler, mit dem ihn in den folgenden 22 Jahren eine enge Freundschaft verbinden sollte. Anton Korošec, der in jenem Jahr seine Primiz feierte, war von dem neuen Lehrer überaus beeindruckt und schrieb unter dem Eindruck der Krekschen Werke selbst ein Buch: „Die Sorge um den Bauernstand“ stützte sich in wesentlichen Teilen auf Kreks Opus von 1894.

IM REICHSRAT

Kreks Ruf hatte sich innerhalb seiner Volksgruppe rasch gefestigt, und lag es nahe, dass er von den Slowenisch-Klerikalen für die Reichsratswahlen 1897 aufgestellt wurde. Der Wahlkreis Stein-Egg tief im ruralen Krain war dabei nachgerade ein Freilos für den 31-jährigen Theologen. Sein fortschrittlicher Gegenkandidat hatte nicht den Funken einer Chance und unterlag mit wenig mehr als 10 Prozent der Stimmen gegenüber einem Votum von weit über 80 Prozent für Krek.

Im Reichsrat wurde er bald zu einem der führenden Sprecher des Südslawischen Klubs, zumal er als Zeitungsherausgeber mittlerweile über einen entsprechenden Bekanntheitsgrad verfügte. Gemeinsam mit anderen christlich orientieren Publizisten wie Andrej Kalan oder Ignaz Zitnik hatte Krek nämlich ab 1894 das katholische Pressewesen seines Landes grundlegend reformiert. Wichtigstes Erzeugnis war die Zeitung „Glasnik" („Stimme"), die Krek nicht nur herausgab, sondern wo er als Chefredakteur auch für das Gros der Artikel selbst verantwortlich zeichnete.

Wiewohl Krek eine klassisch christlichsoziale Politik betrieb, sah er sich im Gegensatz zu den Auffassungen Luegers und Kunschaks, denn für die nationalen Minderheiten, zumal die slawischen, konnte nur eine föderalistische Umgestaltung der Monarchie von Vorteil sein. Waren die Christlichsozialen in Wien also Zentralisten, so setzte Krek auf einen slawischen Kontrapunkt zum österreichisch-ungarischen Dualismus. In der Tat sollte die Forderung nach einem Trialismus vor allem nach 1907 bis zum Ausbruch des Ersten Weltkrieges die zentrale Losung der Slowenisch-Klerikalen werden.

Krek, der 1901 in seiner Kurie wieder gewählt worden war, konnte auch nach den Bedingungen des allgemeinen und gleichen Wahlrechts anno 1907 einen beachtlichen Wahlerfolg einfahren, erhielt er doch exakt 4.800 Stimmen, während auf seinen Gegenkandidaten gerade

721 entfielen. Innerhalb seines Klubs wurde der 42-Jährige dadurch nachhaltig aufgewertet und zählte nun zur engeren Führung der südslawischen Abgeordnetengruppe. Neben Korošec wurde er zum zweiten stellvertretenden Klubobmann gewählt.

Im Wahlkampf hatte er in Kranj erklärt: „Heute gilt die Stimme des einen soviel wie die des anderen. Unsere Zeit verlangt das politische Bewusstsein des Volkes. Die Organisation der Stände, die Bauernverbände, die Arbeiterverbände und Gewerbevereine sind nicht nur berufen, Versammlungen und Vorträge zu veranstalten, ihr Zweck ist auch, dass sie die Abgeordneten mit dem Volk verbinden. Der einzelne ist nichts, die Partei muss jedoch alles sein."

In diesem Sinne überzog die SLS unter der maßgeblichen Leitung Kreks das slowenische Siedlungsgebiet mit einer Vielzahl von gesellschaftlichen Vereinigungen, durch die die Bevölkerung verstärkt an die Partei gebunden werden sollte. Außerdem richtete sie ein breites Netz von Verkaufs- und Konsumgenossenschaften ein, durch das der slowenische Bauernstand gefördert wurde, um ihn von jedweder Idee des Sozialismus a priori fernzuhalten.

Als nächsten Schritt trieb Krek die Vereinigung der diversen klerikalen Parteiungen zu einer Allslowenischen Volkspartei voran, die im Oktober 1909 auch aus der Taufe gehoben werden konnte, wobei es Krek zukam, den entsprechenden Beschluss öffentlich zu verkünden. Krek wurde gemeinsam mit Korošec Šusteršičs Stellvertreter in der Parteiführung. Und als Korošec 1912 Šusteršič als Klubobmann im Abgeordnetenhaus ablöste, da rückte Krek zur Nummer zwei im Hohen Haus auf, dabei die Rolle eines „Chefideologen" einnehmend.

Die politische Entwicklung, die vor allem seit der Annexion Bosniens anno 1908 immer mehr auf einen Konflikt Österreichs mit Serbien hinsteuerte, veranlasste Krek, sich mehr und mehr zu exponieren. Im Abgeordnetenhaus verwahrte er sich im November 1912 gegen Beschimpfungen der Serben, denn diese träfen alle Südslawen, da die Serben „unsere Brüder" seien: „Wo immer unsere Flüsse fließen, überall dort lebt unser Volk. Wir müssen nur entlang der Save und der Drau weiter gegen Osten gehen, wir werden überall auf den Stamm unseres Blutes treffen, der unseren Herzen in besonderer Weise nahe steht. Unsere Flüsse fließen Richtung Belgrad, und kein einziger unserer Flüsse fließt nach Wien."

Damit nahm Krek vorweg, was vor allem nach 1915 mehr und mehr politischer Wille aller südslawischen Politiker werden sollte. Der Ausbruch des Ersten Weltkriegs hielt diese Tendenzen nur scheinbar auf. In Wirklichkeit beschleunigte er sie.

IM KRIEG

Davon war auch Krek überzeugt, der bereits im Juli 1914 apodiktisch erklärte: „Nun haben die österreichischen Staatsmänner das Todesurteil für Österreich unterschrieben. Sie müssten sich dessen bewusst sein, dass Österreich wegen der ungelösten Nationalitätenfrage einem Zimmer gleicht, in dem sich nur vom Holzwurm befallene, morsche Möbel befinden. Wenn diese Einrichtung völlig ruhig steht, kann sie noch ziemlich lange halten, wenn man sie aber zu verschieben beginnt, zerfällt alles."

Zunächst agierten die SLS-Mandatare für eine Autonomie-Lösung aller südslawischen Gebiete innerhalb der

Monarchie - wofür sie Ende 1914 sogar den Papst als Fürsprecher gewinnen wollten. Doch die politischen Ereignisse überzeugten die SLS-Politiker rasch davon, dass Slowenien in Österreich keine Zukunft mehr hatte. Dementsprechend agitierte Krek ab 1915 auch für die Vereinigung aller Südslawen in einem Staat, oder, wie er es im Dezember 1916 formulierte: „Es gibt drei Grundsätze für dieses dreinamige Volk, die es in die Zukunft geleiten müssen: ein Volk, ein Herrscher, ein Staat von Villach bis Thessaloniki und viel, viel Freiheit.“ Zu diesem Zweck nahm Krek auch mit den Vertretern einer tschechischen Unabhängigkeit Fühlung auf, um in dieser Frage akkordiert vorgehen zu können.

DIE MAI-DEKLARATION

Im Mai 1917 hatte Krek mit Pogačnik, Korošec und Šusteršič an einer Audienz beim Kaiser teilgenommen. Seine Beurteilung des Treffens war wohl die skeptischste von allen, meinte er doch resignierend, die Regierung könne allein dualistisch denken, was jede Reform verunmögliche. Krek drängte daher auf die Umbenennung des Klubs in „Jugoslawischer Klub“, um schon im Namen die neue Zielsetzung der Mandatare zum Ausdruck zu bringen. Und die am 30. Mai 1917 beschlossene Mai-Deklaration, gemäß der in der „notwendigen Neuordnung“ alle Slowenen, Kroaten und Serben „in einem politischen Vereinigungsgebiet zu vereinigen sind“, ging maßgeblich auf Krek zurück.

Verständlicherweise versetzte diese Deklaration - die auf Kreks Betreiben zur Unterzeichnung aufgelegt wurde und starke Unterstützung durch die Bevölkerung erfuhr - die Regierung in helle Aufregung. Einerseits versuchte man die slowenische Delegation zu einem Kompromiss zu bewegen, andererseits zweifelte man die Legalität ihres Ansinnens an, so namentlich in Bezug auf Krek, dem vorgeworfen wurde, er habe durch „gewagte Interpretationskünste" eine „herausgeklügelte Formel" geschaffen, die auf reiner „Sophistik" fuße.

Krek konterte in einer Rede am 16. Juni 1917: „Zwei Ideen werden nie sterben, die Idee, dass wir Slowenen, Serben und Kroaten ein Volk sind und zweitens die Idee, dass wir staatlich zusammengehören und zusammenkommen müssen." Da mittlerweile auch die Polen den Wiener Zentralstellen mehr als kritisch gegenüberstanden, scheiterte die Regierung Clam-Martinic zwei Tage später. Den Südslawen kam bei der Bildung eines neuen Kabinetts nun eine besondere Bedeutung zu, und dementsprechend wurden Korošec und Krek zu einer zweiten Audienz zum Kaiser gerufen, wobei sie, wie sich Korošec später erinnerte, den Weg von Wien nach Laxenburg mit dem Auto zurücklegten.

Der Kaiser ersuchte die Südslawen, die Regierung nicht nur zu unterstützen, sondern sogar in sie einzutreten, wodurch sie doch die besten Chancen hätten, ihre politischen Vorstellungen umzusetzen. Korošec und Krek wiesen dieses Ansinnen zurück, da eine österreichische Regierung zwangsläufig eine Politik betreiben müsse, die keineswegs „unserer Deklaration nahe kommen würde".

Zwar versuchte der Kaiser, seinen Kritikern entgegenzukommen, indem er am 2. Juli 1917 die politischen Gefangenen amnestierte - darunter die Abgeordneten Grafenauer, Kramař und Klofač -, doch der Zug in Richtung Auflösung der Monarchie hatte sich bereits in Bewegung gesetzt. Die „Deklaration von Korfu", die südslawische Politiker der Monarchie und serbische

Regierungsvertreter am 20. Juli 1917 beschlossen, wirkte bereits offen in die Richtung eines eigenen südslawischen Staates, wie ihn Krek in Wien unverändert propagierte.

Ende August 1917 reiste Krek nach Sarajewo und traf sich dort mit den Proponenten der Korfu-Deklaration, um die Möglichkeiten der Zusammenarbeit auszuloten. Am Rückweg nach Wien machte Krek in Ljubljana Station, wo es ihm gelang, zur Unterzeichnung einer „Laibacher Erklärung" eine breite Front zu gewinnen, die vom Laibacher Fürstbischof Anton Jeglič und seinem Stellvertreter Andrej Kalan über Bürgermeister Ivan Tavčar bis zum immer noch Habsburg-loyalen Landeshauptmann Šusteršič reichte. In dieser am 15. September 1917 vorgelegten Erklärung forderten praktisch alle politischen Lager Sloweniens die Selbstbestimmung der Südslawen - auch Šusteršič hatte sich diesem Wunsch nicht länger entziehen können.

In der Erklärung heißt es wörtlich: „Beides, Freiheit und Einheit, kann aber unserem Volke nur mittels eines selbständigen, auf dem Prinzipe der Selbstentscheidung der Nationen aufgebauten südslawischen Staates unter dem Szepter der habsburgischen Dynastie gesichert und erhalten werden. Deshalb geht unsere Forderung dahin, dass diese südslawische Einigung ehemöglichst vollzogen werde." Die Erwähnung Habsburgs war Kreks Kompromiss zur breitestmöglichen Einigung - wobei er persönlich aber keinen Zweifel darüber aufkommen ließ, dass er nicht daran glaubte, dass die südslawische Einigung eines Hauses Habsburg bedürfen werde.

Krek durfte also optimistisch sein. Die Dinge entwickelten sich immer mehr in die von ihm gewünschte

Richtung. Er blieb bis Ende September 1917 in Ljubljana, um das von ihm geschmiedete Bündnis zu festigen, dann fuhr er nach St. Janž (St. Johann) in Dolina (Tal), um sich von den Strapazen der letzten Monate zu erholen und neue Kräfte zu sammeln.

Doch sein Gesundheitszustand verschlechterte sich, und am 8. Oktober 1917 verstarb Krek, erst 51 Jahre alt, plötzlich und unerwartet, was für die südslawische Unabhängigkeitsbewegung ein schwerer Rückschlag war. Sein Begräbnis am 13. Oktober wurde gleichwohl zu einer beeindruckenden Demonstration der von ihm geschaffenen politischen Bewegung, sodass sein langjähriger Weggefährte mit dem Evangelisten Lukas sprechen konnte: „Erhebet eure Häupter, denn es naht eure Erlösung."

ERBE

Am Grabe Kreks erklärte Korošec: „Hand in Hand wollen wir unseren Weg weitergehen, damit wir die Vereinigung des südslawischen Volks erreichen. Seid einträchtig, entschlossen, konsequent, dass ihr die Verwirklichung der grossen Ideen unseres Volks schafft." In der Tat sollte nur wenig mehr als ein Jahr später der Staat der Slowenen, Kroaten und Serben Wirklichkeit werden. Krek war eine Art Moses der südslawischen Unabhängigkeitsbewegung geworden. Er hatte sein Volk zum gelobten Land geführt, auch wenn er selbst es nicht mehr hatte betreten können. Gleichwohl blieb sein Name nie unerwähnt, wenn es um die Staatsgründung Jugoslawiens ging, und selbst seine politischen Gegner erkannten seine diesbezügliche Rolle an.

Vizepräsident und Landeschef

JOŽE POGAČNIK
(1866-1932)

Josef Ritter von Pogačnik war ein klassischer Großgrundbesitzer der Monarchie des 19. Jahrhunderts. Seine Herkunft brachte ihn in Opposition zum Herrscherhaus und führte ihn allmählich in das Lager der Unabhängigkeitsbefürworter. Schon in der Monarchie Vizepräsident des Abgeordnetenhauses, gipfelte seine Karriere in der Kür zum Chef der slowenischen Landesregierung im Oktober 1918.

JUGEND UND AUSBILDUNG

Geboren wurde Pogačnik am 19. Oktober 1866 auf dem väterlichen Gut in Podnart, wo er aufwuchs. 1876 begann er, das Gymnasium in Ljubljana zu besuchen, später wechselte er nach Görz, wo er 1884 maturierte. Nach Abschluss des Gymnasiums ging Pogačnik nach Graz, wo er Rechtswissenschaften studierte.

Mit seinen Studien kam er nicht so recht vorwärts, und er beschloss, sich einjährig freiwillig zum Militär zu melden. Er diente beim 7. Feldjägerbataillon in Krain, wo er als Leutnant der Reserve abmusterte. Zwar setzte er seine Studien danach noch geraume Zeit fort, doch seit

Anfang der 90er Jahre konzentrierte er sich mehr und mehr auf die Politik.

Er wurde rasch Funktionär der Slowenisch-Klerikalen Partei, in der auch Korošec, Krek und Šusteršič wirkten. 1897 trat der 30-Jährige erstmals als Kandidat in Erscheinung und wurde im Wahlkreis Kamnik auch sogleich gewählt. Ab 1901 war Radmannsdorf (Radovlje) sein Wahlkreis, den er auch in Zeiten des allgemeinen und gleichen Wahlrechts souverän verteidigen konnte. So entfielen 1907 4.112 Stimmen auf ihn, auf seine Gegenkandidaten hingegen insgesamt nur 1.285.

VIZEPRÄSIDENT DES ABGEORDNETENHAUSES

Pogačnik galt im Abgeordnetenhaus also bereits als fixe Größe, seine Herkunft sorgte zudem dafür, dass er auch bei den deutschsprachigen Abgeordneten entsprechendes Gewicht besaß. Als den Südslawen nach den Parlamentswahlen von 1911 erstmals ein Vizepräsident zugebilligt wurde, gab es daher keine langen Diskussionen, wer für dieses Amt in Frage kam. Am 21. Juli 1911 wurde Pogačnik zum Vizepräsidenten des Abgeordnetenhauses gekürt, wodurch er endgültig ins Zentrum des österreichischen Parlamentarismus rückte. Ab 1912 gehörte er auch der österreichischen Delegation an. Bis 1914 verlief Pogačniks Karriere mehr oder weniger in ruhigen Bahnen. Zwar unterstützte er die zentralen politischen Forderungen seiner engagierten Fraktionskollegen Korošec und Krek, doch galt er, ähnlich wie der seit 1912 als Krainer Landeshauptmann fungierende Šusteršič, als mäßigendes Mitglied des Südslawischen Klubs, für den die Monarchie prinzipiell außer Frage stand. Diese Haltung nahm er umso mehr 1914 ein, als sich Österreich-Ungarn zum Krieg entschloss.

IM KRIEG

Umso überraschender kam für ihn die harte Vorgangsweise der Zentralbehörden gegen Angehörige der anderssprachigen Nationen in der Monarchie. Vor allem das rigide Vorgehen gegen slowenische Funktionäre - Priester, Parteiarbeiter, ja selbst Abgeordnete - erschütterte sein Vertrauen in die österreichische Politik nachhaltig. Die Sistierung des Parlaments bis zum Frühjahr 1917 konnte ihm als Vizepräsidenten ebenfalls nicht gleichgültig sein. Konsequenterweise entwickelte er sich daher mehr und mehr in die Richtung der Befürworter einer südslawischen Unabhängigkeit, zu der auch Korošec und Krek zunehmend tendierten.

Mit diesen beiden und mit Landeshauptmann Šusteršič gehörte Pogačnik zu jener südslawischen Delegation, die am 21. Mai 1917 vom neuen Kaiser Karl in einer Audienz empfangen wurde. Das Gespräch mit dem Staatsoberhaupt bestärkte freilich die Befürchtungen der Abgeordneten und bekräftigte den Willen zur grundlegenden Umwandlung des Staatsverbandes.

In jenem Frühjahr war Pogačnik zwar als Vizepräsident des Hauses bestätigt worden, doch der Umstand, dass seit 1914 nicht weniger als 23 Mandatare - sämtlich nichtdeutscher Muttersprache - ihres Mandates durch richterliche Aberkennung verlustig gegangen waren, gab ihm zu denken. Daher unterstützte er die Mai-Deklaration des Südslawischen Klubs, in der einmal mehr eine Trialismus-Lösung mit weitgehender Autonomie für alle südslawischen Gebiete innerhalb der Monarchie gefordert wurde. Diese Deklaration, im Reichsrat verlesen und somit immunisiert, wurde in den slowenischen Landesteilen zur Unterzeichnung aufgelegt und von zehntausenden Slowenen unterfertigt. Der Reformbedarf war evident, doch die Wiener Zentralstellen blieben abermals untätig und ließen damit die letzte Chance ungenützt, eine gemeinsame Zukunft mit den südslawischen Landesteilen sicherzustellen.

Obwohl er für seine Verdienste um das Herrscherhaus 1917 zum Ritter geschlagen wurde, verlor Pogačnik endgültig jede Hoffnung für die Zukunft der Donaumonarchie. In der Auseinandersetzung um den zukünftigen Kurs der SLS stellte er sich auf die Seite der Unabhängigkeitsbefürworter Korošec und Krek, die die Konsequenzen aus der Nichtbeachtung der Mai-Deklaration gezogen hatten. Der bisherige Obmann der Slowenisch-Klerikalen, Šusteršič, befand sich in der Minderheit und verlor jeden Einfluss auf die Partei, die er viele Jahre geleitet hatte. Als Krek Ende 1917 starb, avancierte Pogačnik, der eine der beiden Säulen - Klerus und Grundbesitz - der SLS repräsentierte, zur unbestrittenen Nummer zwei in der Partei.

LANDESHAUPTMANN

Im Lauf des Jahres 1918 verschärfte sich die Lage innerhalb der Monarchie von Tag zu Tag. Schon der Januarstreik zeigte deutlich, dass die Regierung des Habsburgerstaates die anstehenden Probleme nicht mehr zu lösen vermochte. Die Tschechen wurden mittlerweile von den Alliierten als kriegführende Macht anerkannt, und auch die Polen bekamen den Status einer eigenen Nation. Naheliegenderweise bereiteten nun auch die Südslawen ihre Abspaltung von Österreich vor, die vor allem im Sommer 1918 konkrete Formen anzunehmen begann.

Hatte die SLS schon im Mai 1918 das volle Selbstbestimmungsrecht für die südslawischen Nationen in Anspruch genommen, so kündigte Korošec im Reichsrat am 26. Juli 1918 an, die Slowenen würden nur noch eine Regierung unterstützen, die ihnen „volle Freiheit" gebe. Das Band zwischen Habsburg und der Krain war nach beinahe 600 Jahren gemeinsamer Vergangenheit durchschnitten. Die katastrophale Ernährungslage, die erschütternden Verluste an den Fronten und die immer brutaler werdende Militärverwaltung taten ein Übriges, um den Slowenen jedwede Zustimmung zur Habsburger-Monarchie auszutreiben. Alle Weichen waren unumkehrbar auf eine Unabhängigkeit der südslawischen Landesteile gestellt.

Bereits wenig später konstituierte sich in Ljubljana eine Art provisorisches slowenisches Parlament, welches sich aus 50 Delegierten zusammensetzte. Der am 17. August 1918 formierte „Narodni Svet" („Nationalrat") umfasste 18 Vertreter der SLS, zehn Repräsentanten der Südslawischen Demokratischen Partei, drei Sozialdemokraten, zwei Triestiner Slowenen, fünf Istrianer und zwölf Dalmatiner. Korošec wurde zum Vorsitzenden, Pogačnik zum Vizepräsidenten dieses Gremiums gewählt. Der Präsident des Nationalrates verfasste eine Verbalnote, in der er, ganz Priester, zu einem Bibelwort griff: „Erhebet eure Häupter, denn es naht eure Erlösung".

Während der Nationalrat noch im September 1918 Fühlung zu den Alliierten aufnahm, versuchte die Regierung der Monarchie nun doch, das Unabwendbare zu verhindern. Der neue Regierungschef Hussarek bot den Slowenen volle Autonomie innerhalb des Verbandes Österreich-Ungarns an, doch Korošec entgegnete ihm im Reichsrat am 1. Oktober lapidar: „Freiherr von Hussarek, Sie kommen zu spät!" Vor dem Krieg, so Korošec, wären die Slowenen der Regierung für eine Autonomie wohl noch dankbar gewesen, nun aber, da „so viel unschuldiges jugoslawisches Blut vergossen, uns solche Wunden geschlagen, eine Persekution der andern folgt", werde Hussarek „keinen Südslawen auf dem Erdboden mehr finden, der Ihnen auf dem Wege der nationalen Autonomie Gefolgschaft leisten würde".

An dieser Stelle machte die k.u.k. Regierung wohl ihren letzten entscheidenden Fehler. Das Innenministerium leitete eine Untersuchung ein, inwieweit Korošec des Verrats bezichtigt und ergo arretiert werden könne. Nun warf sich Pogačnik für seinen Obmann in die Schlacht und rechnete selbst am 8. Oktober 1918 mit der Monarchie ab, der er so lange gedient hatte: „Dieses gehässige Vorgehen der Regierung lässt keine andere Deutung zu, als dass sie durch derartige verwerfliche Mittel, unter Benützung der erwähnten Verdächtigungen und Denunziationen, die im vollkommen gesetzlichen Rahmen sich bewegende Propaganda für den südslawischen Staat zu bekämpfen sucht."

Zwei Tage später zog der südslawische Klub den endgültigen Schlussstrich unter die gemeinsame Geschichte, als der Abgeordnete Benkovič erklärte: „Unser Volk hat sich entschlossen, und dieser Entschluss lautet: Los von der verlotterten österreichischen Wirtschaft und heraus aus dem schwarz-gelben Völkerkäfig in die goldene Freiheit." An diesem 10. Oktober 1918 stellten die Slowenen ihre Mitarbeit in den Wiener Gremien ein und begaben sich nach Ljubljana, wo die weiteren Schritte gesetzt werden sollten.

War bereits am 29. Oktober 1918 ein „Država Slovencev, Hrvatov in Srbov" („Staat der Slowenen, Kroaten und Serben" - SHS) unter der Präsidentschaft Korošecs proklamiert worden, so wurde zwei Tage später, am

31. Oktober 1918, der letzte kaiserliche Landeshauptmann der Krain, Ivan Šusteršič, gestürzt und für die slowenischen Gebiete des neuen Staates eine „Narodna Vlada za Slovenijo" („Volksregierung für Slowenien") gebildet. Erster Landeshauptmann dieser neuen Regierung war Josef Pogačnik, dem somit das zweite wichtige Amt im neuen Staate zukam.

Hauptaufgabe Pogačniks war es, die einzelnen Siedlungsgebiete der Slowenen, die in der Monarchie auf die verschiedensten Landesteile aufgeteilt gewesen waren, zu einen. So wurden noch im November 1918 die ehemaligen Provinzen Krain, Küstenland und das seinerzeit zu Ungarn gehörige Übermurgebiet zusammengefasst. Pogačnik unternahm auch Schritte, Istrien und Südkärnten unter slowenische Verwaltung zu nehmen. Hier stieß er aber auf zweifachen Widerstand. Einerseits wurde Istrien von Italien beansprucht, andererseits organisierten deutschnationale Kärntner einen „Abwehrkampf" gegen die slowenischen Gebietsansprüche.

Zudem kam es am 1. Dezember 1918 zu einer innenpolitischen Umwälzung im SHS-Staat, als die serbische Armee in Slowenien einmarschierte und das „Kraljevina Srba, Hrvata i Slovenaca" („Königreich der Serben, Kroaten und Slowenen" - man achte auf die Reihenfolge) proklamierte. Korošec war damit nach nur 33 Tagen entmachtet, Pogačnik der ranghöchste Vertreter seiner Nation im neuen Staat. Ihm wurde jedoch die Leitung der Maßnahmen in Istrien und Südkärnten de facto entzogen, da nun General Rudolf Majster den Oberbefehl über die slowenischen Truppenbewegungen erhielt. Überdies begann ein Diskussionsprozess über die zukünftige Gestaltung der Verwaltung im SHS-Staat, die Pogačniks Position indirekt in Frage stellte.

Die Zentralstellen in Belgrad wollten es nicht auf ein Kräftemessen ankommen lassen und wählten einen anderen Weg, Pogačnik als Regierungschef abzulösen. Bereits im Februar 1919 hatte es Versuche gegeben, Pogačnik ein Amt in Belgrad anzubieten, im Mai 1919 bot sich dann anlässlich der Aufnahme diplomatischer Beziehungen zu Österreich die Gelegenheit, den ehemaligen „Ritter von Pogačnik“ zum ersten jugoslawischen Botschafter nach Wien zu entsenden. Und so schied Pogačnik nach nur einem halben Jahr an der Spitze der slowenischen Landesregierung aus der jugoslawischen Politik aus.

IM AUSGEDINGE

Als Pogačnik Anfang Juni 1919 seinen Dienst in Wien antrat, konnte er noch nicht wissen, dass seine politische Karriere unwiderruflich zu Ende war. Er war 53 Jahre und wähnte den Botschafterposten als vorübergehende Zwischenstation. Doch je länger er in Wien saß, je mehr sich die innerstaatlichen Organe in Jugoslawien verfestigten, desto mehr wurde sich Pogačnik bewusst, dass er realiter weggelobt worden war. Nach der endgültigen Festlegung der Grenzziehung zwischen den beiden Staaten im Gefolge der Volksabstimmung vom 10. Oktober 1920 quittierte Pogačnik seinen Posten und kehrte nach Radovlje zurück.

Dort machte er sich um die wirtschaftliche Entwicklung des Bezirks verdient und wurde zum vielfachen Wirtschaftsfunktionär. Bis zu seinem Tod am 18. August 1932 war Pogačnik Vorsitzender mehrerer Unternehmen und saß in zahlreichen Aufsichts- und Verwaltungsräten. In die Politik kehrte er nicht mehr zurück.

Kaisertreuer Irredentist

IVAN ŠUSTERŠIČ
(1863-1925)

Jahrzehntelang führte Ivan Šusteršič einen vergeblichen Kampf um mehr Eigenständigkeit für die Slowenen der Monarchie. 1912 schien er den ersten Schritt dazu erreicht zu haben, als er Landeshauptmann von Krain wurde. Doch seine „finest hour" war der Beginn seines politischen Abstiegs. Im neuen Jugoslawien geisterte Šusteršič nur noch als politisches Irrlicht herum, dem man vorwarf, mit dem Kaiserreich kollaboriert zu haben.

JUGEND UND AUSBILDUNG, ERSTE POLITISCHE STATIONEN

Šusteršič wurde am 29. Mai 1863 in Reifnitz geboren, wo sein Vater als Verwaltungsbeamter stationiert war. Der Vater wurde bald Bezirksamts-Vorsteher und kam 1869 nach Ljubljana, wo der Sohn die Volksschule und das Gymnasium besuchte. 1881 begann er in Wien Rechtswissenschaften zu studieren, 1885 wechselte er nach Graz, wo er 1889 zum Dr. iur. promovierte. Anfang 1890 eröffnete er in Ljubljana eine Rechtsanwaltspraxis, die er bis 1920 betreiben sollte.

Nachdem er schon während seiner Studienzeit politisch im Verein „Slovenija" aktiv gewesen war, schloss sich

Šusteršič, zurück in Ljubljana, dem klerikalen Lager an und zählte 1890 zu den Begründern des „Katoliško Politično Društvo“ („Katholisch Politische Vereinigung“ - KPD), der Keimzelle der späteren Slowenischen Volkspartei (SLS). Noch im selben Jahr trat er der „Katoliška Narodna Stranka“ („Katholische Volkspartei“) bei, aus der 1905 die „Slovenska Ljudska Stranka“ (Slowenische Volkspartei - SLS) hervorgehen sollte, zu deren erstem Obmann Šusteršič gewählt wurde.

1896 hatte er erstmals für den Reichsrat bei einer Nachwahl im Wahlkreis Laibach-Land kandidiert - und war im Alter von 35 Jahren gewählt worden. 1897 wurde er bei den allgemeinen Wahlen in seinem Amt bestätigt. Doch Šusteršič empfand den Zustand der politischen Strukturen in seiner Heimat als unbefriedigend, und so legte er bereits 1898 sein Mandat in Wien zurück, um sich ganz auf den Aufbau der politischen Organisation in Slowenien zu konzentrieren. Er wurde 1899 Obmann des KPD und arbeitete zwei Jahre daran, in Krain ein Netzwerk politischer Vereine aufzubauen, die die Basis für künftige Wahlkampagnen sein sollten. 1901 kandidierte er wieder in seinem Wahlkreis und wurde mit großer Mehrheit ins Abgeordnetenhaus entsandt.

AN DER SPITZE VON PARTEI UND KLUB

Bei den ersten Wahlen nach dem allgemeinen und gleichen Wahlrecht wurde Šusteršič mit überwältigender Mehrheit im Wahlkreis Laibach-Umgebung wiedergewählt, den er schon 1901 errungen hatte. Wenig später schlossen sich die konservativen slowenischen Mandatare im „Slovenski Klub“ („Slowenischer Klub“) zusammen - die Liberalen bildeten gleichzeitig die „Zveza Južnih Slovanov“ („Verband der Südslawen“), deren Obmann Šusteršič wurde. Von da an gehörte er zu den führenden Mandataren des Hauses, der auch für seinen Klub zu allen wichtigen Fragen Stellung nahm.

So auch anlässlich der Bosnien-Annexion anno 1908. Wie alle südslawischen Mandatare begrüßte er diese, erhoffte er sich doch eine Aufwertung der Südslawen innerhalb der Monarchie durch diesen Schritt - oder, wie es der „Slovenec“, die zentrale Zeitung der Slowenen, am 10. Oktober 1908 berichtete: „Was Šusteršič erklärte, bildet das Programm und Ziel aller Patrioten im slawischen Süden, welche im Rahmen der habsburgischen Monarchie nach kultureller und politischer Vereinigung der Südslawen streben.“

In der Tat hatte Šusteršič in seiner Rede zur Annexion erstmals von der Möglichkeit gesprochen, einen dritten, südslawischen, Staatskörper innerhalb der Monarchie zu schaffen, in dem Slowenen, Serben und Kroaten ihr eigenes Parlament bekommen sollten. Neben den Tschechen optierten nun auch die Südslawen für eine solche „Trialismus“-Lösung, die von da an nicht mehr von der slowenischen Agenda verschwinden sollte.

Diese Losung überzeugte auch die anderen südslawischen Parlamentarier. Šusteršič gelang es im November 1908, alle 37 Mandatare aus dem südslawischen Raum in einen einzigen „Südslawischen Klub“ zusammenzufassen, dessen Vorsitz er übernahm. Der „Slovenec“ begrüßte am 30. November 1908 diese Entwicklung, die „eine sehr wichtige Tatsache in der jetzigen Situation, da Österreich und das Südslawentum vor großen Ereignissen stehen“, sei. Der dadurch gestiegenen Bedeutung Šusteršičs trug der Hof insoferne Rechnung, als Šusteršič aus Anlass des 60-jährigen Regierungsjubiläums Kaiser Franz Josephs als eine von 32 Persönlichkeiten der Monarchie das Komturkreuz zum

Franz-Joseph-Orden erhielt - was ihm einige nationalistische Heißsporne verübelten, die darin die tiefere Ursache für Šusteršičs gemäßigte Haltung gegenüber den Wiener Zentralstellen zu erkennen glaubten.

Vorerst freilich kritisierte Šusteršič unbeirrt die Vorgangsweise der Zentralstellen in der Causa Bosnien-Herzegowina. In einem dringlichen Antrag forderte er noch 1908 die Schaffung eines Grundgesetzes für das neue Gebiet, um „diesen Ländern wahre konstitutionelle Freiheiten und Prärogativen zu gewährleisten". In der Begründung dieses Antrags führte er am 16. Dezember 1908 aus: „Das bosnisch-hercegovinische Problem bedeutet einen wesentlichen Teil der südslawischen Frage. Wir sind uns dessen voll bewusst, dass es ein historischer Moment für die Geschichte der Südslawen ist und darum haben wir unsere Reihen fest zusammengeschlossen und uns um die Fahne der südslawischen Gemeinsamkeit im Rahmen der Monarchie geschart." Immerhin, so erklärte Šusteršič, lebten sieben Millionen Südslawen im Verband der Monarchie, „viel mehr als in jedem anderen Staate", sodass ihnen ein eigener Staatsverband zustehe - „denn diese Frage kann mit der Monarchie, sie kann aber auch gegen die Monarchie gelöst werden."

Die Regierung freilich beabsichtigte nicht, in der Sache selbst einzulenken. Stattdessen bot sie Šusteršič Anfang 1909 an, als Postminister selbst in die Regierung einzutreten. Dieser lehnte ab, wissend, dass ihn ein solcher Schritt bei der eigenen Basis in ein schiefes Licht bringen würde. Zudem gab man im Februar 1909 dem Kabinett Bienerth keine lange Lebensdauer mehr, sodass es auch politisch wenig sinnvoll schien, sich mit dieser Regierung zu verbinden.

Stattdessen weitete Šusteršič die slawische Kooperation aus, indem es ihm gelang, im März 1909 eine „Slovanska

Enota" („Slawische Einheit") auf parlamentarischer Ebene zu zimmern, zu der sich 125 Mitglieder des Parlaments zusammenschlossen, wodurch dieser Klub formell der größte im Abgeordnetenhaus wurde. Die politischen Absichten der einzelnen Gruppen innerhalb der „Einheit" waren jedoch zu divergierend, sodass dieser Zusammenschluss schon nach kurzer Zeit wieder zu zerfallen begann und nach den Neuwahlen 1911 nicht mehr aufgegriffen wurde.

Gleichzeitig versuchte die SLS ihren Aktionsradius zu erweitern und begründete im Oktober 1909 die „Vseslovenska Ljudska Stranka" („Allslowenische Partei") unter dem Vorsitz des bisherigen SLS-Obmanns Šušteršič, die als Keimzelle einer Vertretung aller Südslawen konzipiert war. Der Konflikt der slawischen Delegationen mit Premier Bienerth dauerte noch bis März 1911, als dieser durch die Ausschreibung von Neuwahlen die Flucht nach vorne antrat, hoffend, der neu zusammengesetzte Reichsrat würde für ihn günstigere Bedingungen schaffen. Das Gegenteil war der Fall.

Bienerth musste nach den Wahlen zurücktreten, sein Nachfolger wurde Baron Gautsch, zu dem der „Südslawische Klub", der weiterhin unter Šušteršičs Führung stand, ebenfalls in Opposition ging, da auch Gautsch sich nicht gewillt zeigte, den Forderungen der Slawen entgegenzukommen. Gautsch konnte sich jedoch nicht durchsetzen und wurde noch im November 1911 durch Karl Graf Stürgkh ersetzt, der für die Südslawen eine noch viel größere Belastung darstellte als seine beiden Vorgänger. In seiner Rede zur Regierungserklärung meinte Šušteršič denn auch am 14. Dezember 1911: „Woher weiß man denn, dass die Geduld der Südslawen eine unbegrenzte ist?"

LANDESHAUPTMANN

Šusteršič war noch voll mit der Reaktion auf die neue Regierungsbildung beschäftigt, als er am 4. Januar 1912 vom Kaiser zum Landeshauptmann von Krain ernannt wurde - wodurch er, auch wenn er sein Reichsratsmandat behielt, de facto an der Führung des Klubs und wohl auch der Partei nachhaltig gehindert war. Kritiker warfen Šusteršič vor, er habe sich kaufen lassen und sei durch seine Ernennung nun der Regierung, zu der sein Klub eigentlich in Opposition stand, zu Dank verpflichtet, was den Interessen der Südslawen zuwiderlaufe. Dennoch konnte Šusteršič sich vorerst als Klubobmann halten, wenngleich Korošec noch im Januar 1912 zum geschäftsführenden Obmann gewählt wurde. Dieser drängte Šusteršič in der Folge konsequent an den Rand.

Wiewohl die Funktion eines Landeshauptmanns in der Monarchie keineswegs in ihrer Bedeutung mit dem heutigen Amt gleichen Namens vergleichbar ist, war Šusteršič nun dennoch mit einer Vielzahl konkreter Verwaltungsaufgaben betraut, die oftmals seine Anwesenheit in Ljubljana erforderlich machten. Politik im gestaltenden Sinne war mit diesem Posten nicht zu machen. Immerhin aber wurde Šusteršič im Oktober 1912 wieder zum Mitglied der österreichischen Delegation bei den Verhandlungen mit den Ungarn gewählt.

In Budapest erfuhr er im November 1912, dass „sein" Klub in der Budgetfrage Obstruktion betrieb, ohne ihn davon zu informieren. Empört eilte er nach Wien und berief eine Klubsitzung ein, wo er auf - für ihn - unerwarteten Widerstand stieß. Er bot daraufhin seinen Rücktritt als Klubobmann an, der angenommen wurde. Ab 12. November 1912 fungierte Korošec als neuer Obmann, Šusteršič war nur noch ein einfaches Mitglied des Hauses.

Diese Entwicklung traf Šusteršič völlig unvorbereitet, und es kann kein Zweifel daran bestehen, dass er seinen Rücktritt nur rhetorisch angeboten hatte. Die Ablöse bedeutete für Šusteršič eine Kränkung, die sein weiteres Agieren bis 1918 nachhaltig prägen sollte. Vorerst zog er sich auf seine Funktion als Landeshauptmann zurück und verzichtete auf sonderliches Engagement im Parlament. Erst im November 1913 kehrte er auf die parlamentarische Bühne zurück, als er abermals der Delegation angehörte, die mit den Ungarn verhandelte - diesmal in Wien.

IM KRIEG

Die Ereignisse des Sommers 1914 vereinigten anfangs nahezu alle politischen Lager hinter dem Kaiserhaus zu einer patriotischen Allianz. Auch die Südslawen stellten ihre politischen Bedürfnisse vorerst zurück. Doch die Entwicklung nach dem Ausbleiben des erhofften schnellen Sieges führte zu großer Ernüchterung bei den meisten südslawischen Politikern. Korošec, Krek und selbst Pogačnik gingen mehr und mehr auf Distanz zur Regierung, vor allem, seit ab 1915 immer mehr slowenische Funktionäre von den deutschnational orientierten Zentralstellen drangsaliert wurden. Da Šusteršič zu diesen Vorgängen im Wesentlichen schwieg, entfremdete er sich seinem eigenen Lager mehr und mehr. Bereits im Januar 1916 gab es innerhalb des „Südslawischen Klubs" Tendenzen, Šusteršič vollends aus den politischen Reihen der Südslawen auszuschließen.

Die Entscheidung wurde von der politischen Führung jedoch vertagt. Die angespannte Lage ließ interne Konflikte unratsam erscheinen, und Šusteršič gehörte sogar jener Delegation an, die im Mai 1917 von Kaiser Karl in Audienz empfangen wurde. Doch je mehr Pogačnik auf die Seite von Korošec und Krek wechselte, desto isolierter wurde Šusteršič im Klub. Ab Sommer 1917, als er der Mai-Deklaration gegenüber bemerkenswert indifferent blieb, sahen selbst ihm nahe stehende Politiker Šusteršič mehr und mehr als Erfüllungsgehilfen der Dynastie. Diesen - Fürstbischof Jeglič, Andrej Kalan u. a. - gelang es zwar noch, Šusteršič im September 1917 zur Unterstützung der „Laibacher Erklärung“ zu bewegen, doch sein zögerliches Verhalten veranlasste Krek und Korošec, die „Frage Šusteršič“ endgültig zu behandeln.

Krek warf Šusteršič vor, seine Politik würde zur Germanisierung Sloweniens führen - was zu Kreks Vermächtnis werden sollte, da er wenige Tage später verstarb. Dass Šusteršič - wiewohl Landeshauptmann und Obmann der Partei, deren wesentlicher Anführer Krek gewesen war - nicht an dessen Begräbnis teilnahm, war der Tropfen, der das sprichwörtliche Fass zum Überlaufen brachte. Selbst Kalan und der Klerus gingen nun offen auf Distanz zu Šusteršič, der schließlich im November 1917 de facto aus dem Klub ausgeschlossen und im Dezember 1917 als Parteiobmann gestürzt wurde. Neuer Vorsitzender der SLS wurde Anton Korošec, der am 27. Dezember 1917 erklärte, er werde das Vermächtnis Kreks erfüllen.

Šusteršič war damit zu Beginn des Jahres 1918 völlig isoliert, doch konnte er weiter Landeshauptmann bleiben, da unter den gegebenen Umständen an einen politischen Wechsel an der Spitze der Landesverwaltung nicht zu denken war. Šusteršič sah sich der Krone und nicht seiner Partei verpflichtet und harrte darum umso entschlossener auf seinem Posten aus. Dass er sich damit jedoch auch im Gegensatz zur slowenischen Bevölkerung befand, hatte sich schon bei der breiten Unterstützung der „Mai-Deklaration“ gezeigt, die von 300.000

Slowenen unterzeichnet wurde. Diese Unterschriften bedeuteten nicht nur „ein Vertrauensvotum für Korošec", sondern im gleichen Ausmaß „eine klare Absage an Šusteršič", wie der Historiker Lojze Ude meinte.

Umso unrühmlicher war wohl Šusteršičs Rolle anlässlich des Versuchs des Innenministers, im August 1918 gegen Korošec wegen Verdachts der Feindbegünstigung zu ermitteln. Wiewohl keine Beweise für die Behauptung erbracht werden können, dass Šusteršič das Innenministerium diesbezüglich mit Informationen versorgte, galt diese Behauptung anno 1918 dennoch allgemein als glaubhaft, was Šusteršičs Position in Ljubljana endgültig unhaltbar machte. Die Entwicklungen im September und Oktober 1918 liefen denn auch vollkommen an Šusteršič vorbei. Am 31. Oktober 1918 konstituierte sich eine eigene slowenische Landesregierung mit Josef Pogačnik an der Spitze, Šusteršič war überflüssig geworden. Wenige Tage später zerbrach der Staat, dem er verpflichtet war, endgültig, und Šusteršič war praktisch über Nacht zum Paria geworden.

ABGESANG

Dies umso mehr, als seine eigene Partei, die er noch im Dezember 1917 als Reaktion auf seine Abwahl in der SLS gegründet hatte, die „Slovenska Kmečka Stranka" („Slowenische Bauernpartei"), über keinerlei Rückhalt in der Bevölkerung verfügte, was auch daran lag, dass ihr Presseorgan, die „Resnica" („Wahrheit"), sich noch habsburg-loyal gab, als selbst der Kaiser bereits resigniert hatte. Šusteršič zog die Konsequenzen aus dieser Entwicklung und flüchtete Anfang November 1918 in die Schweiz, wo er bis Dezember 1922 im Exil lebte. Von dort aus nahm er Kontakt zur vatikanischen Kurie auf, die er ersuchte, auf Italien dahingehend einzuwirken, dass man Jugoslawien einen Zugang zum Meer lasse. Von dieser Initiative erhoffte er sich eine politische Rehabilitierung in der Heimat, doch der Vatikan ging auf sein Memorandum nicht näher ein.

Verbittert schrieb er im Exil seine Rechtfertigungsschrift „Moj Odgovor“ („Meine Antwort“), in der er mit dem Klerikalismus und der SLS abrechnete. Šusteršič schlug sich nun auf die Seite des Jugoslawismus und erklärte, der exponierte Katholizismus der SLS sei der Idee eines multireligiösen Staates abträglich und daher kontraproduktiv. Slowenien brauche eine laizistische Volkspartei, um die orthodoxen Serben und die muslimischen Bosnier in Jugoslawien nicht a priori zu verprellen.

Nach seiner Rückkehr nach Ljubljana eröffnete Šusteršič im Januar 1923 wieder seine Rechtsanwaltskanzlei und gründete ein eigenes Blatt, den „Ljudski Dnevnik“ („Tägliche Volkszeitung“), die am 1. Februar 1923 erstmals erschien. Kurz darauf hob er seine „Narodna Ljudska Stranka“ („Nationale Volkspartei“) aus der Taufe, die seinem in „Moj Odgovor“ geäußerten Anspruch erfüllen sollte. Mit dieser trat er noch 1923 bei den Wahlen an, doch erzielte er nur 0,4 Prozent der Stimmen und blieb ohne Mandat. Wenn er auch noch 1924 versuchte, seine NLS durch Restrukturierungen politisch zu etablieren, musste er dennoch erkennen, dass die Zeit über ihn hinweg geschritten war. Einsam und verbittert starb der ehemalige höchste Funktionsträger Sloweniens am 7. Oktober 1925 in Ljubljana, woraufhin seine Partei rasch zerfiel, ohne weitere Spuren in der Geschichte seines Landes zu hinterlassen.

Der Literat als Politiker

IVAN TAVČAR
(1851-1923)

Wiewohl Jurist von Beruf, fühlte sich Tavčar zu den feinen Künsten hingezogen. Seine belletristischen Werke zählen heute zu den Meilensteinen der slowenischen realistischen Literatur. Als Abgeordneter im Hohen Haus setzte er sich für die Gleichberechtigung der Südslawen in der Monarchie ein. Und als Bürgermeister von Ljubljana sorgte er für ein neues, modernes Gesicht der slowenischen Metropole.

EIN BAUERNJUNGE ALS GRAND SEIGNEUR

Geboren wurde Ivan Tavčar am 28. August 1851 auf einem Bauernhof nahe dem Weiler Poljane nächst der alten Stadt Škofja Loka (Bischoflack), der er später auch in zahlreichen seiner Werke - allen voran der „Chronik von Visoko" (1919) - ein literarisches Denkmal setzen sollte. Bereits 1861 kam er nach Ljubljana, wo er das Gymnasium besuchte. Die - verhältnismäßig weit größere - Metropole Sloweniens vermittelte dem jungen Bauernbuben erstmals ein Gefühl für die Welt der oberen Schichten, die er über weite Strecken seines Lebens bewundern sollte. Seine ersten literarischen Werke waren mehr kolportagehafte Darstellungen der

Upper Class als realistische Schilderungen der Wirklichkeit, was sich erst ändern sollte, als er durch Heirat selbst Zugang zu den exklusiven Zirkeln gefunden hatte, die ihm, nunmehr aus unmittelbarer Nähe betrachtet, gar nicht mehr so überzeugend erschienen.

Tavčars erzählerisches Talent trat früh zutage, bereits am Gymnasium begann er, erste Geschichten zu schreiben. Er gab selbst eine - handgeschriebene - Schülerzeitung heraus, deren Inhalt er größtenteils im Alleingang verfasste. Einige seiner Kurzgeschichten und Prosaskizzen sandte er an führende Magazine des Landes, und dadurch wurde das literarische Leben Sloweniens auf das junge Talent aufmerksam. Als Tavčar 1871 maturierte und sich anschickte, nach Wien zu gehen, um dort Jus zu studieren, nahm die Zeitschrift „Slovenski Narod" („Slowenisches Volk") seinen Roman „Dona Clara" an, der in der damals beliebten Form des Fortsetzungsromans bis Anfang 1872 in dem Blatt erschien. Dieser Roman ist noch vollkommen geprägt von Tavčars Bewunderung für die aristokratische Welt, er handelt von Leben, Lieben und Tod einer spanischen Gräfin. Auch sein zweiter Roman, „Madame Amalia", der 1875 in der Zeitschrift „Zora" publiziert wurde, bewegt sich in diesem Milieu. Amalia ist eine Dame aus wohlhabend-aristokratischem Haus, die sich auf eine Amour fou mit einem mittellosen Studenten einlässt. Die Klassenschranken sind für die beiden unüberwindbar, und der melancholische Roman endet tragisch.

Tavčars Studium in Wien machte zunächst Fortschritte, doch musste er 1875 sein Leben als Student abbrechen, da ihm die Mittel ausgingen. Er kehrte nach Slowenien zurück, wo er als Konzipient in Kranj und Ljubljana genug Geld verdiente, um 1877 zum Doktor der Rechte promovieren zu können. Dennoch sollten noch sieben

Jahre ins Land ziehen, ehe er sich 1884 als selbständiger Rechtsanwalt niederlassen konnte.

Nach dem Tod von Josip Jurčič 1881 übernahm Tavčar die Redaktion der Zeitschrift „Slovenski Narod", die zehn Jahre zuvor seinen ersten Roman publiziert hatte. Er übernahm auch die Leitung der Volksdruckerei und landete unversehens in der Politik. Bereits seit Ende der 70er Jahre des 19. Jahrhunderts Mitglied der Liberalen Partei, avancierte er zu einem ihrer führenden Mitglieder, als die Slowenisch-Liberalen sich in einen gemäßigten und einen radikalen Flügel spalteten. Da Tavčar keiner der beiden Fraktionen angehörte, war er der optimale Kompromisskandidat für beide Seiten, und so wurde er 1885 in den Gemeinderat von Ljubljana entsandt.

War Tavčar ungeachtet seiner Herkunft ein Vertreter der Aristokratie, so schien ihm die soziale Frage dennoch nicht unwichtig. Die Einschätzung der Relevanz ökonomischer Ausgangssituationen brachte ihn auch in Gegensatz zu den Slowenisch-Klerikalen, denen die nationale Frage wichtiger schien als die sozialen Belange. Zwar zögerte auch Tavčar nicht, sich gegen die Benachteiligung der slawischen Nationen in der Monarchie zur Wehr zu setzen, doch seine politischen Aktivitäten beschränkten sich keineswegs auf diesen Bereich. 1889 wurde er in den Krainer Landtag gewählt, dem er bis zu seiner Auflösung im November 1918 angehören sollte. Hand in Hand mit dieser Kür ging auch die beständig fortschreitende Integration Tavčar in das öffentliche Leben Sloweniens, er übernahm immer mehr Ehrenämter in Wirtschaft, Politik und Kultur.

Letztlich gehörte Tavčar um die Jahrhundertwende den Führungsgremien der Laibacher Stadtsparkasse und der

Laibacher Kreditbank ebenso an wie denen der Dramatikervereinigung, des Turnvereins „Sokol", der Bauernvereinigung und der „Slovenska Matica", dem maßgeblichen Kulturverein der Slowenen. So verwundert es nicht, dass die Liberalen ihr Aushängeschild, das mittlerweile fünf weitere Romane publiziert hatte, bei den Reichsratswahlen 1901 zu ihrem Kandidaten für den Wahlkreis Ljubljana nominierten. Bei diesem letzten Wahlgang nach dem alten Kurienwahlrecht hatte Tavčar keine Mühe, gewählt zu werden, und so saß er 50-jährig im Hohen Haus am Ring, wo er die slowenisch-liberale Fraktion maßgeblich verstärkte, die allerdings seit 1897 gegenüber den Klerikalen ins Hintertreffen geraten war.

IM REICHSRAT

Tavčar wusste um die Sprengkraft der nationalen Frage und trachtete sie auf seine Weise zu lösen. Einerseits brauchte es Zugeständnisse seitens der Zentralverwaltung, um radikalen Standpunkten den Wind aus den Segeln zu nehmen, andererseits musste das Wirtschaftsleben einen allgemeinen Wohlstand befördern, um nationalpolitische Unzufriedenheit gar nicht erst zu nähren. Dementsprechend setzte sich Tavčar für einen Ausbau der slowenischen Infrastruktur ebenso ein wie für eine nachhaltige Unterstützung von Handel, Gewerbe und Industrie. Ob seiner Herkunft war es ihm auch um den Bauernstand zu tun, und in seinen Reden erwies sich Tavčar als ein früher Vorläufer der Idee der Sozialpartnerschaft, da er die Auffassung vertrat, nur ein gemeinsames Agieren aller Schichten des Volkes zum Allgemeinwohl könne Zwist und Hader dauerhaft hintanhalten.

Doch die Situation im Reichsrat war nicht dazu angetan, derartigen Konzepten Gehör zu verschaffen. Tavčar blieb einer der wenigen Rufer in der Wüste, deren Stimme unterging im Getöse nationalen Streits, der von Jungtschechen und Deutschnationalen immer wieder aufs Neue inszeniert wurde. Mehr und mehr zog sich Tavčar auf seine kommunalen Agenden zurück und trachtete danach, seine politischen Vorstellungen wenigstens im eigenen Wirkungsbereich umzusetzen. So sehr er persönlich die Schaffung eines allgemeinen Wahlrechts befürwortete, so wenig wollte er sich bei den nächsten Reichsratswahlen als Kandidat aufstellen lassen.

Mit dieser Haltung erwies sich Tavčar letztlich als weitsichtig, denn bei den allgemeinen, gleichen, direkten und geheimen Wahlen vom Frühjahr 1907 konnten die Slowenisch-Liberalen nur fünf Mandate halten, während die Slowenisch-Klerikalen 18 erzielten. Tavčar konzentrierte sich auf seine Agenden im Gemeinderat von Ljubljana, wo er schon kurze Zeit später zum Vizebürgermeister gewählt wurde. Und da Bürgermeister Ivan Hribar, der 1907 Tavčar Ljubljaner Reichsratsmandat übernommen hatte, sein Arbeitsfeld mehr und mehr nach Wien verlagerte, nahm der Einfluss seines Vize auf die Stadtverwaltung zu. Dadurch war es alles andere denn verwunderlich, als Tavčar 1912 auch formal den Posten des Bürgermeisters übernahm. Der Dichter stand nun an der Spitze seiner Stadt.

BÜRGERMEISTER VON LJUBLJANA

Als Bürgermeister waren Tavčar enge Grenzen gesetzt. In der Monarchie war es um die kommunale Selbstverwaltung nicht sehr gut bestellt, Bürgermeister waren mehr Verwaltungsbeamte als selbständige Stadtpolitiker, doch gelang es Tavčar, die Infrastruktur Ljubljanas nachhaltig zu verbessern und generell die Lebensbedingungen der Bürger angenehmer zu gestalten. Mitten in die Aufbauarbeit platzte aber die Nachricht von der Ermordung des österreichischen Thronfolgers, und kaum fünf Wochen später befand sich die Monarchie in einem Krieg, der ihr letzter werden sollte.

In den Jahren 1914 bis 1918 beschränkte sich Tavčars Arbeit primär darauf, die vitalen Bereiche der Stadtverwaltung aufrechtzuerhalten. Er kümmerte sich um die Lebensmittelversorgung der Bevölkerung und trachtete danach, den Verkehr und das Wirtschaftsleben in Gang zu halten. Mehr und mehr zweifelte er dabei freilich an der Lebensfähigkeit der Monarchie, der er vor allem nach dem Tod Kaiser Franz Josephs keine Zukunftsperspektive mehr zubilligte. Wie alle anderen maßgeblichen slowenischen Politiker schwenkte Tavčar ab dem Frühjahr 1917 auf einen Kurs in Richtung Unabhängigkeit von Wien ein.

IM NEUEN STAAT

Wiewohl Tavčar nicht zu jenen Politikern gehörte, die eine Loslösung Sloweniens von Österreich aktiv betrieben, stellte er sich auch nicht gegen ein solches Vorhaben. Als anerkannter Bürgermeister der slowenischen Hauptstadt erblickte er in einem südslawischen Staat ein besseres Instrument zur Umsetzung seiner Ausbaupläne Ljubljanas zu einer modernen Metropole. Und da er sich schon bei der Versorgung Ljubljanas verdienstvoll hervorgetan hatte, holte ihn der neue Chef der slowenischen Landesregierung, Josef Pogačnik, am 31. Oktober 1918 als Ernährungsminister in sein Kabinett.

Tavčar nutzte seine Kontakte zu verschiedenen europäischen Politikern, um die nötige Versorgung Sloweniens mit Nahrungsmitteln sicherzustellen. Damit erwies er sich neuerlich als erfolgreich und zählte neben Korošec bald zu den wichtigsten Aushängeschildern der slowenischen Politik. Gleich dem ehemaligen Klubobmann der Klerikalen wurde Tavčar im Februar 1919 in die Konstituierende Nationalversammlung in Belgrad entsandt, doch im Gegensatz zu Korošec entwickelte Tavčar auch in der neuen Hauptstadt keinen „bundespolitischen Ehrgeiz". Dementsprechend kandidierte er bei den ersten landesweiten Wahlen im November 1920 nicht für die Skupščina, sondern verlegte sich, ohnehin bereits im 70. Lebensjahr stehend, ganz auf die Neugestaltung Ljubljanas.

EIN NEUES GESICHT FÜR LJUBLJANA

Diese Aufgabe hatte er bereits im November 1918 mit aller Vehemenz in Angriff genommen. Sein Ziel war es, aus dem verträumten Alpenstädtchen eine mitteleuropäische Metropole zu machen, und dazu brauchte es die richtigen Persönlichkeiten, die dieses Vorhaben ins Werk setzen konnten. Tavčar verwirklichte zunächst eine alte Forderung der Slowenen in Wien und ließ eine eigene slowenische Universität gründen. Sie konnte 1919 eröffnet werden, und Tavčar holte berühmte Slowenen aus allen Teilen der ehemaligen Monarchie nach Ljubljana. So wurde der Schriftsteller Oton Župančič Direktor des slowenischen Nationaltheaters, während die Architekten Ivan Vurnik und Joze Plećnik Professorenstellen an der neuen Universität übernahmen.

Plečnik, ohne Frage der bedeutendste slowenische Architekt der Geschichte, ging daran, das Gesicht

Ljubljanas nachhaltig zu verändern. Gemeinsam mit dem Bürgermeister verfolgte er das Ziel, Ljubljana zu einem „neuen Athen“ zu machen. Rund um das Schloss Ljubljanas, das auf einem kleinen Hügel liegt, wollte er eine Akropolis schaffen, den Kongresni Trg (Kongressplatz) gestaltete er nach dem Modell der Athener Agora um. Ähnliches galt für den Marktplatz Tržnica, für den die „Stoa poikile“ Pate stand, die Säulenhalle in Athen, die der philosophischen Richtung ihren Namen gab. Vor allem aber schuf Plečnik die Gebäude für die Universität, deren Hauptgebäude zwar der ehemalige Krainer Landtag wurde, deren weitere Häuser jedoch neu errichtet werden mussten. Noch unter Tavčar begann Plečnik mit dem Bau der Universitätsbibliothek, bei der er sich von der Hadriansbibliothek in Athen inspirieren ließ. Später kamen noch der Zentralfriedhof in Žale als „Nekropolis“ und das „Adlerstadion“ hinzu.

Plečnik, der auch die Ufer der Ljubljanica neu gestaltete und mit der Tromostovje eine gewagte neuartige Brückenkonstruktion schuf, achtete bei seinen Projekten von Anfang an auf Ganzheitlichkeit der Gestaltung, bei der er auch auf Details wie Beleuchtungskörper, Sitzbänke und Ausformung von Grünflächen nicht vergaß. Als Plečnik seine Arbeiten 1941 im Wesentlichen abgeschlossen hatte, war Ljubljana tatsächlich eine andere Stadt geworden, nicht länger verträumt-provinziell, sondern weltoffen und zukunftsorientiert. Gemeinsam mit Tavčar hat sich Plečnik somit um Ljubljana bleibende Verdienste erworben.

Nachdem Tavčar 1921 70 Jahre alt geworden war, verzichtete er auf eine weitere Funktionsperiode als Bürgermeister. Zudem hatte er sich mehr und mehr seiner liberalen Partei entfremdet und stand zusehends der Sozialdemokratie nahe, auch wenn er den Bolschewismus der KPJ strikt ablehnte. Tavčar blieb gleichwohl in vielen gesellschaftlichen Vereinigungen aktiv und erhielt im Laufe der Jahre zahlreiche Ehrenbürgerwürden, so in seiner Heimatstadt Ljubljana, aber auch in Celje, Kamnik, Kranj, Krško und Šoštanj. Nur knapp eineinhalb Jahre nach seinem Rücktritt als Bürgermeister starb Tavčar am 19. Februar 1923 in Ljubljana.

DAS LITERARISCHE WERK

Tavčar wähnte sich zeitlebens - wie er es in seiner Familie immer wieder gehört hatte - aus adeligem Haus stammend, das nur durch die Widrigkeiten des Schicksals plebejisiert worden sei. Diese Grundauffassung prägte auch Tavčars Frühwerk mit den historischen Romanen „Vita Vitae meae“ (1883) und „Grajski Pisar“ („Der Burgschreiber“, 1889). In diese Stilperiode fallen auch die Romane „Otok in Struga“ („Die Insel und das Bachbett“, 1881) und „Janez Solnce“ (1885).

Erst die nachhaltigen Veränderungen im literarischen Leben Sloweniens am Ende des 19. Jahrhunderts bewegten auch Tavčar zu einem Umdenken. Hinzu kam, dass er durch seine Heirat mit Franica Kosenini nicht nur zu großem Reichtum gekommen war, sondern auch Zugang zu Adelskreisen fand, die er bislang so bewundert hatte. Tavčar hatte es nun nicht mehr nötig, „zu mystifizieren und zu romantisieren“, wie sein Biograph Matjaž Kmecl schrieb, und wandte sich mehr und mehr dem Realismus zu, der sein weiteres Werk prägen sollte. Seine politische Tätigkeit brachte ihn überdies dazu, sich auch literarisch mit der sozialen Frage auseinander zu setzen.

Erstes Beispiel dieses neuen Stils war die Novelle „4.000" (1891), in der er sich satirisch mit dem Ultraklerikalismus beschäftigte. In den 90er Jahren des 19. Jahrhunderts verfasste er zahlreiche Erzählungen und Essays, in denen mehr und mehr das Volk die Hauptrolle übernahm, während die Adelsgestalten früherer Jahre in den Hintergrund traten.

Der Beginn des 20. Jahrhunderts sah Tavčar praktisch ausnahmslos als Politiker, für seine literarische Arbeit blieb kaum Zeit. Erst 1908 legte er mit „Izza Kongresa" („Aus dem Kongress") wieder einen Roman vor, der allerdings für die slowenische Literatur richtungweisend wurde. Tavčar behandelt darin das Agieren der „Heiligen Allianz" am Kongress von Ljubljana anno 1821 und unterzieht dieses einer politischen Bewertung.

Mitten im Krieg publizierte Tavčar 1917 mit „Cvetje v Jeseni" („Herbstblüten") seinen wohl sozial engagiertesten Roman. Er handelt vom grauenvollen Existenzkampf einer Magd, die von ihrem Bauern geschwängert und sitzengelassen wird, woraufhin die Dorfgemeinschaft sie ausschließt und verachtet. Ungeachtet aller Schwierigkeiten bewahrt sie sich ihre Würde und die Liebe zu ihrem Kind, entschlossen, den Widrigkeiten des Schicksals zu trotzen.

Tavčars Hauptwerk hätte die „Visoška Kronika" („Die Chronik von Visoko") werden sollen, deren erster Teil 1919 erschien. In diesem als Trilogie geplanten Opus wollte Tavčar die (fiktive) Geschichte des (realen) Ortes Visoko (nahe seinem Heimatort Škofja Loka) aus der Sicht der dort lebenden Bauern von der Zeit des Dreißigjährigen Krieges bis zum Ersten Weltkrieg schildern. Ungewollt wird Tavčar hier zu einem Protagonisten des später als „sozialistischer Realismus“ à la Scholochow, Paustowskij oder Ostrowskij bekannt gewordenen Stils, denn seine Helden sind ausnahmslos Mitglieder der (slowenischen) Bauerngemeinschaft, die sich gegen die verschiedenen Unterdrücker (österreichische Adelige, korrupter Klerus ...) zur Wehr setzen. Dieses Opus magnum blieb durch Tavčars Tod 1923 unvollendet.

Auch wenn sich Tavčar selbst als „unverbesserlichen Romantiker“ sah, so gilt er dennoch heute allgemein neben Ivan Cankar als bedeutendster Vertreter des slowenischen Realismus der Jahrhundertwende. Und da seine Stoffe so lebendig und lebensnah sind, wurden und werden sie immer wieder verfilmt oder dramatisiert. Zahlreiche AutorInnen nachfolgender Generationen - etwa Prežihov Voranc oder Ciril Kosmač - bauten auf Tavčars Werk auf, sodass der seinerzeitige Abgeordnete des österreichischen Reichsrates bis in unsere Tage weiterwirkt.

Märtyrer
für seinen Glauben

CESARE BATTISTI
(1875-1916)

Cesare Battisti träumte davon, dass alle Menschen gleich sein sollten, ungeachtet ihrer nationalen Herkunft oder ihrer Muttersprache. Energisch kämpfte er für Demokratie und Menschenrechte. Dafür wurde er während des Ersten Weltkriegs von seinen deutschnationalen Gegnern gelyncht - um von seinen italienischen Gegnern hernach zu einem Märtyrer für ihre Sache umfunktioniert zu werden.

EIN KAUFMANNSSOHN WIRD ZUM SOZIALISTEN

Geboren wurde Battisti am 4. Februar 1875 in Trient als Sohn eines wohlhabenden italienischen Kaufmanns. Seine Familie zählte fraglos zu den Anhängern des Risorgimento, was den jungen Battisti von Anfang an prägte. Schon als Mittelschüler in Trient las er eifrig die verbotenen Schriften Mazzinis und wurde so früh zum Irredentisten. 1893 ging er an die Universität, und wenn er auch Vorlesungen in Graz und Wien hörte, so war seine eigentliche Alma Mater in Florenz, wo er 1897 mit einer geographischen Arbeit über das Trentino zum Dr. phil. promovierte.

Während des Studiums kam Battisti in sozialistische Kreise, was ihn dazu veranlasste, sich mit der sozialistischen Theorie eingehend zu beschäftigen. Dabei konnte er aus zwei divergierenden Quellen schöpfen. Während seiner Aufenthalte in Wien näherte er sich den deutschen Sozialisten wie Engels, Bebel, Liebknecht und Kautsky, in Florenz befasste er sich mit den italienischen Theoretikern, allen voran Andrea Costa, der sein Vorbild wurde. Er schloss sich dort einem sozialistischen Studienzirkel an, wo er auch seine spätere Frau Ernesta kennen lernte. Die Versuche der Gruppe, eine eigene Zeitung, „Rivista Populare", herauszugeben, scheiterten im Frühjahr 1895 aber an der Zensur, die die erste und einzige Nummer der Zeitschrift konfiszierte. Battisti nutzte die restliche Zeit in Florenz zur Lektüre und schuf sich so ein solides inhaltliches Fundament.

Zurück in Trient sah sich Battisti 1897 der aufstrebenden christlichsozialen Bewegung gegenüber, deren Sekretär Alcide de Gasperi war. Die sozialistischen Parteigänger waren hingegen rar. Mit umso größerer Energie ging Battisti daran, auch in Trient eine sozialistische Organisation aufzubauen. Gemeinsam mit Augusto Avancini, der 1907 bis 1911 und 1917/18 ebenfalls Abgeordneter im Reichsrat war, war es Battisti im November 1895 gelungen, eine eigene Zeitung, „L'Avvenire", herauszugeben, die als Zentralorgan der Tridentiner Sektion der österreichischen Sozialdemokratie fungierte. Ab 1898 konnte die Zeitung in Trient erscheinen, ab 1899 führte sie die Unterzeile „Organ der italienischen Sozialisten im Trentino und in Tirol".

Ungebrochen bekannte sich Battisti in seinen Artikeln für den „Avvenire" zu seinem italienischen Patriotismus. Er bezog sich dabei auf den polnischen Parteiführer

Daszynski, der von sich sagte, „Pole und Sozialist“ zu sein, und meinte, es gehe nur darum, dem Nationalismus seinen Hochmut zu nehmen, der ihn so verwerflich mache: „Der Sozialismus will mit der Unsitte aufräumen, die großen Männer der eigenen Nation dadurch zu ehren, dass man jene der anderen in den Staub tritt.“

Im September 1897 konnte sich endlich auch die Parteisektion als solche konstituieren. Doch die Sozialdemokratie in Trient blieb klein, zählte kaum ein paar hundert Mitglieder. Ebenso frustrierend war am Beginn des 20. Jahrhunderts die Lage nur noch in Slowenien, wo die Sozialdemokraten um Etbin Kristan sich in einer ähnlich aussichtslosen Situation befanden. Doch Battisti war wild entschlossen, aus dem kleinen Häuflein, das ihm zur Verfügung stand, eine handlungsfähige Organisation zu formen, und gründete zu diesem Zweck auch einen eigenen Wählerverein, dessen Ziel es war, ehebaldigst Kandidaten für den Reichsrat aufzustellen und zu unterstützen.

POLITISCHER REPRÄSENTANT

Tatsächlich hatte Battisti mit seinen Bemühungen Erfolg. 1902 wurde er in den Gemeinderat von Trient gewählt, das erste Mandat eines italienischen Sozialisten in der Donaumonarchie. Dazu kamen persönliche Freuden. Battisti hatte 1899 geheiratet, kurz vor der Wahl war Sohn Luigi geboren worden. 1907 folgte Livia, 1910 Camillo. Politisch vertrat Battisti während seines Wahlkampfs strikt die Losung einer Autonomie, von welcher Zielsetzung er bis zum Ersten Weltkrieg nicht abweichen sollte. Konkreter Ausfluss dieser Politik war der Kampf um eine eigene italienische Universität im Verband der Donaumonarchie, für die sich Battisti 1903/04 leidenschaftlich einsetzte. Agitierte er zunächst für eine solche in Triest, lenkte er, da dieses Ansinnen keine Chance auf Realisierung hatte, ein und war bereit, sich mit einer „Parallel-Universität" in Innsbruck zu begnügen. Die politischen Tumulte des November 1904 - die so genannten „Fatti di Innsbruck", wo es zu Handgreiflichkeiten zwischen Italienern und Deutschnationalen kam - vereitelten jedoch auch dies. Die unflexible Haltung der deutschsprachigen Innsbrucker zog einen tiefen Graben zu Italienern und Ladinern, der 1918 eine gewichtige Rolle spielen sollte.

Die Frage nach einer eigenen Universität für die Italiener der Monarchie blieb gleichwohl auf der politischen Tagesordnung. 1907 widmete der frisch gewählte sozialistische Abgeordnete Valentino Pittoni diesem Thema seine Antrittsrede, und Battisti machte es in seinem Wahlkampf 1911 zu einer seiner zentralen Forderungen. 1912 erzielten er und seine Mitstreiter endlich einen Erfolg. Im Zusammenhang mit der Erneuerung des Bündnisses mit Italien sicherte die österreichische Regierung die Eröffnung einer italienischen Universität für das Studienjahr 1915/16 zu (kriegsbedingt sollte es nicht mehr dazu kommen), und um dem Streit zwischen Triest und Trient als Standort für die Alma Mater auszuweichen, entschied sich die Regierung für Koper (Capodistria) südlich von Triest als künftige Universitätsstadt.

Daneben bemühte sich Battisti um einen internationalen sozialistischen Dialog, hoffte er doch, dass eine Verständigung zwischen österreichischen und italienischen Sozialisten dazu beitragen könnte, die Lage der Italiener in der Monarchie entscheidend zu verbessern. In diesem Sinne organisierte seine Parteiorganisation Ende Mai

1905 ein Treffen der beiden Parteien, an dem Wilhelm Ellenbogen von österreichischer und Ivanoe Bonomi, der spätere mehrfache Premierminister, von italienischer Seite teilnahmen. Die Ergebnisse dieses Treffens blieben freilich dürftig.

Wenig später kam durch die Ereignisse in Russland wieder Bewegung in die Wahlrechtsfrage, die seit 1890 ein zentrales Thema der Sozialdemokratie gewesen war. Begünstigt durch die erste russische Revolution konnte 1906 nun auch in Österreich das allgemeine und gleiche Wahlrecht durchgesetzt werden. Battisti entschied sich, nicht selbst für ein Mandat zu kandidieren - er fürchtete, sein Deutsch würde dazu nicht ausreichen -, und organisierte stattdessen den Wahlkampf seines Freundes Avancini, der tatsächlich in den Reichsrat gewählt wurde. Vier Jahre später war er sich seiner Fähigkeiten schon sicherer, und so trat 1911 Battisti im Wahlkreis „Trient-Stadt“ als sozialistischer Kandidat an.

IM HOHEN HAUS

Einmal als Abgeordneter angelobt, brauchte Battisti geraume Zeit, sich in seine neue Aufgabe hineinzufinden, obwohl er schon seit 1907 quasi als Avancinis „parlamentarischer Mitarbeiter“ die Gesetzmäßigkeiten des Hauses kennen gelernt hatte. Battistis Probleme begannen jedoch schon damit, dass er zu einer Zeit Abgeordneter wurde, da der Klub der Sozialdemokraten bereits aus drei nationalen Gruppierungen bestand - die unter der Leitung von Adler, Nemec und Daszynski standen -, sodass sich die beiden Italiener - Pittoni und Battisti - kaum Gehör verschaffen konnten. Große Reden blieben ihnen verwehrt, sie führten das parlamentarische Leben von „Hinterbänklern“.

Es dauerte mehr als zwei Jahre bis zum November 1913, ehe Battisti erstmals an prominenter Stelle das Wort ergreifen konnte. Eine Debatte zur „Branntweinsteuer" benutzte er zur Darlegung der autonomistischen Forderungen der italienischen Sozialisten: „Nur eine autonome Verwaltung wird das Trentino wirtschaftlich heben und den nationalen Streitigkeiten ein Ende setzen. Das wird nicht nur zum Nutzen Trentinos und Tirols gereichen, sondern zum Nutzen des ganzen Staates, der, wenn er nicht wie die europäische Türkei seinem Untergang entgegengehen will, eine größere Anpassungsfähigkeit gegenüber den Wünschen und Eigentümlichkeiten seiner Völker zeigen muss." Eine „totale Änderung der Politik der Regierung" sei „dringend vonnöten", konstatierte Battisti, der mit seiner altbekannten Forderung nach einer italienischen Universität endete.

Was er freilich in diesen Novemberstunden nicht wissen konnte, war, dass seine erste große Rede vor dem Abgeordnetenhaus bereits seine letzte gewesen sein sollte. Nur wenige Wochen später vertagte sich das Abgeordnetenhaus auf unbestimmte Zeit, um erst im Frühjahr 1917 zu einer weiteren Sitzung zusammenzukommen, als Battisti bereits beinahe ein Jahr tot war. Für Battisti aber kam die Vertagung des Abgeordnetenhauses durchaus zu einem günstigen Zeitpunkt, da er sich eben im Wahlkampf für die Landtagswahlen in Tirol befand. Zur allgemeinen Überraschung gelang es ihm, trotz des für die Landtagswahlen noch geltenden Kurienwahlrechts in das Landesparlament einzuziehen, dem er somit ab Mai 1914 angehörte.

Am 12. Juni 1914 hielt er im Innsbrucker Landhaus seine Jungfernrede. Verhandlungsgegenstand war eine Vorlage, die die Tiroler Schützen betraf. Battisti meinte dazu:

„Anderswo ist das Heer genuiner Ausdruck des Vaterlandes. Aber das Vaterland existiert in Österreich nicht. In Österreich türmen sich, wie die Sektoren der Danteschen Hölle, die Vaterländer, das eine über dem anderen, auf. Hier in Österreich denkt jeder, dass er Teil eines Heeres ist, das morgen dazu aufgerufen werden kann, gegen das eigene Vaterland zu kämpfen." Abermals griff er zu einer Parole, die er schon 1912 im Abgeordnetenhaus verwendet hatte: „Ne un uomo, ne un Soldo!" („Keinen Mann und keinen Groschen!"). Das Volk brauche keine Patronen, es brauche Brot, erklärte Battisti: „Das Volk will Schulen, und ihr steckt es in Kasernen. So schützt man keinen Staat, so erzeugt man keine Liebe im Volk." Nur wenige Tage nach dieser Rede fiel Thronfolger Franz Ferdinand in Sarajewo einem Attentat zum Opfer.

IM KRIEG

Der Krieg war noch keine zwei Wochen alt, als Battisti Österreich verließ. Mit einem ordnungsgemäßen Pass reiste er am 12. August 1914 ins - damals noch neutrale - Italien und ließ sich in Mailand nieder. Zwei Wochen später folgte ihm die Familie nach, nachdem am 25. August 1914 die letzte Ausgabe der von Battisti seit 1900 betreuten Tageszeitung „Il Popolo" erschienen war. Gab es bereits im Oktober und im November 1914 Stimmen, die Battisti an Österreich ausgeliefert sehen wollten, da man in seiner demonstrativen Übersiedlung nach Italien einen Akt des Hochverrats sah, so unternahmen die Zentralstellen vorerst nichts, da man Italien immer noch als potenziellen Verbündeten sah und keine diplomatischen Schwierigkeiten heraufbeschwören wollte. Battisti erhielt so eine letzte Atempause.

Diese nutzte er, um sich eine neue Lebensgrundlage zu schaffen. Battisti war in Italien buchstäblich arm wie eine Kirchenmaus angekommen. Um seine Familie zu ernähren, musste er sich nach Arbeit umsehen. Bis zum Sommer 1915 erschienen vier Bücher aus seiner Feder, drei geographische über das Trentino und über Venedig sowie eine „Geschichte Trients", die allesamt in Novara publiziert wurden. Mit diesen Werken sicherte er sich ein notdürftiges Einkommen, wenngleich seine Frau wieder als Lehrerin zu arbeiten beginnen musste, um das Auskommen der Familie sicherzustellen.

Gleichwohl blieb Battisti unermüdlich politisch tätig. Bereits ab September 1914 begann er, die Tridentiner Emigration zu sammeln, sein diesbezügliches Bündnis zählte Anfang 1915 bereits über 1.000 Mitglieder. Battisti war nun endgültig in das Lager der Irredentisten gewechselt und sandte dem italienischen König eine Bittschrift, er möge „mit jenen Mitteln, die der Blüte und der Würde Italiens am meisten entsprechen", die Vereinigung des Trentino mit Italien ins Werk setzen.

Was Battisti zu dieser Zeit wohl nicht ahnte, war der Umstand, dass sich Italien seit Anfang 1915 in Geheimverhandlungen mit der Entente befand, die darauf abzielten, Italien auf die Seite der Gegner der Mittelmächte zu ziehen. Bereits am 26. April 1915 unterzeichnete Italien in London einen dementsprechenden Vertrag, und da die Italiener den Dreibund erst am 4. Mai 1915 aufkündigten, ergab sich die kuriose Situation, dass Italien für acht Tage gegen sich selbst Krieg führte.

Österreichs Angebote vom 11. Mai 1915 kamen zu spät. Wien bot den Italienern nun das Trentino und die westlich des Isonzo gelegenen Teile Friauls an. Die Entente hatte hingegen Italien weit mehr in Aussicht gestellt: Südtirol, Istrien, die dalmatinische Küste. Für Italien war die Sache damit klar, wenngleich man in Rom weiterhin taktisch vorging. Die Kriegserklärung vom 24. Mai 1915 erging nur an Wien, dem Deutschen Reich sollte Italien erst im Herbst 1916 nach beachtlichem diplomatischen Druck durch die Alliierten den Krieg erklären. Die Italiener zweifelten an der Verteidigungskraft der Österreicher und hofften, sich in einer Art „Privatkrieg" die gewünschten territorialen Gewinne zu sichern, ohne auf ein allgemeines Kriegsende warten zu müssen. Doch in dieser Hinsicht sollten sie sich täuschen.

Für Battisti war der Entschluss Italiens zum Kriegseintritt eine Erleichterung. „Alle an die Front" rief er noch am 25. Mai 1915, ehe er sich freiwillig zu den Gebirgsjägern meldete - ungeachtet seines Alters von 40 Jahren. Er wurde dem 5. Alpini-Regiment als Leutnant zugeteilt. Die ersten Erfahrungen an der Front erschütterten den einstigen Pazifisten keineswegs, und noch im Juli 1915 ließ er sich in einem Brief zu der Formulierung hinreißen: „Ich bewundere unseren Krieg, die Art, wie er geführt wird." Der Sozialist in ihm war endgültig hinter den Italiener zurückgetreten. Ob seiner Tapferkeit wurde Battisti Anfang 1916 sogar zum Oberleutnant befördert und mehrfach ausgezeichnet.

Battisti schien mit seiner Vergangenheit völlig gebrochen zu haben. Statt sozialistischem Internationalismus diktierte nur noch die Losung „Austria delenda" sein Handeln. Im Januar 1916 wechselte er ins Oberkommando der 1. Armee, wo er in der geistigen Kriegsführung eingesetzt wurde. Als jedoch im Mai 1916 eine österreichische Offensive gewaltige Gebietsgewinne erzielte, mobilisierten die Italiener ihre letzten Reserven.

Battisti bekam das Kommando über eine Kompanie von 360 Mann, die am 30. Mai 1916 in Campobrun an der trentinischen Grenze in Stellung ging. Dort war er mehr als einen Monat in die Kämpfe an der Front involviert. Bei einem routinemäßigen Angriff, den Battisti gegen die Österreicher führte, geriet er am 10. Juli 1916 in Kriegsgefangenschaft.

DER PROZESS

Am nächsten Morgen wurde Battisti mit einem weiteren Gefangenen in einem offenen Leiterwagen nach Trient gebracht. Ehe man zum Gefängnis fuhr, drehte man eine Runde durch die Stadt, um die beiden dem Gespött der Menge auszusetzen. Zur selben Zeit - also noch bevor Battisti formell überhaupt eine Zelle zugewiesen worden war - bestellten die Trentiner Behörden bereits aus Wien den Scharfrichter, der noch am gleichen Tag in Trient eintraf.

Um 19 Uhr begann das erste - und einzige - Verhör Battistis. Im Protokoll wird er als „gewesener Reichsratsabgeordneter" bezeichnet, was juristisch keineswegs den Tatsachen entsprach. Sein Mandat war nicht verfallen, und es hatte nach 1914 auch kein Verfahren gegeben, ihm selbiges abzuerkennen. Formell hätte der Prozess gegen Battisti also gar nicht stattfinden dürfen, bevor das Abgeordnetenhaus die Zustimmung zur Auslieferung Battistis an die Justiz gegeben hätte. Doch dies sollte nicht der einzige Verstoß gegen geltendes Recht in den folgenden 23 Stunden bleiben.

Der eigentliche Prozess begann am 12. Juli 1916 um 9 Uhr morgens. Battisti war ein Anwalt seiner Wahl verweigert worden, stattdessen bekam er einen Pflichtverteidiger vom Gericht gestellt. Das Gericht selbst setzte sich aus fünf Offizieren (zwei Obersten, einem Major, zwei Hauptmännern) zusammen, auch Ankläger und „Verteidiger“ waren Offiziere - als Oberleutnants formal Untergebene der Richter. Es wurden einige Soldaten als Zeugen aufgeboten, die jedoch nur Aussagen in Bezug auf die Gefangennahme Battistis machten. Dessen Verteidiger warf zwar die Frage auf, ob ein „Standgericht“ für diesen Fall überhaupt zuständig sei, doch wurde dieser Einwand nicht beachtet. Battisti durfte keine Stellungnahme abgeben, nach knapp zwei Stunden war das Todesurteil gefasst.

Kurze Zeit später wurde das Urteil öffentlich verkündet. Battisti habe das Verbrechen des Hochverrats begangen, er sei daher „im Sinne des § 444 der Militärstrafprozessordnung zur Strafe des Todes durch den Strang verurteilt“. Zwei Stunden später wurde Battisti gehenkt. Erst zehn Monate später wurde dem toten Battisti sein Mandat aberkannt - wodurch die Immunität vor gerichtlicher Verfolgung erlosch. Wieder eineinhalb Jahre später marschierten die Italiener siegreich in Trient ein. Im Beisein des 18-jährigen Luigi Battisti, der mittlerweile Leutnant in der italienischen Armee war, wurde das Grab Battistis geöffnet und seine Gebeine in ein Ehrengrab umgebettet, das bald zum Ehrenmal werden sollte.

NACHHALL

Ironischerweise war es Mussolini, der zunächst das Andenken Battistis bewahrte. Der Duce hofierte Battistis Witwe und sparte nicht mit Lobbezeugungen für den „nationalen Helden“. Ernesta Battisti distanzierte sich freilich von solchen Vereinnahmungen, was u. a. dazu führte, dass sie am Grab Battistis Trauerflor anbrachte, nachdem die Faschisten den sozialistischen Abgeordneten Giacomo Matteotti ermordet hatten. Mussolini ließ sich durch derlei jedoch nicht beirren und verfügte 1935 die Errichtung eines Battisti-Denkmals in Trient. Ernesta Battisti bekam damals einen Brief eines verfolgten Genossen, der mit den Worten endete: „Wir alle warten darauf, Cesare Battisti aufrichtiger und würdiger ehren zu können."

Zehn Jahre später wehte auch in Italien wieder der demokratische Geist. Die Battistis, die im Verlaufe des Krieges zu aktiven Widerstandskämpfern geworden und darob 1943 in die Schweiz geflüchtet waren, kehrten nach Trient zurück. Luigi Battisti wurde Bürgermeister Trients und sozialistischer Abgeordneter im römischen Parlament. Der Kreis hatte sich geschlossen. Und noch zu Lebzeiten der Witwe Battistis (sie starb 1957) begann die Wiederentdeckung des originellen Denkers und Theoretikers, über den schließlich 1967 Claus Gatterer eine heute noch viel beachtete Biographie publizierte.

Gründervater des neuen Europa

ALCIDE DE GASPERI
(1881-1954)

Die nationalen Interessen als Formen von sozialem Egoismus zu überwinden war ein Ziel, das sich wie ein Leitfaden über weite Strecken des politischen Lebens Alcide De Gasperis zog und ihn zu einem Europäer werden ließ. Seine Reden, die darin geäußerten Beurteilungen und Visionen lesen sich wie Merksätze, die ins geistige Stammbuch jedes Politikers gehören und zur Maxime seines Handelns werden sollten.

EIN EUROPÄER DER ERSTEN STUNDE

Wie der Lothringer Robert Schumann und der Rheinländer Konrad Adenauer stammt Alcide De Gasperi aus einer Grenzregion, dem Trentino. Dieses Gebiet hatte besonders schwer unter den europäischen Kriegen zu leiden, und seine Bewohner waren eine Minderheit in der multinationalen und multikulturellen österreichisch-ungarischen Monarchie. Als Vertreter dieser Minderheit im österreichischen Reichsrat ließ er sich nicht, wie so viele andere, hinreißen, nationale Emotionen noch mehr zu schüren, sondern versuchte, mit Sachlichkeit auf Diskriminierung, Not und Elend hinzuweisen und mitzuhelfen, die Lage der Betroffenen, vor allem der Flüchtlinge, zu mildern. Nach dem Zerfall der Habsburger-Monarchie erlag er nicht der Versuchung, in der neuen Heimat Italien nationale Gräben aufzureißen. Ganz im Gegenteil haben in ihm die Erfahrungen als Angehöriger einer Minderheit und die Tätigkeit als Abgeordneter des Reichsrates, der manchmal ein unwürdiges Spiegelbild nationalistischer emotionaler Auseinandersetzungen bot, nicht nationalistische Gefühle, sondern Toleranz, Respekt und Verständnis für die Vielfalt der Kulturen Europas geweckt.

De Gasperi hat nicht nur die richtigen Lehren aus der europäischen Geschichte gezogen, er hat auch sehr genau erkannt, wie brüchig der Einigungsprozess in Europa werden kann, wenn man nationale Interessen vor das Gemeinsame stellt; wie gefährdet das Projekt ist, begreift man die Integration als rein bürokratisch-technischen Prozess und nicht auch als einen politischen. Als einer der Gründerväter des europäischen Einigungsprozesses zählt er zu den politischen Visionären, deren Botschaften heute so aktuell sind wie damals.

Vor allem die Unterdrückungsmechanismen der faschistischen Diktatur unter Mussolini und die Schrecken des Zweiten Weltkrieges haben De Gasperi zu einem Europäer werden lassen, der die geistige und politische Auseinandersetzung gegen totalitäre Gesellschaftsmodelle konsequent verfolgte. Er war überzeugt davon, dass menschenvernichtende und persönlichkeitszerstörende totalitäre Herrschaftssysteme, wie es Faschismus und Nationalsozialismus sind, geistig und politisch durch eine neue Staats- und Gesellschaftsordnung überwunden werden mussten; dass die Auseinandersetzung zwischen demokratischem Rechtsstaat und totalitären

Regimen gemeinsam auf europäischer Ebene geführt werden muss. Er hat erkannt, dass die Nationalstaaten allein zur Lösung der drängenden Probleme ihrer Völker, zur Sicherung des Friedens und zur Entwicklung moderner gesellschaftlicher Existenzgrundlagen unfähig waren. Die Zukunft gehöre einem vereinten Europa, „ut unum sint" (Johannes 17, 22), dass alle eins seien, meinte De Gasperi im Rahmen einer vom Europarat organisierten Podiumsdiskussion am 13. Oktober 1953 in Rom. Zur Einigung Europas werde man aber womöglich mehr vernichten als aufbauen müssen, nämlich eine Welt von Vorurteilen, eine Welt des Kleinmuts und des Grolls.

Ressentiments scheinen für ihn weder eine menschliche noch eine politische Kategorie gewesen zu sein. Dennoch muss gerade auch hier betont werden, dass De Gasperi, so sehr er um die Überwindung nationaler Interessen in Europa bemüht war, diese Sensibilität teilweise vermissen ließ, als es um die Südtirolfrage ging - dies trotz seines Wissens um die existenziellen Probleme einer Minderheit. Offensichtlich halten beste Absichten der politischen Alltagsrealität und wahrscheinlich auch innerparteilichem und innerstaatlichem Druck nicht immer stand.

Das gemeinsam mit dem österreichischen Außenminister Gruber abgeschlossene „Gruber-De Gasperi-Abkommen", das aus heutiger Sicht durchaus als geeignete Basis für das Autonomiestatut für Südtirol und das darauf beruhende Paket beurteilt werden kann, versprach zwar, einer neuen Gesinnung des Respekts und der Toleranz einer Minderheit gegenüber verpflichtet zu sein. Die restriktive Auslegung des Abkommens durch die italienische Regierung unter Ministerpräsident De Gasperi wurde dem jedoch nicht gerecht. Erst langwierige Verhandlungen und internationaler Druck, nicht zuletzt durch die UNO, führten zum „Paket" im Jahr 1969. Bis zur Streitbeilegungserklärung 1992 sollte es dann noch mehr als zwanzig Jahre dauern.

De Gasperi führte Italien in die NATO und sorgte dafür, dass es Mitglied der Europäischen Gemeinschaft für Kohle und Stahl (EGKS) und somit Gründungsmitglied des europäischen Einigungswerkes wurde. 1954 wurde er auch zum ersten Präsidenten der Parlamentarischen Versammlung der EGKS gewählt, des Vorläufers des Europäischen Parlaments.

Als eine wesentliche Komponente des Charakters von De Gasperi, die ihm sicherlich auch innere Standfestigkeit verliehen hat, ist seine tiefe Religiosität zu nennen, die jedoch nie in Fundamentalismus ausartete. Er war sogar einer der schärfsten Gegner aller katholisch-autoritären und integralistischen Tendenzen. Vielmehr sollte seiner Meinung nach die christliche Botschaft der Staats- und Gesellschaftsordnung eine geistig-sittliche Grundlage verleihen, die die Menschen verbindet und reiner Interessendurchsetzung einen Riegel vorschiebt. Sein Glaube und seine katholischen Wurzeln runden sein Persönlichkeitsbild ab und ließen ihn auch während der schweren Jahre unter dem Duce und trotz Gefährdung von Leib und Leben nicht verzweifeln. Sein politisches Leben habe die Nahrung und Kraft aus dem spirituellen Leben gezogen, schreibt später seine Tochter Maria-Romana in der Biographie über ihren Vater. Die Konsequenz in seinem Denken und politischen Wirken verlieh ihm aber auch jene Glaubwürdigkeit, der er es wohl verdankte, unangefochten an der Spitze der Democrazia Christiana zu stehen und von 1945 bis 1953 acht Mal in Folge das Amt des italienischen Regierungschefs zu bekleiden.

Seine Integrität begründete aber auch das Ansehen, das er über Italien hinaus in Europa genoss. Alcide De Gasperi wurde aus Überzeugung zu einem der ersten Architekten der heutigen Europäischen Union, für ihn konnte der Friede auf dem Kontinent nur durch ein Zusammenwachsen der europäischen Staaten gesichert werden. Anlässlich der Verleihung des internationalen „Karlspreises“ in Aachen am 24. September 1952 sagte er: „Alle europäischen Völker haben aus einer bewegten Vergangenheit eine Lehre zu ziehen: Die Zukunft lässt sich nicht nach dem Faustrecht aufbauen und auch nicht im Geiste der Eroberung, sondern mit Geduld nach demokratischen Methoden, im konstruktiven Geist der Verständigung, unter Achtung der Freiheit.“

DIE PRÄGENDEN JUGENDERFAHRUNGEN - NATIONALITÄTENKONFLIKTE UND KATHOLIZISMUS

Alcide De Gasperi wurde am 3. April 1881 in Pieve di Tesino unweit von Trient als Sohn eines kleinen Beamten der Tiroler Landespolizei geboren. Das Leben der dort ansässigen Menschen war einerseits geprägt durch die geographische Lage der Region als Schnittpunkt deutschsprachiger und italienischer Kultur und andererseits durch die katholische Kirche. Die italienischsprachige Bevölkerung - etwa 360 000 - genoss in der Habsburger-Monarchie kulturelle Autonomie.

Die Nationalitätenkonflikte machten auch vor diesem gemischtsprachigen Gebiet der österreich-ungarischen Monarchie nicht halt, obwohl die meisten Menschen dort andere, nämlich existenzielle Sorgen hatten. Den antiklerikalen „Alldeutschen“, deren Bestreben es war, das Trentino zu germanisieren, stand die militante italienische „Irredenta“ gegenüber. Der Existenzprobleme des

Volkes nahm sich jedoch die christlich-soziale Bewegung an, die zur stärksten politischen Kraft des Trentino wurde.

Durch die Allgegenwart der katholische Kirche, die nicht nur Schulen leitete, sondern auch ein dichtes Netz kultureller, wirtschaftlicher und sozialer Initiativen schaffen konnte, kam der junge Alcide sehr rasch in Kontakt mit dem politischen Verbandskatholizismus, der großen Einfluss auf den Gymnasiasten und späteren Politiker ausübte. Nach Ablegung des Abiturs am fürstbischöflichen Gymnasium immatrikulierte De Gasperi im Sommersemester 1900 an der Universität Wien, um Philosophie, Literatur und Geschichte zu studieren, da es im Trentino keine Universität gab und sich die Familie den Besuch einer italienischen Universität nicht leisten konnte. Um über die Runden zu kommen, musste er sein Monatsbudget durch Nachhilfestunden, Sekretariatsarbeiten und Zeitungsartikel aufbessern. Schließlich promovierte er 1905 zum Doktor der Philosophie.

Seine politische Tätigkeit begann De Gasperi bereits während seiner Studienzeit, als er 1901 Vorsitzender einer Studentenvereinigung wurde, deren Programm er folgendermaßen zusammenfasste: „Italienische, demokratische Katholiken", wobei er präzisierte: „zuerst Katholiken und dann Italiener". Diese Haltung brachte ihm später große Schwierigkeiten mit den Faschisten, und auch nach dem Zweiten Weltkrieg wurde er von den Kommunisten als „österreichfreundlich" gebrandmarkt. Ein besonderes Anliegen war ihm in dieser Zeit, die Botschaft der Sozialenzyklika „Rerum Novarum" Leos XIII. weiterzutragen und darzulegen, dass die sozialen Probleme der Arbeiterschaft nicht mit den Theorien des Klassenkampfes, sondern viel eher durch die Realisierung christlicher Nächstenliebe gelöst werden können. Der spätere Fürstbischof von Trient, Celestino Endrici, förderte ihn. So wurde er 1902 zum Vorsitzenden des Trentiner Katholischen Akademikerverbandes gewählt, und schon in seiner Antrittsrede zeigte sich seine tiefe Ablehnung des Nationalismus, als er vor der „Vergötterung der Nation“ warnte und eine „Religion des Vaterlandes“ ablehnte. De Gasperis Haltung entsprach damals keineswegs dem politischen Mainstream. Dennoch wurde auch er sehr bald in den Strudel nationaler Konflikte auf universitärem Boden hineingezogen, als er gemeinsam mit italienischen Studenten, die zum Schutz eines Professors auf dem italienischen Lehrstuhl der juristischen Fakultät der Universität Innsbruck angereist waren, in eine heftige Schlägerei mit alldeutschen Studenten geriet. Die Polizei nahm daraufhin alle Italiener, derer sie habhaft werden konnte, für 20 Tage in Untersuchungshaft, darunter auch Alcide De Gasperi.

SOZIALES ENGAGEMENT IM ÖSTERREICHISCHEN REICHSRAT

Nach Studienabschluss ernannte ihn Bischof Endrici zum Direktor der Bistumszeitung „La voce cattolica“, die De Gasperi ein Jahr später in „Il Trentino“ umbenannte und zum Organ der Trentiner Volkspartei machte, an deren Organisation er mitwirkte. Die Linie des Blattes sollte konfessionell weniger gebunden sein. Als sich der herannahende Krieg abzuzeichnen begann und sich die Menschen in falschem Patriotismus für diesen begeistern ließen, klagte er des öfteren in Leitartikeln, dass die Christen zu wenig für den Frieden täten. Nach Eingliederung des Trentino und Südtirols in das Königreich Italien nannte er das Blatt „Il nuovo Trentino“. Die Redaktionslinie war strikt antifaschistisch. Er behielt das

Amt bis 1926 bei, als die Faschisten die Redaktion besetzten.

Sein Engagement für die tridentinische Volkspartei trug auch zu deren Wahlerfolg im Jahr 1907 bei. Nachdem De Gasperi 1909 zum Stadtrat von Trient gewählt worden war, schaffte der gerade wählbar gewordene 30-jährige Politiker bei den letzten Wahlen zum Reichsrat im Jahr 1911 mit 75 % Zustimmung den Einzug ins Abgeordnetenhaus. Sein Wahlkampf stand unter dem Motto: mehr Autonomie für die Provinz, mehr Demokratie für das Volk, gegen militärischen und absolutistischen Zentralismus. Weder Österreichfreund noch Irredentist, definierte er seine politische Position als „positives nationales Bewusstsein", gebunden an das „kleine Vaterland" des „katholischen und italienischen Trentino".

Im Reichsrat, wo er unter anderem Mitglied des Budgetausschusses und Flüchtlingsausschusses sowie Ersatzmitglied des Ernährungsausschusses, des kriegswirtschaftlichen Ausschusses und des Unterhaltsbeitragsausschusses war, setzte er sich vor allem für die Flüchtlinge ein und prangerte die Menschenrechtsverletzungen durch die Militärverwaltung in scharfen Worten an. Nachdem das Trentino zum militärischen Sperrgebiet erklärt worden war, wurde mehr als ein Drittel der Bevölkerung von der Armee in Lager bis nach Böhmen, Mähren und Ungarn evakuiert. Um das Leid und die Not der Menschen zu lindern, rief De Gasperi ein „Hilfskomitee für Flüchtlinge aus dem Süden" ins Leben. Er sorgte für die Verteilung von Lebensmitteln und Kleidung sowie für die Einrichtung von Schulen und Kirchen und versuchte eine ärztliche Versorgung sicherzustellen. Dank dieser rastlosen Tätigkeit waren Mitte 1917 in den Flüchtlingslagern der Trentiner rund 16 000

Kinder wieder eingeschult. Nachdem Kaiser Karl im Jahr 1917 das Parlament wieder einberufen hatte, gelang es De Gasperi, ein Gesetz für die Hilfeleistung an Flüchtlinge und Internierte durchzusetzen, das am 12. Juli 1917 in der 18. Sitzung der XX. Session beschlossen wurde und den Flüchtlingen einen Unterhaltsanspruch zu-sicherte. Dieser war ihnen vorher entzogen worden, was De Gasperi in seiner Rede als ein „Verbrechen" bezeichnete. Als ebensolches Verbrechen wertete er den „Verfolgungsgeist", aus dem die Evakuierung hervorgegangen sei. In dieser Rede äußerte er vor allem auch seine Sorgen über den Mangel an Verpflegung und Kohleversorgung.

Die Härte, mit der die Militärverwaltung vorging, veranlassten den Tridentiner Abgeordneten in der 87. und 91. Sitzung der XX. Session am 4. und 11. Oktober 1918 zu einer scharfen Abrechnung mit den Willkürakten der Militärgewalt. Es ging um die Verhaftung und Internierung von Italienern trotz mangelnder Beweislage, von denen zwei auf Grund der erlittenen Qualen in der Haft gestorben waren. De Gasperi verurteilte die menschenrechtsverletzende Behandlung der Angeklagten und den schleppenden Verlauf der Untersuchung und verlangte im Rahmen der von ihm gestellten dringlichen Anfrage am 11. Oktober 1918 von der Regierung, diesem „neuen Skandal der Militärjustiz" ein Ende zu setzen und eine Regierungskommission zur Untersuchung aller Rechtsbrüche und Ungerechtigkeiten zu installieren.

Schon am 4. Oktober 1918 hatte er gemutmaßt, dass das Militär systematisch das Programm der Ausrottung des italienischen Elements verfolge. In seiner Wortmeldung zur dringlichen Anfrage am 11. Oktober 1918 forderte er die Anerkennung des Nationalprinzips und dessen tatsächliche Anwendung auf die damals in Österreich lebenden Italiener, also das Selbstbestimmungsrecht, wie es der amerikanische Präsident Wilson vorgeschlagen hatte. Demzufolge erklärten die italienischen Abgeordneten, als der Zerfall der Monarchie unaufhaltbar war, dass das in den 14 Punkten Wilsons enthaltene Selbstbestimmungsrecht die Verbindung mit dem Königreich Italien bedeute.

KAMPF GEGEN DEN FASCHISMUS

Nachdem die Wiedervereinigung des Trentino mit Italien erreicht worden war, setzte sich De Gasperi in Rom bei den italienischen Politikern sofort für die Beibehaltung der Autonomie ein, die das Trentino unter österreichischer Herrschaft innehatte. Er schloss sich der vom Prälaten Don Luigi Sturzo gegründeten italienischen Volkspartei, der „Partito Populare Italiano" (PPI) an, gewann bei den Wahlen 1921 die absolute Mehrheit im Trentino und zog ins italienische Parlament ein, wo er Fraktionsvorsitzender seiner Partei wurde. Dort brachte er erneut das Thema der lokalen Autonomien zur Sprache und setzte sein soziales Engagement fort. So verlangte er in seiner ersten Rede, dass im Rahmen der regionalen Autonomie die österreichische Sozialgesetzgebung erhalten bleiben müsse, da diese viel arbeitnehmerfreundlicher sei als die italienische.

Wie in vielen anderen Staaten Europas blieben aber auch in Italien die von einem rechtstaatlich-demokratischen Bewusstsein getragenen politischen Verantwortungsträger in der Minderheit gegenüber radikalen Gruppen. Die gut organisierten Faschisten vertrieben zahlreiche Bürgermeister mit Gewalt und nach strategischem Plan, während die römische Regierung machtlos zusah, zumal das Militär starke Sympathien für Mussolini hegte. Die marxistische Linke war stark auf das sowjetrussische Revolutionsmodell fixiert die gemäßigten Sozialisten blieben in der Minderheit. Nachdem die Sozialisten trotz des Anschwellens der faschistischen Gewalt nicht bereit waren, Regierungsverantwortung in einem „kapitalistischen Staat“ zu übernehmen, die Regierung die zunehmende Gewalt nicht stoppen konnte und immer schwächer wurde, ernannte König Viktor Emanuel III. Benito Mussolini am 29. Oktober 1922 zum Regierungschef.

Obwohl De Gasperi Mussolini als Wahlkampfgegner im Trentino kennen gelernt hatte, glaubte er anfangs, der Faschismus könne „normalisiert“ werden, eine Illusion, der sich später auch die deutsche Zentrumspartei hingab. Nach den bitteren Erfahrungen eines Besseren belehrt, schrieb er 1934: „Mit dem Totalitarismus trifft man keine Übereinkünfte.“

Die Volkspartei war auf Grund des Irrglaubens, beschwichtigendes Element sein zu können, auch in der ersten Regierung Mussolinis mit sechs Ministern vertreten. Doch die Faschisten überzogen das Land weiter mit Terror und konnten einen Teil des rechten Flügels der Volkspartei, die Klerikofaschisten, zu sich hinüberziehen. De Gasperi versuchte vergeblich, vom Parlament aus Widerstand zu leisten. Nachdem Mussolini Don Sturzo 1924 gezwungen hatte, ins Exil zu gehen, musste De Gasperi zum Fraktionsvorsitz auch noch das Amt des Generalsekretärs der Partei übernehmen. Die Ermordung des sozialistischen Abgeordneten Giacomo Matteotti durch Faschisten wurde zum Auslöser für den Auszug De Gasperis mit 150 anderen Abgeordneten aus dem

Plenarsaal, um in einem anderen Sitzungssaal des Hauses parlamentarisch arbeiten zu können. Diese „Aventino Sezession“ als äußerste parlamentarische Ablehnung der faschistischen Gewalt fand jedoch nicht das erhoffte Echo und musste im Juni 1925 ergebnislos abgebrochen werden.

Die Faschisten konnten, da es auch keinerlei Widerstand seitens des Königs gab, ihre Macht im Land festigen und gegen die Opposition vorgehen. De Gasperi wurde schließlich unter Dauerüberwachung gestellt, womit für ihn und seine Familie ein ruheloses und sehr unsicheres Leben begann. Im März 1927 wurde er gemeinsam mit seiner Frau Francesca Romani, die er 1922 geheiratete hatte, verhaftet und auf direkte Anweisung Mussolinis in das berüchtigte Gefängnis „Regina Coeli“ überstellt. Während dieser schlimmen Zeit der völligen Isolation bis zu seiner Enthaftung im Juli 1928, die er der Intervention des Bischofs von Trient verdankte, machte sich der politische Häftling Gedanken über die Entwicklung der christlichen Demokratien. Schließlich fand er ab April 1929, ebenfalls mit Hilfe des Bischofs von Trient, Asyl und Arbeit in der Vatikanischen Bibliothek und wurde 1939 zu deren Sekretär befördert. Papst Pius XI. hielt seine schützende Hand über seinen Mitarbeiter, zumal Mussolini versuchte, auf den Papst Druck auszuüben, De Gasperi zu entlassen. Die Stellung im Vatikan ermöglichte es De Gasperi auch, seine Familie zu ernähren, die mit vier Töchtern - Maria-Romana (1923), Lucia (1925), Cecilia (1930) und Paola (1933) - ziemlich angewachsen war.

REGIERUNGSVERANTWORTUNG NACH DEM KRIEG UND CHEF DER DEMOCRAZIA CRISTIANA

Die Jahre in der Bibliothek des Vatikan nützte De Gasperi, um über die „Zeiten und Männer, die Rerum Novarum vorbereiteten" zu schreiben. Die Position als Sekretär gab ihm später auch die Möglichkeit, auf neutralem Boden wichtige Kontakte zu knüpfen bzw. wieder aufzunehmen. In der Hoffnung auf ein baldiges Ende des Regimes begann er bereits 1940 die Beziehungen zu politischen Freunden der alten Volkspartei, die sich nicht dem Faschismus gebeugt hatten, zu intensivieren, um über die Gründung einer neuen christlich-demokratischen Partei nachzudenken. So konnte am 25. Juli 1943, dem Tag von Mussolinis Sturz, die neue Partei „Democrazia Cristiana" aus der Taufe gehoben und zugleich ihr Programm veröffentlicht werden. Die Partei blieb eine weltliche Partei, auch wenn sie sich dem Katholizismus verpflichtet fühlte, wobei eine scharfe Abgrenzung gegen den katholischen Integralismus gezogen, ein über das Religiöse hinausgehender Wahrheitsanspruch für Kultur und Politik postuliert und den Ideen einer ständisch geordneten Gesellschaft eine Absage erteilt wurde.

Mit den anderen demokratischen Parteien, die sich ebenfalls reorganisieren konnten, hatte man sich bereits im April 1943 zur „Vereinigten Antifaschistischen Befreiungsfront" zusammengeschlossen, die sich dann zum „Zentralen nationalen Befreiungskomitee" („Comitato di Liberazione Nazionale") weiterentwickelte. Die Besetzung Roms durch die deutsche Wehrmacht am 23. September 1943 zwang dessen Mitglieder wieder in den Untergrund, wo De Gasperi unter dem Pseudonym „Demofilo" („Volksfreund") Artikel schrieb.

Diese wurden von seiner Frau und seiner ältesten Tochter in eine Geheimdruckerei gebracht. Nach dem Abzug der Deutschen am 4. Juni 1944 konnte eine demokratische Regierung der im Komitee vertretenen Parteien gebildet werden, der der 63-jährige De Gasperi als Minister ohne Portefeuille und später als Außenminister angehörte. Im September desselben Jahres wurde er zum Generalsekretär seiner Partei bestellt. Am 10. Dezember 1945 wurde dann das erste Kabinett De Gasperi vereidigt. Das Amt des Ministerpräsidenten sollte er bis zum 28. Juli 1953 innehaben.

Die Sorge galt dem Wiederaufbau von Wirtschaft und Verwaltung, der Bekämpfung der Nahrungsmittelknappheit, der Befriedung des Landes und der Neuordnung des Staates. De Gasperi konnte sich dahingehend durchsetzen, dass die Säuberung im Land nicht zu einem Rachefeldzug ausartete, sondern nur Verbrechen geahndet wurden. In einer Volksabstimmung am 2. Juni 1946 entschieden sich die Italiener für die Republik, was kurz zu einer kritischen Situation führte, da König Umberto als Oberbefehlshaber der Streitkräfte bei den Generälen noch immer Sympathien genoss. Schließlich floh er ohne Amtsübergabe ins Exil nach Barcelona. Bei den Wahlen wurde die Democrazia Cristiana stimmenstärkste Partei und erreichte 35 %. Als Regierungschef einer Koalition mit Sozialisten und Kommunisten übernahm er auch interimsmäßig das Außen- und Innenministerium.

Die Verhandlungen für einen Friedensvertrag gestalteten sich schwierig, dennoch agierte De Gasperi sehr geschickt und errang damit das Vertrauen der Bevölkerung. Hinzu kam die Auseinandersetzung mit Jugoslawien, nachdem Tito Anspruch auf Triest erhoben hatte.

Trotz der harten Bedingungen gelang die Ratifizierung des Friedensvertrages ohne nationalistische Gegenreaktion am 31. Juli 1947. In mühsamen Revisionsverhandlungen, in denen vor allem auf den Kampf vieler Italiener gegen den Faschismus hingewiesen wurde, konnten Verbesserungen erzielt werden, für Triest wurde die endgültige Rückkehr nach Italien möglich.

DAS „GRUBER-DE GASPERI-ABKOMMEN“

Der „Pariser Vertrag“ vom 5. September 1946, besser bekannt als das „Gruber-De Gasperi-Abkommen“, ließ, vor allem durch die Unterschrift De Gasperis, die Hoffnung auf einen neuen Geist, auf eine europäische Gesinnung in der Politik wachsen. Nicht Grenzziehungen und Umsiedlungen wurden festgeschrieben, sondern das Durchlässigmachen von Grenzen und die Wahrung der Identität von Minderheiten.

Den „deutschsprachigen Einwohnern der Provinz Bozen und der benachbarten zweisprachigen Ortschaften der Provinz Trient wird in dem Vertrag die volle Gleichberechtigung mit den italienischsprachigen Einwohnern im Rahmen besonderer Maßnahmen zum Schutz des Volkscharakters und der kulturellen und wirtschaftlichen Entwicklung des deutschsprachigen Bevölkerungsteils zugesichert“. Den Staatsbürgern deutscher Sprache wurde insbesondere Volks- und Mittelschulunterricht in der Muttersprache, Gleichstellung der deutschen und italienischen Sprache in den öffentlichen Ämtern und amtlichen Urkunden sowie bei den zweisprachigen Ortsbezeichnungen, die Wiederherstellung der in den letzten Jahren italienisierten Familiennamen und die Gleichberechtigung hinsichtlich der Einstellung in öffentliche Ämter zugesichert. Durch Artikel 2 wurde der Bevölkerung der oben erwähnten Gebiete „die Ausübung einer autonomen regionalen Gesetzgebungs- und Vollzugsgewalt gewährt". Darüber hinaus verpflichtete sich die italienische Regierung in Beratung mit der österreichischen Regierung, binnen eines Jahres unter anderem die Staatsbürgerschaftsoptionen, die sich aus dem Hitler-Mussolini-Abkommen 1939 ergaben, zu revidieren, ein Abkommen für den freien Personen- und Güterverkehr zwischen Nord- und Osttirol auszuarbeiten und besondere Vereinbarungen zur Erleichterung eines erweiterten Grenzverkehrs zu schließen.

Die Beurteilungen dieses Abkommens schwanken stark. Der Tiroler Landeshauptmann Wendelin Weingartner meinte anlässlich einer Veranstaltung zum 50. Jahrestag des Pariser Abkommens im österreichischen Parlament, der 5. September 1946 könne kein Festtag sein, weil er mit der Enttäuschung über die nicht erlangte Selbstbestimmung verbunden bleibe. Dennoch sei das Gruber-De Gasperi-Abkommen als ein Fundament zu betrachten, auf dem ein gutes Haus gebaut worden sei.

Schon sehr bald nach Kriegsende waren die Hoffnungen Österreichs bitter enttäuscht worden, Südtirol wieder zurückzubekommen bzw. für die Südtiroler ein Selbstbestimmungsrecht zu erreichen. Der herannahende kalte Krieg warf seine Schatten voraus, als die alliierten Westmächte entschieden, die Brennergrenze zu belassen. Der britische Außenminister Bevin brachte es auf einen Nenner, als er 1946 meinte, die Österreicher hätten zwar die besseren Argumente, wenn man ihnen aber die Kraftwerke in Südtirol überantworte, dann könnte man den Russen einen bedeutenden Hebel in die Hand spielen. Langfristig, so die Überzeugung der westlichen Siegermächte, habe man mehr davon, wenn man Italien weitere Demütigungen erspare.

Nachdem auch die Rückgabe des Pustertales abgelehnt worden war, war die Stimmung in Österreich auf dem Nullpunkt angelangt, da man auch keinerlei Chancen in bilateralen Verhandlungen mit Italien sah, zumal Italiens Wünschen Rechnung getragen worden sei und die Italiener somit keinen Grund hatten, Österreich entgegenzukommen. Dennoch wurden unter massivem Druck der Engländer bilaterale Gespräche aufgenommen, die schließlich zum Abschluss des Pariser Vertrages führten. Durch die Verankerung im Friedensvertrag wurde Südtirol eine internationale Angelegenheit und Österreich „Schutzmacht" der Südtiroler.

Die Hoffnungen auf den neuen Geist, den das Abkommen versprach, wurden bald getrübt, da die Bestimmungen seitens der italienischen Regierung äußerst restriktiv ausgelegt wurden. De Gasperi schien zunächst auf die Sorgen und Anliegen des österreichischen Außenministers einzugehen, die sich vorerst auf die örtliche Begrenzung der zu gewährenden Autonomie bezogen, indem er auf den Artikel 2 des Abkommens hinwies. Gruber wehrte sich gegen die Erweiterung des autonomen Gebietes auf die gesamte Provinz Trient und erklärte, De Gasperi habe ihm versichert, eine Erweiterung der Autonomie gegen den Willen der Südtiroler käme keineswegs in Frage. Kurz darauf beschloss aber die verfassungsgebende Versammlung in Rom am 27. Juni 1947 die Schaffung einer Region „Trentino-Alto Adige", ohne dass dazu Vertreter Südtirols konsultiert worden waren. Das bedeutete Autonomie für die gesamte Region und nicht für die Provinz Südtirol, die seit den Faschisten Alto Adige heißt. In einem Schreiben an Außenminister Gruber vom 14. Juli 1947 spricht De Gasperi von den „von der konstituierenden Nationalversammlung als unabdingbar erkannten Erfordernissen“, um dann in Aussicht zu stellen, „Südtirol auch allenfalls in einem weiteren territorialen Rahmen eine eigene, ausschließlich gesetzgebende und exekutive Gewalt vor allem in jenen Sachgebieten ethnisch kultureller Wesensart zuerkennen zu wollen“.

In darauf folgenden Verhandlungen erreichten die Vertreter Südtirols zwar Verbesserungen, wie die Rückkehr des Unterlandes zu Bozen, die Übertragung legislativer Funktionen auf kulturellem Gebiet, die Errichtung eines eigenen Wahlkreises und die Übertragung der Verwaltungsautonomie; eine Änderung am Gesamtkonzept war jedoch nicht mehr möglich. Auf Grund dieser Vereinbarungen richteten die Südtiroler Abgeordneten an den Kommissionspräsidenten im Jänner 1948 ein Schreiben - nicht ohne vorher unter Druck gesetzt worden zu sein -, wonach sie in der Errichtung der Einheitsregion die Verwirklichung des Gruber-De Gasperi-Abkommens sahen. Von De Gasperi wird in diesem Zusammenhang die Äußerung überliefert: „Entweder Ihr unterschreibt oder die Costituente geht vorbei und dann weiß Gott, wann man wieder einmal von der Sache reden wird.“

Das Misstrauen, das die italienische Regierung mit dieser Vorgangsweise weckte, wurde erhärtet, als sich Italien über den Artikel 1 des Abkommens hinwegsetzte und von einer nicht paritätisch zusammengesetzten Kommission Schulbestimmungen ausarbeiten ließ, die Einschränkungen des Elternrechts bei der Schulwahl brachten und festlegten, dass Deutsch nur als Hilfssprache verwendet werden durfte. Ab 1952 musste der gesamte Amtsverkehr in italienischer Sprache geführt werden. Die Zuwanderung von Italienern nach Südtirol wurde u. a. durch Wohnbauprogramme forciert, und nachdem 1954 Triest nach einer Volksabstimmung endgültig zu Italien gekommen war, häuften sich die Schikanen gegenüber der Südtiroler Bevölkerung. Gleichzeitig wurde Italien für die Westmächte immer wichtiger - 1948 OECD-Mitglied, 1949 Mitglied der NATO - was seine Stellung gegenüber dem noch immer besetzten Österreich weiter stärkte. Eine Verbalnote Grubers im Jahr 1951, in der er die Schaffung einer bilateralen Kommission zur Prüfung der Artikel 1 und 2 des Pariser Abkommens vorgeschlagen hatte, war brüsk beantwortet worden: Man verbitte sich eine Einmischung Österreichs, das sei eine inneritalienische Angelegenheit. Erst als Kreisky am 21. September 1959 - trotz massiven Drucks Großbritanniens, dies zu unterlassen, die Südtirolfrage vor die UNO brachte, kam wieder Bewegung in die Sache.

INNENPOLITISCHE ERFOLGE UND RÜCKSCHLÄGE

Innenpolitisch war die Lage im Jahr 1947 turbulent. Die Kommunisten konnten sich immer weniger mit der Sozial- und Wirtschaftspolitik der Regierung identifizieren. Da das Land massive Wirtschaftshilfe von außen nötig hatte, versuchte De Gasperi stärkere Kontakte mit den USA zu knüpfen und trat eine Reise in die Vereinigten Staaten an, die sich als sehr erfolgreich erwies. Seitens der Kommunisten wurde dieser Schritt als eine Fesselung Italiens an den „amerikanischen Kapitalismus und Imperialismus" gebrandmarkt. Die Gegensätze waren unüberbrückbar, die Koalition zerbrach, und De Gasperi bildete eine christlich-demokratische Minderheitsregierung. Dieser gehörte der spätere Staatspräsident, der Liberale Luigi Einaudi an, dem es schließlich gelang, die Währung zu sanieren und die Inflation zu bremsen. Gemeinsam mit der Marshallplanhilfe konnte der Aufschwung des Landes eingeleitet werden.

Im Dezember 1947 wurde die bereits erwähnte Verfassung verabschiedet, die mit Beginn 1948 in Kraft trat und durch eine Dezentralisierung der Verwaltung, Gliederung in Regionen und Selbstverwaltungskörperschaften mit eigenen Befugnissen und Aufgaben gekennzeichnet war.

Bei den am 18. April 1948 stattfindenden Parlamentswahlen erreichte De Gasperi für die Democrazia Cristiana ein überwältigendes Wahlergebnis mit einem Stimmenanteil von 48,5 % und damit die absolute Mehrheit der Abgeordnetenmandate. Die sozialistisch-kommunistische Einheitsliste blieb mit 31 % weit hinter ihren früheren Stimmenanteilen zurück. Die Position der Democrazia Cristiana wurde mit einer der Mitte definiert, jedoch mit Blick auf die berechtigten Anliegen der Arbeitnehmer. Durch eine strategische Allianz mit einer kleinen Gruppe von Sozialdemokraten, Republikanern und Liberalen konnten soziale und gesellschaftspolitische Reformen eingeleitet werden. Auf der Basis der Agrarreform und der Bildung von Eigentum in Arbeitnehmerhand wurde eine Strategie umgesetzt, die vor allem auch die Regionen Süditaliens fördern und den Übergang von einer Agrar- in eine Industriegesellschaft forcieren sollte.

Als außenpolitische Erfolge sind die Mitgliedschaft Italiens bei der OECD ab 1948 und der Eintritt Italiens in die NATO im Jahr 1949 zu verzeichnen. Damit verhalf De Gasperi Italien zu internationaler Anerkennung, wobei die - trotz des starken Einflusses der Kommunisten - gelungene Verankerung im westlichen Lager für De Gasperi untrennbar mit der Konstruktion eines vereinten Europa verbunden war. Den Atlantik-Pakt betrachtete er als eine Notwendigkeit zur Sicherheit

Europas, um das Gleichgewicht der Kräfte wiederherzustellen. Gleichzeitig bedürfe, so seine Überzeugung, die Sicherheit Europas auch einer tragenden innereuropäischen Säule, wie er es am 10. Dezember 1951 vor der beratenden Versammlung des Europarates ausführte. Denn die wesentliche Voraussetzung für einen wirksamen Widerstand in Europa nach außen sei, dass es in seinem Inneren mit den traurigen Folgen seiner Bürgerkriege fertig werde, mit dem ständigen Wechsel von Aggression und Revanche, von hegemonialem Denken, Gier nach Reichtum und Expansionsstreben und von Anarchie und Tyrannei.

Obwohl der wirtschaftliche Wiederaufbau gelungen war und Italien eine Zeit relativer Ruhe erleben konnte, führten die Parlamentswahlen im Juni 1953 zum Verlust der absoluten Mehrheit der Democrazia Cristiana, sie fiel auf 261 Parlamentssitze zurück. Die wieder getrennt angetreten Kommunisten und Sozialisten errangen 143 beziehungsweise 75 Sitze. Bedenklich dabei war, dass monarchistische und neofaschistische Tendenzen offenbar wieder salonfähig wurden: Die Monarchisten zogen mit 40 und die Neofaschisten mit 29 Mandaten ins Parlament ein. Damit war auch die innenpolitische Karriere des 72-jährigen und an einer schweren Nierenerkrankung leidenden De Gasperi zu Ende. Er übergab das Amt des Ministerpräsidenten, überließ 1954 Fanfani das Parteisekretariat der Democrazia Cristiana, blieb jedoch Vorsitzender der Partei.

DIE VISION VON EUROPA

Alcide De Gasperi gehört zu den ersten Europa-Visionären, der konsequent an der Realisierung eines vereinten Europas mitwirkte und seine Visionen auch darlegte, als das geopolitische Umfeld in den europäischen Verantwortungsträgern noch gar kein wirkliches Interesse daran erzeugte. Gemeinsam mit Robert Schumann, Jean Monnet und Konrad Adenauer hat er, wie der ehemalige Vorsitzende der EVP-ED-Fraktion im Europäischen Parlament, Hans-Gert Pöttering, es ausdrückte, unmittelbar nach dem Zweiten Weltkrieg die klassischen Muster der Diplomatie und des internationalen Rechts gesprengt, um ihre Vision von Europa zu entwickeln.

Wie weit und wie konkret er dabei vorausdachte, ist unter anderem bei der Lektüre der Rede De Gasperis vor der beratenden Versammlung des Europarates in Straßburg am 16. September 1952 nachzuvollziehen. Dort sagte er: „Es gibt zahlreiche Möglichkeiten der wirtschaftlichen Solidarität, die von der Zollunion bis zur Herabsetzung der Zolltarife und zu Präferenzzolltarifen reichen bzw. von einer einzigen Bundesbank, die sich auf ein Währungsabkommen stützt und die verschiedenen internationalen Banken zusammenschließt, bis zu einer einzigen Währung, sei es als Rechnungseinheit oder als Verkehrsgeld, bzw. von einem einzigen Markt bis zur Abschaffung der Kontingente reicht". 50 Jahre später hat Europa den Binnenmarkt in weiten Bereichen vollendet, zahlt größtenteils mit dem Euro und lässt die Währungspolitik von einer unabhängigen europäischen Zentralbank leiten.

Dennoch lag der Endzweck des europäischen Einigungswerkes für ihn nicht allein in der Ökonomie. Er war der Überzeugung, dass rein wirtschaftliche Integrationsmechanismen und gemeinsame Verwaltungsstrukturen zu wenig sind, wenn sie nicht von einem übergeordneten politischen Willen getragen werden, der von einem Zentralorganismus gesteuert wird, in dem die nationalen Willensbekundungen in einer höheren Synthese zusammentreffen. Ihm ging es somit im Interesse der Akzeptanz durch die Bürgerinnen und Bürger um einen höheren Anspruch, da er sehr klar die Gefahr sah, die europäischen Aktivitäten könnten im Vergleich zur Politik der Einzelstaaten farblos und bar jeglicher Ideale erscheinen. Sie könnten dann, wie er 1951 vor der Versammlung des Europarats bemerkte, als überflüssige und lästige Struktur empfunden werden. In diesem Fall würden die neuen Generationen auf Grund der anziehenderen nationalen Kräfte eine europäische Struktur als hinderlich und belastend ansehen, und dann bestünde die Gefahr einer Rückentwicklung.

Anlässlich der Verleihung des Karlspreises im Jahr 1952 vertrat er auch den Standpunkt, dass keine supranationale Institution „ohne die Bildung einer europäischen Mentalität" funktionieren könne - eine Aufgabe der Bewusstseinsbildung, die heute längst noch nicht bewältigt ist und der sich insbesondere die Politik mit Blick auf die Zukunft immer wieder zu stellen hat, auch unter Hintanhaltung kurzfristiger Popularitätsgewinne im eigenen Land durch nationale Kraftmeierei.

Als eine der größten Herausforderungen erkannte De Gasperi die Wahrung des Gleichgewichts und die Vermeidung von Hierarchien unter den Mitgliedern eines vereinten Europa, gleichzeitig müssten die nationalen Identitäten bewahrt werden. Bei der bereits erwähnten und vom Europarat organisierten Podiumsdiskussion am 13. Oktober 1953 in Rom beschrieb er in diesem Sinne das auch heute so oft verkündete und noch nicht verwirklichte Prinzip der Subsidiarität. Er hielt fest, dass die Union lediglich in dem Maß anzustreben sei, wie sie erforderlich oder, besser gesagt, unerlässlich sei. Indem man die Autonomie all dessen bewahre, was die Grundlage des geistigen, kulturellen, politischen Lebens jeder Nation ausmache, erhalte man auch die natürlichen Quellen des gemeinschaftlichen Lebens. „Das grundlegende Ziel der europäischen Einheit muss in der Wahrung der demokratischen Lebensart und der Tradition von Kultur und Freiheit sowie in der Stärkung der freien nationalen Institutionen bestehen", formulierte er im September 1952 vor der beratenden Versammlung des Europarates.

Als einer der ersten sprach De Gasperi auch von einer europäischen Verfassung und einer gewählten Versammlung, der eine Regierung Europas verantwortlich wäre. Er ging von der Überzeugung aus, dass die politische Willensbildung in den Integrationsinstanzen nicht ausschließlich technokratischen Apparaten vorbehalten bleiben könne. Für ihn war es selbstverständlich, eine demokratisch-parlamentarische Komponente miteinzubeziehen, weshalb er auch mit Vehemenz darauf drängte, die „Gemeinsame Versammlung" der Montanunion zu schaffen, die Vorläufer für das Europäische Parlament werden sollte.

Die Vision einer „Europäischen Föderation", lanciert von Richard Coudenhove-Calergi unter dem Namen „Paneuropa", und der Vorschlag des französischen Außenministers Aristide Briand und des deutschen Außenministers Gustav Stresemann zur Gründung einer Europäischen Union im Rahmen des Völkerbundes waren schon im jungen Politiker Alcide De Gasperi auf fruchtbaren Boden gefallen. Auf seine Initiative wurde bereits im ersten Programmentwurf der christlichen Demokraten, der am Tag des Sturzes von Mussolini veröffentlicht wurde, ein Passus aufgenommen, in dem von einer „Föderation der freiheitlichen europäischen Staaten" gesprochen wird. Darin ist auch die Rede von einer unmittelbaren Vertretung der Völker neben einer Vertretung der Regierungen, von europäischen Streitkräften auf der Grundlage freiwilliger Rekrutierung zur ausschließlichen Verfügung der internationalen Gemeinschaft, von einem gemeinsamen Rechtssystem auf freiwilliger Basis und von einer europäischen Staatsbürgerschaft neben der nationalen Staatsbürgerschaft.

Als er dieses Thema bei der Friedenskonferenz 1946 anschnitt, fand er jedoch kein Gehör. Auf Widerhall stieß er erst, als im Jahr 1948 Robert Schumann den Gaullisten Georges Bidault als französischer Außenminister ablöste und 1949 Konrad Adenauer in Deutschland erster Regierungschef wurde. Diese drei, der Lothringer, der Rheinländer und der Trentiner, richteten ihre Politik auf eine Neuordnung Europas aus, die dann Eigendynamik bekommen sollte. Begünstigt wurden diese Bestrebungen auch durch den Umstand, dass in Amerika allmählich das Interesse an einem europäischen Integrationsprozess wuchs, um eine Barriere gegen sowjetische Expansionsbestrebungen zu schaffen. Dies hatte wiederum mobilisierende Wirkung auf europäisch-föderalistische Verbände. Als eine erste Antwort auf die Forderungen dieser europäischen Bewegung wurde im Mai 1949 der Europarat ins Leben gerufen, wobei Großbritannien darauf bedacht war, daraus keine starke eigenständige europäische Kraft werden zu lassen.

Die Initialzündung für den richtungweisenden, strukturverändernden Prozess erfolgte durch den historischen Aufruf Schumanns, die Gesamtheit der deutsch-französischen Kohle- und Stahlproduktion einer gemeinsamen

Behörde zu unterstellen, die allen anderen Staaten zum Beitritt offen stehen sollte. Damit durchbrach man, wie Adolf Kohler in seiner Biographie über De Gasperi schreibt, die historische Schallmauer des Souveränitätsprinzips und führte das Prinzip europäischer Supranationalität mit eigenständigen Institutionen politischer Willensbildung und Entscheidungsgewalt ein. Die Benelux-Staaten schlossen sich dem an, und De Gasperi hatte auf Grund der Mehrheitsverhältnisse keine Mühe, eine parlamentarische Mehrheit für den Schritt Italiens nach Europa sicherzustellen.

Am 18. April 1951 war es so weit: Die Benelux-Staaten, Frankreich, Deutschland und Italien gründeten die Europäische Gemeinschaft für Kohle und Stahl (EGKS), die am 23. Juli 1952 in Kraft trat. Der besondere Beitrag De Gasperis zu dieser Montanunion bestand in seiner Forderung, eine parlamentarische Versammlung einzubauen. Am 11. Mai 1954 sollte er dann auch erster Präsident der Parlamentarischen Versammlung der EGKS werden.

Aktiv unterstützte De Gasperi auch das Projekt der Europäischen Verteidigungsgemeinschaft. Er wandte sich jedoch vehement gegen die Bemühungen Frankreichs und Großbritanniens, ein Sicherheitsbündnis gegen die „deutsche Gefahr" in Form des „Brüsseler Paktes" (1948) abzuschließen, da die Friedenssicherung, wie er sagte, nur durch die Einheit aller und nur unter Einbindung Deutschlands gewährleistet werden könne. Bis heute ist es den Europäern nicht gelungen, in Sicherheitsfragen wieder relative Unabhängigkeit von den USA zu erringen.

Schon die Verhandlungen zur Verteidigungsgemeinschaft gestalteten sich durch das Misstrauen Frankreis gegenüber Deutschland äußerst schwierig. Frankreich wollte Deutschland nicht als gleichberechtigten Partner akzeptieren. De Gasperi engagierte sich für einen Abschluss und drängte auch hier auf eine parlamentarische Versammlung, die die „Grundlage für ein bundesstaatliches oder staatenbundliches Gemeinwesen untersuchen (sollte), um auf politischer Ebene die ersten Anfänge des Gemeinschaftslebens weiterzuentwickeln und zu verbreitern".

Dieser Artikel 38 des Vertrages, der auch als „De Gasperi-Artikel" in die Geschichte einging, war getragen von der Überzeugung, dass eine Solidarität ohne zentrale politische Autorität den zentrifugalen und partikularistischen Tendenzen nicht würde standhalten können. Vor dem Europarat bekräftigte er 1952, dass der EVG-Vertrag zu einer „Europäischen Politischen Gemeinschaft (EPG)" führen müsse, die ein starker und unabhängiger Partner innerhalb der westlichen Gemeinschaft der NATO und der Ost-West-Beziehungen sein müsse. Einen Plan des britischen Außenministers Anthony Eden, der die Europa-Konzeption der sechs Gründerstaaten der Montanunion ersetzen sollte, lehnte De Gasperi mit aller Entschiedenheit ab, weil er in seinen Augen die Preisgabe eines geeinten Europa bedeutet hätte und damit den Verzicht auf eine dauerhafte Befriedung Westeuropas. Wie ernst es De Gasperi, Schumann und Adenauer mit einer politischen Union war, unterstreicht die Tatsache, dass sie in einem Vorgriff auf diesen Artikel 38 bereits während des Ratifikationsverfahrens die schon bestehende parlamentarische Versammlung der Montanunion aufforderten, in den kommenden sechs Monaten einen Vertragsentwurf für eine Europäische Politische Gemeinschaft auszuarbeiten.

Die französische Nationalversammlung mit einer kommunistischen und gaullistischen Mehrheit machte dann allen Hoffnungen ein Ende, als sie in der Nacht vom 29. auf den 30. August 1954 den Vertrag nicht ratifizierte.

De Gasperi erlebte diese Niederlage nicht mehr. Er war zu dieser Zeit schon schwer krank. Am 19. August 1954 setzte ein Herzschlag seinem Leben ein Ende.

Zwischen den Stühlen

VALENTINO PITTONI
(1872-1933)

Die italienische Volksgruppe war die zahlenmäßig kleinste im Reichsrat vertretene Nation. Umso pointierter vertraten ihre Repräsentanten ihre Standpunkte. Valentino Pittoni, Triester Sozialdemokrat, wetterte gegen nationale Vorurteile ebenso wie gegen nationale Unterdrückung - und sah sich am Ende seines Lebens in beiderlei Hinsicht gescheitert. Der „Völkerkerker" der Habsburger war eingetauscht worden gegen das „faschistische Joch" Mussolinis. Und so starb Pittoni als Exilant in jener Stadt, in der er als Politiker seine größte Wirkung entfaltet hatte.

JUNGER SCHWÄRMER

Pittonis Weg zur Sozialdemokratie war kein selbstverständlicher. Geboren wurde er am 25. Mai 1872 im istrischen Flecken Cormons nahe Triest in eine in bescheidenem Wohlstand lebende Handelsfamilie. Nach dem Willen des Vaters hätte Valentino einst den familiären Betrieb übernehmen sollen, weshalb er den sprachbegabten Filius aus dem 1886 Gymnasium in Triest herausnahm, um ihn auf die dortige Handelsakademie zu schicken, die Pittoni 1891 absolvierte.

Doch der junge Schwärmer wollte alles andere denn ein Krämer werden und schloss sich - damals noch voll der nationalen Begeisterung - der Armee an, in der er bis 1897 diente. Bald schon war Pittoni Leutnant eines Infanterieregiments, doch mit dem Aufstieg kam auch der Zweifel. Pittoni war nicht blind für den Zwang, den sinnlosen Drill und die menschenverachtende Behandlung der Rekruten, durch die sich die österreichisch-ungarische Armee mehr auszeichnete als durch militärische Erfolge, und so kam es, dass Pittoni sich bald in einem grundsätzlichen Konflikt mit seinen Vorgesetzten befand.

Just in dieser Zeit lernte Pittoni Victor Adler kennen, und es bedurfte keiner großen Überzeugungsarbeit Adlers, um den 26-Jährigen für die Sozialdemokratie zu gewinnen. 1898 schied Pittoni als Korporal aus der Armee, nachdem er - wie nicht anders zu erwarten - für sein Engagement degradiert worden war, und ging daran, die Triester Arbeiterbewegung zu organisieren.

So landete Pittoni - Ironie der Geschichte - doch wieder in der Krämerbranche. Er hatte erkannt, dass ein Gutteil des Elends, in dem das Proletariat zu leben gezwungen war, darauf beruhte, dass es sich wichtige Nahrungsmittel schlicht nicht leisten konnte. Rachitische Kinder, hinfällige Alte, ausgemergelte Frauen waren keine Seltenheit in jenen Tagen, da viele Arbeiterfamilien oft nicht einmal das tägliche Brot kaufen konnten. Pittoni wurde zum Anhänger der Konsumbewegung.

BROT UND ARBEIT

Doch was am Ende des 19. Jahrhundert in weiten Teilen Österreichs schon straff durchorganisiert war, musste in Triest erst unter erheblichen persönlichen

Opfern in die Wege geleitet werden. Pittoni nahm den gesamten Familienschmuck und trug ihn ins Pfandleihhaus, um mit dem Geld den ersten Triester Konsum ins Leben zu rufen. Ab 1900 war Pittoni Filialleiter des Geschäfts und gleichzeitig Obmann des dortigen Konsumvereins. Sein Vermögen aber hatte er dadurch verloren, und seine Familie lebte lange Zeit in bitterer Armut, oder, wie es seine Nichte Anita einmal ausdrückte: „Wir waren arm an Mitteln, aber reich an Idealen."

Das Unternehmen erreichte sein Ziel. Die Triester Werktätigen hatten nun erstmals ein Geschäft, wo sie zu sozial verträglichen Preisen Güter des täglichen Bedarfs erwerben konnten. Dieser Umstand hatte auch Auswirkungen auf die anderen Händler der Stadt, die nun gezwungen waren, ihre Preise ebenfalls zu senken, um konkurrenzfähig zu bleiben. Pittoni hatte das ärgste materielle Elend gelindert.

Die politische Ungleichheit aber blieb, und so war es nahe liegend, den nächsten Schritt zu wagen. Pittoni organisierte einen eigenen Wahlverein, dessen Ziel es war, der Arbeiterschaft auch im Parlament eine Vertretung zu erkämpfen. Dabei wusste Pittoni, dass das bloße Erwerben eines Mandates ohne eine zugrunde liegende weltanschauliche Zielsetzung müßig war. Dementsprechend wurde in der Zeit bis 1905 eine Parteiorganisation geschaffen, die dieselben Organisationsprinzipien und Methoden anwandte wie die Sozialdemokratie in Wien. Gleichzeitig war die Partei eng mit der freien Gewerkschaft verwoben, und Pittoni selbst kümmerte sich intensiv um die Bildungsarbeit der Bewegung. Ab 1911 fungierte er überdies als Obmann der Triester Partei.

Wiewohl Pittoni selbst Italiener war, ging es ihm darum, die Arbeiter ungeachtet ihrer nationalen Herkunft zu organisieren. So versammelte die SDAP Italiener ebenso wie Slowenen und Deutschsprachige um sich und präsentierte sich bei den ersten Wahlen, an denen sie teilnahm, im Jahre 1907 als Alternative zu den nationalistischen Strömungen in der Stadt.

Es war nahe liegend, dass Pittoni selbst für die Sozialdemokraten in den Ring stieg. Sein Hauptgegner war der für die Liberalen antretende Irredentist Giovanni Menessini, den Pittoni aber mit dem knappen Vorsprung von 34 Stimmen schlagen konnte. So schön der Erfolg für die Sozialdemokraten war, er blieb, was die italienischsprachigen Gebiete anbelangte, der einzige. Pittoni, der sich klarerweise dem sozialdemokratischen Klub anschloss, stand nach seiner Wahl zehn Vertretern des Partito Populare und vier Liberalen gegenüber.

BRÜCKENBAUER

Im Parlament bewährte sich Pittoni alsbald als „Brückenbauer“ zwischen den Völkern, sah er sich doch nach wie vor als Internationalist, der erfolgreich ein Treffen österreichischer und italienischer Sozialisten in Triest ausrichtete. Konsequenterweise sprach sich Pittoni gegen die Annexion Bosniens aus. Österreich, so meinte er im Hohen Haus, habe genug nationale Probleme, es sollte sich nicht ein weiteres aufhalsen. Und grundsätzlich stellte er klar: „Die sozialdemokratische Arbeiterpartei hält an ihrem Prinzip fest, dass nur den Völkern selbst das Recht der Bestimmung ihres eigenen Schicksals zusteht, und sie wird mit allen Kräften dahin wirken, dass durch die Demokratisierung des Staates die Vorbedingungen zu einem wirklichen Selbstbestimmungsrecht der Völker geschaffen werden.“

Pittoni profilierte sich bald als einer der außenpolitischen Sprecher seiner Fraktion und machte sich weit über Triest hinaus einen Namen. Den Sozialisten im Königreich Italien war er ebenso ein Begriff wie den Genossen von der SPD oder den Arbeitervertretern am Balkan. Und dass die Triester ihren „Filialleiter" schätzten, zeigte sich anlässlich seiner Wiederwahl bei den Reichsratswahlen im Jahre 1911.

Der Erste Weltkrieg musste jemanden wie Pittoni doppelt hart treffen. Nicht nur, dass er, der ehemalige Militär, längst zum Pazifisten geläutert war, der Ausbruch nationalistischer Exzesse bedeutete für ihn die absolute Antithese zu seinen politischen Anschauungen. Verzweifelt war Pittoni vor allem darüber, dass sich auch seine österreichischen Genossen von der allgemeinen Kriegshysterie anstecken ließen. Allein die italienischen Sozialisten, die für eine strikte Neutralität Italiens in dem bewaffneten Konflikt eintraten, gaben Pittoni Hoffnung.

Umso besorgter reagierte er daher auf die Entwicklungen des Jahres 1915. Einerseits hatten fanatisierte Deutschnationale seinen Genossen und Freund Cesare Battisti de facto gelyncht, andererseits war die italienische Partei über die Frage der Haltung Italiens zum Weltkrieg einer Zerreißprobe ausgesetzt, die Pittoni auch seiner letzten Illusionen beraubte.

Dass sich Italien der Entente angeschlossen hatte und Italiener nun gegen Österreicher kämpften, machte die Situation der italienischen Bevölkerung in Österreich unhaltbar. Pittoni musste erkennen, dass sein Konzept eines nichtnationalistischen Staatsgefüges gescheitert war. Eine multinationale Zukunft Mitteleuropas schien es nicht mehr zu geben. Resignierend schrieb Pittoni daher im „Lavoratore“ (der von ihm seit 1904 herausgegebenen sozialdemokratischen Tageszeitung) Anfang 1916, mit dem Eintritt Italiens in den Krieg sei für ihn „die letzte Hoffnung zusammengebrochen“.

Ein Jahr später stand Pittoni auch vor den Trümmern seiner eigenen Organisation. Von der Zentrale, die mit anderen Problemen beschäftigt war, im Stich gelassen, musste er zusehen, wie die italienischen Mitglieder der Partei nach Italien, die slowenischen aber zu Jugoslawien wollten. Für Österreich begeisterte sich niemand mehr. Für jemanden wie Pittoni muss dies eine Tragödie gewesen sein.

Nach dem Zusammenbruch der Habsburger-Monarchie kam Triest zum Siegerstaat Italien. Der ehemalige Haupthafen der Habsburger war nur noch eine kleine Provinzstadt in einem Staat, in dem die Entscheidungen in Rom fielen. Die Triester Sozialdemokraten waren ein verschwindend kleines Anhängsel einer namhaften und kampfstarken Partei, in der sich allerdings mehrere Flügel in erbitterten ideologischen Duellen gegenüberstanden. Schon 1920 zeichnete sich eine weitere Spaltung der Arbeiterbewegung ab, da ziemlich genau die Hälfte der Funktionäre zu den Kommunisten drängte, während die andere Hälfte auch weiterhin den Weg der Sozialdemokratie zu gehen gewillt war.

In Triest setzten sich die Anhänger der ersten Lösung durch, was Pittoni dazu veranlasste, sein Glück in Mailand zu suchen. Der ehemalige Reichsratsabgeordnete nahm ein Angebot der dortigen Konsumgenossenschaft an, ihren Unternehmungen vor Ort als Direktor vorzustehen. Der provinziellen Enge Triests entkommen, bereitete sich Pittoni auf ein politisches Comeback vor, das er in der italienischen Deputiertenkammer zu geben gedachte. Bei der Spaltung der Partei in PSI und PCI 1921 blieb er den Sozialdemokraten treu, für die er bei der nächsten Gelegenheit als Kandidat antreten wollte.

MAHNER GEGEN DEN FASCHISMUS

Doch 1921 war die Lage Italiens alles andere als einfach. Streiks prägten den Alltag ebenso wie Aussperrungen, und der Aufstieg der Fasci di Combattimento des abtrünnigen ehemaligen „Avanti"-Chefredakteurs Benito Mussolini musste einen Mann wie Pittoni, der Mussolini nicht nur wegen seines Apostatentums, sondern vor allem wegen seiner neuen politischen Ausrichtung ebenso hasste wie dieser ihn, ernsthaft Sorge bereiten.

Viele teilten freilich seinen Pessimismus nicht. Noch Anfang des Jahres 1922 gingen die meisten Funktionäre der Arbeiterbewegung davon aus, dass die Zukunft Italiens „rot" (im Sinne der Parteifarbe von Sozialisten und Kommunisten) sei. Einzelne Wahlgänge schienen ihnen Recht zu geben, zumal die Faschisten die Herrschaft auf der Straße noch nicht in Wahlerfolge ummünzen konnten. Doch im Oktober 1922 schockierte König Viktor Emanuel III. das demokratische Italien, indem er Mussolini nach dem so genannten „Marsch auf Rom", den Mussolini selbst in Form einer Bahnfahrt Erster Klasse absolviert hatte, zum Premier ernannte.

Sofort begann eine brutale Verfolgung Andersdenkender, auch wenn vorerst der demokratische Schein gewahrt wurde. Zunächst versuchten die demokratischen Parteien, dem faschistischen Treiben Einhalt zu gebieten. Der Auszug der antifaschistischen Abgeordneten auf den aventinischen Hügel war ein verzweifelter Versuch, das

Steuer herumzureißen. Doch die Faschisten ließen sich davon nicht beeindrucken. Und als der sozialistische Abgeordnete Giacomo Matteotti von den Schlägergarden Mussolinis ermordet wurde, da wusste auch Pittoni, was ihm blühte, würden die Faschisten seiner habhaft werden. Er verließ Italien 1925 und ging nach Wien, wo er sieben Jahre lang als Abgeordneter gewirkt hatte. Sein alter Parlamentarierkollege Wilhelm Ellenbogen bezeichnete dies bei einer eigens organisierten Willkommensfeier als „Heimkehr".

IM EXIL

Und wieder, wie zu Beginn seiner politischen Karriere, setzte man auf Pittonis kaufmännisches Talent. Er wurde „Administrator" der „Arbeiter-Zeitung" und leitete somit einen Pressekonzern, den er binnen kurzer Zeit zu einem modernen Zeitungsbetrieb umgestaltete. In jenen Jahren wohnte Pittoni förmlich in der Rechten Wienzeile, wo die Gebäude der AZ untergebracht waren, und dank seiner unermüdlichen Arbeit erzielte der Konzern trotz politischem Druck und Wirtschaftskrise einen publizistischen Erfolg nach dem anderen.

Noch 1932 schrieben alle Blätter, die unter Pittonis Verantwortung standen - AZ, „Das kleine Blatt", „Die Unzufriedene", „Der Kuckuck" und das Fachblatt „Rundfunk für Alle" -, schwarze Zahlen, sodass Pittoni, wiewohl ein „Ausländer", in der Partei allseits hoch geachtet und geschätzt wurde. In seine Parteiämter wurde er stets unwidersprochen berufen.

Dabei blieb Pittoni ein unermüdlicher Mahner wider den Faschismus, dessen Auswüchse er aus eigener Erfahrung kannte. Vor allem nach 1926 wurde die Gefahr für die

Demokratie in Europa immer größer. Ein Staat nach dem anderen schaffte die Demokratie ab und setzte auf autoritäre Herrschaftsformen. Was es in Ungarn seit 1919 und in Italien seit 1922 gab, das setzte sich nach und nach auch in Polen, Jugoslawien, Rumänien, Bulgarien und in den baltischen Staaten durch. Die extreme Rechte verzeichnete auch in Österreich und Deutschland immer mehr Zulauf.

Im Mai 1932 war Pittoni 60 Jahre alt geworden, doch er dachte nicht an Rückzug. Unermüdlich - und seine angeschlagene Gesundheit konsequent missachtend - wirkte Pittoni weiter und engagierte sich verstärkt gegen Faschismus und Krieg. Dabei musste er freilich an der allgemeinen Entwicklung irre werden. Im Januar 1933 ergriffen die Nationalsozialisten in Deutschland die Macht, rund einen Monat später schaltete Kanzler Dollfuß in Wien das Parlament aus. Die Zukunft sah mehr als düster aus.

Pittoni ist an dieser Entwicklung wohl endgültig verzweifelt. Als er am 11. April 1933 starb, war er nicht einmal noch 61 Jahre alt. Die Nachrufe, die gleichwohl nur aus den Reihen der Sozialdemokratie kamen, würdigten die „moralische Sauberkeit" und sein außerordentliches Engagement für die Sache und hoben das besondere „Gefühl der Zusammengehörigkeit" hervor, das man mit ihm immer empfunden habe. 1960 setzte ihm seine Nichte Anita in ihren Memoiren ein literarisches Denkmal.

Pittonis Tod kam unerwartet, doch blieb es ihm dadurch erspart, die Schrecken der kommenden Jahre mitzuerleben. Acht Monate später war auch die österreichische Demokratie zerschlagen, weitere fünf Jahre später begann ein neuerlicher Weltenbrand, der sich als noch verheerender erwies als der erste. Pittoni war einer jener Pioniere, die vom Leben bestraft wurden, weil sie zu früh gekommen waren. Seine Zielvorstellungen aber, ein friedliches Miteinander aller Völker, sind heute noch aktuell, wenngleich immer noch nicht umgesetzt.

Ein Sozialist wird national

VACLAV KLOFAČ
(1868-1942)

Vaclav Klofač gilt als der Organisator des tschechoslowakischen Heeres. Ob der Partei, die er 1897 gründete und die vielfach mit „nationalsozialistisch" beschrieben wird, geriet der langjährige Reichsratsabgeordnete zu Unrecht in ein schiefes Licht.

ALS TSCHECHE IN EINER DEUTSCHSPRACHIGEN ENKLAVE

Klofač wird 1868 als Sohn eines Schneiders in Deutsch-Brod geboren, einer mehrheitlich deutschsprachigen Enklave in Westböhmen. Der Vater betreibt dort ein kleines Geschäft, das gerade genug abwirft, um den Filius aufs Gymnasium zu schicken. Klofač entwickelt früh eine Vorliebe fürs Schreiben und beginnt noch während seiner Gymnasialzeit, mit Beiträgen für diverse Zeitschriften einen Zusatzverdienst zu erwirtschaften, mit dem es ihm ab 1887 möglich ist, die Prager Karlsuniversität zu besuchen. Dort studiert er eine Weile Philosophie, bis seine finanziellen Ressourcen aufgebraucht sind und ihm eine weitere Bildungskarriere verwehrt bleibt.

Seine eigene soziale Notlage brachte Klofač früh dazu, über die gesellschaftlichen Verhältnisse in der Monarchie nachzudenken. Während seines Armeedienstes, den er in einer Prager Versorgungskompanie abdient, dabei den Dienstgrad eines Wachtmeisters erwerbend, verstärkt sich seine Skepsis gegenüber dem Staatsaufbau in Österreich, und Klofač beginnt, sich dem Sozialismus zuzuwenden. Allerdings hält Klofač nichts von „Klassenkampf“ oder „internationaler Revolution“. Für ihn ist der Sozialismus ein Mittel zur Verbesserung der Lage im eigenen Land.

1897 gründet Klofač mit einigen Gleichgesinnten eine eigene sozialistische Partei, die sich bewusst von der marxistisch orientierten Sozialdemokratie abhebt: die „Narodna Socialistička Strana“ (NSS), der im Jahr 1900 auch der spätere tschechische Präsident Edvard Beneš beitreten wird. Für die Partei erwirbt Klofač auch eine Druckerei, in der er ihr Zentralorgan „Česke Slovo“ („Tschechisches Wort“) produziert.

VOLKSSOZIALIST

Der Parteiname bedarf einer Erläuterung. „Narod“ bedeutet in den slawischen Sprachen zumeist „Volk“, im übertragenen Sinne aber auch „Nation“. Für Klofač ging es bei der Namensgebung seiner Partei darum, zwei zentrale Inhalte zu vermitteln: jenen des evolutionären Sozialismus und jenen der Volksherrschaft. Seine Partei sollte kein Zirkel elitärer Berufsrevolutionäre sein, sondern eine echte Volksbewegung, die den Bedürfnissen der tschechischen Nation Rechnung trug. Insofern agierte Klofač wohl populistisch, doch die Übersetzung des Parteinamens der NSS mit „Nationalsozialisten“ erscheint - zumal im historischen Kontext - unstatthaft, was auch an

Klofačs eigenen Artikeln in den 30er Jahren zu erkennen ist. In den Protokollen des Reichsrates scheint die Partei als „Tschechischnationale Sozialistische Partei“ auf, was dem Wortsinn ihres Namens wesentlich näher kommt als allfällige Überinterpretationen.

Klofačs Partei war also eindeutig links angesiedelt, als sich ihre Vertreter 1901 erstmals einer allgemeinen Wahl stellten. Zur allgemeinen Überraschung etablierten sich die Volkssozialisten als kleine, aber aktive Fraktion bereits bei ihrem ersten Antreten. Dabei war ihr Wahlerfolg gar nicht so unlogisch. Die NSS hatte ihre Hochburgen in West- und Nordböhmen, wo die Industrie noch nicht so weit entwickelt war wie in den anderen Landesteilen. Kleinbetriebe prägten die wirtschaftliche Landschaft, die kaum mehr als fünf Beschäftigte aufwiesen. Diese Werktätigen hatten nicht die Erfahrungen der Industriearbeiter in den großen Werkhallen. Ihre Sicht der Dinge war romantisch, eine Art „handwerklicher Sozialismus“, wie er mehr als ein halbes Jahrhundert zuvor in Deutschland und Frankreich von Persönlichkeiten wie Wilhelm Weitling oder Pierre Joseph Proudhon vertreten worden war.

Für diese Arbeiter war in aller Regel auch nicht der „Chef“, mit dem sie zumeist selbst an der Werkbank standen, die Feindfigur, sondern jene anonymen Großbetriebe, die die kleinen Werkstätten in den Ruin trieben. Ähnlich den Maschinenstürmern früherer Jahre sahen die Handwerksgesellen nicht im Kapitalismus an sich das Problem, sondern im Ausufern rein gewinnorientierter Marktwirtschaft ohne protektionistische Lenkung. In einem Gebiet wie Nordwestböhmen kam die Nationalitätenfrage noch hinzu: Die meisten Fabriksherren waren deutscher Zunge, sodass Klofačs Argumentation, die

Tschechen müssten vom deutschen Joch befreit werden, um sich auch des ökonomischen Würgegriffs entledigen zu können, bei vielen Wählern auf fruchtbaren Boden fiel.

Die Sozialdemokratie hatte in den halbindustriellen Wahlbezirken einen schweren Stand, da ihre Losung von der „Befreiung des Proletariats" für die Schuster, Tischer und Schneider schwer nachvollziehbar war. Klofačs Eintreten für den Schutz der Kleinbetriebe war da schon weit eher nach ihrem Geschmack. Der Wahlerfolg der NSS von 1901 war also nicht völlig unverständlich. Klofač, mittlerweile 33, wurde ihr erster Klubchef. Und wiewohl die NSS den „Sozialismus" im Namen führte, agierte sie von Anfang an an der Seite der Jungtschechen mit dem erklärten Ziel, der tschechischen Nation zu ihrem „alten Recht" zu verhelfen.

VON DER AUTONOMIE ZUR UNABHÄNGIGKEIT

Klofač wurde im Hohen Haus alsbald zu einem ausgewiesenen Autonomisten, der immer wieder das Wort ergriff, wenn es darum ging, die Benachteiligung der Slawen in der Habsburger-Monarchie anzuprangern. Regierungen wurden von ihm primär nach dem Gesichtspunkt eingeschätzt, inwieweit sie den Forderungen der Tschechen entgegenkamen. In der tschechischen Bevölkerung hatte die Partei einigen Zulauf - vor allem kleine Beamte, Intellektuelle und Freiberufler, die weder in den bürgerlichen Jungtschechen noch in den Sozialdemokraten eine für sie akzeptable Alternative sahen. Zwischen diesen drei Parteien entspannen sich denn auch die heftigsten Wahlkämpfe aus Anlass der ersten freien Wahlen anno 1907.

Klofač siegte in seinem Wahlkreis Pardubitz - heute primär wegen des als besonders brutal geltenden Steeplechase bekannt - in der Stichwahl gegen den Sozialdemokraten Karl Grund und durfte sich darüber freuen, dass seine Partei mit insgesamt neun Mandataren ins Hohe Haus einzog und so abermals einen Klub bilden konnte. Umso vehementer vertraten Klofač und die Seinen die tschechische Autonomie, dabei generell einen trialistische Gliederung der Monarchie einfordernd, in der die Slawen den Ungarn und den Deutschsprachigen gleichgestellt sein sollten.

Diese Losung war auch anlässlich der Bosnien-Krise anno 1908 für die NSS von zentraler Bedeutung. Als die Vorstöße der Tschechischnationalen wirkungslos verhallten, erklärte Klofač im November 1908, dass seine Partei nicht länger auf Seite der Regierung stehen könne.

MODERNE HUSSITEN

Bei der Suche nach historischen Vorbildern wurde Klofač bei Jan Hus fündig, der ein ihn umgebendes System auch rundweg abgelehnt hatte. Die aus den Hussiten hervorgegangenen Taboriten hatten erstmals eine soziale Komponente mit der nationalen Frage verknüpft. Sie waren also die geeigneten „Vorläufer" für Klofačs Partei, die die Geschichte des Jan Hus eifrig propagierte, um daran ihre eigenen Zielvorstellungen zu knüpfen. Klofač strebte nach einer einheitlichen tschechischen Front, in der Handwerker, Heimarbeiter, Bauern, Ladenbesitzer und kleine Beamte gemeinsam - ohne Ansehen ihrer „Klassenherkunft" - für die Befreiung der tschechischen Gebiete von fremdem Einfluss welcher Art auch immer eintreten sollten. „Selbstbestimmung" war die zentrale Losung der NSS. Und wenn Klofač auch nicht für die „Vergesellschaftung der Produktionsmittel" in marxistischem Sinne eintrat, so konnte er sich dennoch auch als

„antikapitalistisch" profilieren, da die Großindustrie vielfach in den Händen von Nichttschechen war, deren Enteignung er forderte: Alles Vermögen, das sich auf tschechischem Boden befand, sollte auch in tschechischen Besitz kommen. Insofern verkündete Klofač schon zehn Jahre vor dem Weltkrieg eine Art „Burgfrieden" mit den privilegierten Kreisen unter den Tschechen, vertrat er doch die Ansicht, zuerst müsse Tschechien von „deutschen Einfluss" befreit werden, ehe man sich den „innerfamiliären Problemen" zuwenden könne.

Diese Politik verfing besonders in Nord- und Westböhmen, wo der Einfluss aus dem Deutschen Reich besonders spürbar war. Mit einer doch eher aggressiv ausgerichteten Wahlwerbung gegen „die Deutschen" gelang es der NSS bei den Wahlen 1911, ihren Mandatsstand auf 16 Sitze zu erhöhen. Hatte sie 1907 insgesamt 71.773 Stimmen erzielt, waren es nun 101.214, womit die NSS ein gutes Viertel des Votums der Sozialdemokraten erzielte, die auf 366.244 Stimmen gekommen waren.

Das Ziel einer tschechischen Autonomie reichte Klofač bald nicht mehr. Vor allem im Gefolge der Neuordnung auf dem Balkan 1912/13, in deren Zuge neue Staaten wie Albanien entstanden, wurde Klofač zum Vertreter einer tschechischen Unabhängigkeit, die er bei Wähler- und Parteiversammlungen immer unverhohlener in den Raum stellte. Als im Sommer 1914 der Erste Weltkrieg ausbrach, war klar, dass diese militärische Auseinandersetzung so oder so die Entscheidung für das tschechische Volk bringen musste.

Die Radikalisierung der NSS war aber auch eine Folge der Tatsache, dass ihre Basis zu korrodieren begann. Waren um 1900 noch mehr als die Hälfte aller Arbeiter

Tschechiens in Betrieben mit weniger als 50 Beschäftigten tätig gewesen, so sank deren Anteil bis 1914 auf weniger als ein Drittel. Zudem drifteten die unterschiedlichen inhaltlichen Strömungen innerhalb der NSS immer mehr auseinander. Ein anarchistisch orientierter Flügel um den Gewerkschafter Bohuslav Vrbensky sollte sich nach dem Weltkrieg der KPČ Bohumir Šmerals anschließen, andere optierten für eine Wiedervereinigung mit den Sozialdemokraten, wiederum andere zogen einen Zusammenschluss mit den Jungtschechen vor.

Klofač schwankte lange zwischen den letzten beiden Optionen, wobei die Sozialdemokraten zugleich seine Hauptreibefläche blieben. Einerseits warf er ihnen Verrat nationaler Interessen vor, andererseits betonte er die prinzipielle Gemeinsamkeit in Sachen Sozialismus. Die Parlamentswahlen von 1911 zeigten, dass sich Sozialdemokraten und Volkssozialisten gegenseitig blockierten und dadurch einen noch höheren Sieg vergaben.

IM WELTKRIEG

Bereits kurz nach Ausbruch des Krieges begann Edvard Beneš, ein internes tschechisches Widerstandsnetz aufzubauen, das enge Kontakte zu Auslandstschechen wie Masaryk oder Stefanik pflegte. Klofač zählte neben Kramař zu den wichtigsten jener Aktivisten, die in Österreich geblieben waren. Doch während sich Beneš rechtzeitig nach Paris absetzen konnte, wurden Kramař und Klofač von den österreichischen Behörden verhaftet und des Hochverrats angeklagt.

Der Prozess zog sich bis November 1916 hin, als die beiden Abgeordneten - die klarerweise ihres Mandates verlustig erklärt wurden - bereits eineinhalb Jahre interniert waren. Das Ableben Kaiser Franz Josephs rettete Kramař das Leben und bewahrte Klofač vor einem nur unwesentlich milderen Urteil. Beide saßen noch bis Sommer 1917 in Haft, ehe sie von Kaiser Karl amnestiert wurden.

Zu dieser Zeit waren in der Sozialdemokratie die national orientierten Kräfte um František Soukup an die Macht gekommen, mit denen Klofač und seine NSS wesentlich besser konnten als mit Šmerals Internationalismus. Innerhalb des Nationalausschusses, der sich Ende 1917 in Prag formierte, hatte die Linke großes Gewicht.

Die tschechische Unabhängigkeitsbewegung arbeitete auf Hochtouren, um die internationale Anerkennung zu erlangen - was ihr spätestens durch Wilsons „14 Punkte" im Januar 1918 auch gelang. Nun waren alle Weichen für einen eigenen tschechoslowakischen Staat gestellt.

AN DER SPITZE DES HEERES

Ende Oktober 1918 gelang es Karel Kramař, die erste unabhängige Regierung des neuen tschechoslowakischen Staates zu bilden, Vaclav Klofač übernahm das Verteidigungsministerium, sein Parteifreund Beneš wurde Außenminister. Während Beneš mit Kramař zu den Friedensverhandlungen reiste, baute Klofač nach dem Modell der französischen Streitkräfte die erste tschechoslowakische Armee auf. Politisches „Nebenprodukt" dieser militärischen Kooperation war die Bildung einer „kleinen Entente" zwischen Frankreich, der Tschechoslowakei und anderen ostmitteleuropäischen Staaten.

Die erste Bewährungsprobe für die neue Armee war die Sicherung der Slowakei für den neuen Staat. Die Slowakei war jahrhundertelang Teil Ungarns gewesen, ihre Hauptstadt Pozsony (Pressburg/Bratislava) hatte als Krönungsstadt der ungarischen Könige fungiert. Ende November 1918 marschierte die tschechische Armee in der Slowakei ein und besetzte das Land bis zur Demarkationslinie südlich Košice (Kaschau) - Komarno (Komorn/Komarom) - Schüttinsel. In Pozsony leisteten die Ungarn bis zum 30. Dezember 1918 Widerstand, ehe tschechischer Nachschub sie dazu zwang, in den Morgenstunden des 1. Januar 1919 abzuziehen.

In Ungarn wurde die Preisgabe der Slowakei, die am 4. Februar 1919 besiegelt worden war, als nationale Schmach empfunden und die provisorische Regierung gestürzt. Nach kurzen inneren Wirren proklamierten die ungarischen Kommunisten um Bela Kun und György Lukács eine Räterepublik, die sich bis August 1919 halten sollte. Mit internationalistisch-revolutionärer Begeisterung trachteten die Ungarn, die unterdrückten Brüder im Norden zu befreien.

Die ungarische Gegenoffensive wurde zum Desaster für Klofačs Armee. Bis Mitte Mai hatten die Ungarn sämtliche tschechischen Stellungen in der Slowakei überrannt und in der Hohen Tatra die polnische Grenze erreicht. Die Ungarn proklamierten eine Slowakische Räterepublik mit der Hauptstadt Košice, den zersprengten tschechischen Armeeeinheiten blieb nichts anderes als die Kapitulation. Es bedurfte massiver alliierter Intervention - und endloser Überredungskunst von Beneš -, die Ungarn wieder hinter die Demarkationslinie zurückzuzwingen. Erst am 24. Juli 1919 befand sich das slowakische Territorium wieder in den Händen der ČSR, auch weil die Räterepublik ob des reaktionären Aufstandes in Ungarn selbst nun andere Sorgen hatte. Eine Woche später brach die Regierung Kun zusammen, und Konteradmiral Nikolaus Horthy von Nagybánya übernahm als „Reichsverweser“ die Regierung im „Königreich Ungarn“, um in der Folge gegen Demokraten genauso unerbittlich vorzugehen wie gegen die Habsburger, deren Versuche einer Restauration er mit Waffengewalt vereitelte.

Wiewohl Beneš international den höheren Bekanntheitsgrad hatte, ging die Partei dennoch mit dem durch das slowakische Desaster angeschlagenen Klofač als Spitzenkandidaten in die ersten Wahlen im Juni 1919. Das Ergebnis des Urnengangs bedeutete jedoch für die NSS eine herbe Enttäuschung, sie wurde mit lediglich 28 Mandaten nur viertstärkste Fraktion hinter der Bauernpartei (55), den Sozialdemokraten (54) und Kramařs Nationaldemokraten (46), hauchdünn vor der konservativ-klerikalen Volkspartei (25). Insgesamt umfasste das neue Parlament 250 Abgeordnete, von denen die Slowakei 42 stellte. Die NSS hatte somit nur rund 11 % aller Mandate errungen, was ihre hochgesteckten Ambitionen jäh beendete. Dem neuen Kabinett Tusar gehörte Klofač nicht mehr an, innerparteilich wurde er für die Wahlniederlage verantwortlich gemacht.

IM SENAT

Anfang 1920 wechselte Klofač in die neu geschaffene zweite Kammer des Parlaments, den Senat, wo er Fraktionsführer seiner Partei wurde. Gleichzeitig wählte ihn der Senat zu einem der Vizepräsidenten des Hauses, was er bis 1938 blieb. Der Senat hatte 150 Mitglieder und war in seinen Befugnissen dem Abgeordnetenhaus beinahe gleichgestellt. Er war vom Verfassungsausschuss des Abgeordnetenhauses am 10. Dezember 1919 beschlossen und im Plenum am 29. Februar 1920 bestätigt worden. Im Gegensatz zu Österreich sollten die Senatoren direkt vom Volk gewählt werden.

Unmittelbar nach diesen Beschlüssen brach die „rot-grüne" Koalition aus Sozialdemokraten, Volkssozialisten und „grünen" Agrariern unter Premier Tusar auseinander, und Präsident Masaryk schrieb für April 1920 Neuwahlen aus. Das neue Abgeordnetenhaus setzte sich aus 300 Mandataren zusammen. 74 davon durfte die Sozialdemokratie entsenden. Auf die Volkssozialisten entfielen nur 24 Sitze, ein Minus von vier Abgeordneten, obwohl die Gesamtzahl der Parlamentarier um 50 erhöht worden war. Vor diesem Hintergrund ist es überraschend, dass Klofač Parteichef bleiben konnte. Der Grund war wohl, dass die NSS das Patt zwischen Sozialdemokraten und Bürgerlichen dazu nutzen konnte, ihren Einfluss innerhalb des zweiten Kabinetts Tusar zu erhöhen. Zudem hatte die NSS bei den Wahlen zum Senat verhältnismäßig besser abgeschnitten, sodass Klofač dort eine bedeutende Rolle einnehmen konnte, die er auch entsprechend ausfüllte.

Die Einladung seines Stellvertreters Beneš', der 1921 das Amt des Premierministers übernahm, in diesem Kabinett abermals den Posten des Verteidigungsministers zu übernehmen, lehnte Klofač ab. Letztlich schien es auch ihn zu verbittern, dass sämtliche Vertreter der Gründergeneration - neben ihm eben Kramař, Rasin und Soukup - nach so kurzer Zeit beiseite gedrängt worden waren.

Dennoch blieb Klofač an der Spitze seiner Partei und trat auch 1925 als Spitzenkandidat bei den Wahlen auf, wiewohl er weiterhin Senator blieb. Der Stern der NSS war generell im Sinken und reduzierte sich mehr und mehr auf das persönliche Standing von Edvard Beneš, der sich 1926 bis 1929 selbst in die Opposition gedrängt sah.

Die Entwicklungen nach 1938 aber stellten für die politischen Kräfte in der Tschechoslowakei eine Herausforderung dar, der sie nicht gewachsen sein konnten. Beneš, der 1935 Masaryk als Staatspräsident gefolgt war, zog aus den Ergebnisses des Münchener Abkommens, durch das die ČSR die Sudetengebiete an Deutschland abtreten musste, die Konsequenzen und trat als Staatsoberhaupt zurück. Ihm folgte eine ganze Generation führender Politikern in die Pension, so auch Klofač, der sein Mandat als Senator zurücklegte. Allein der Umstand, dass Klofač bereits 70 Jahre alt war, verhinderte seine sofortige Verhaftung nach dem Einmarsch der Deutschen in Prag im März 1939.

Klofač war bereits 1938 als Obmann seiner Partei zurückgetreten, der er 41 Jahre lang vorgestanden war. Mit dem Untergang des tschechoslowakischen Staates verschwand auch die NSS von der politischen Bühne. Und im Gegensatz zu anderen Parteien mit einer klaren weltanschaulichen Ausrichtung, die sich nach dem Krieg neu formierten, blieb die NSS Geschichte, was wohl auch daran lag, dass Klofač 1942 in Prag gestorben war und Beneš nach dem Zweiten Weltkrieg politisch andere Wege ging. Der Versuch einer Wiederbelebung dieser politischen Kraft im Gefolge der „Samtenen Revolution“ von 1989 scheiterte am mangelnden Wählerinteresse, die neu formierte Partei konnte die Sperrklausel für den Einzug ins Parlament nicht überwinden.

Aus der Zelle in die Regierung

KAREL KRAMAŘ
(1860-1937)

Wenn auch ihre Namen heute weitgehend vergessen sind oder hinter jenem von Thomas Garrigue Masaryk verblassen, so war doch die Gründergeneration der Tschechoslowakei fast ausnahmslos im österreichischen Reichsrat politisch groß geworden. Darunter auch Karel Kramař, der 1918 der erste Regierungschef der unabhängigen ČSR werden sollte.

EIN SOHN AUS GUTEM HAUSE

Kramař wurde am 27. Dezember 1860 als Sohn eines Bauindustriellen aus Semily, etwa 110 Kilometer nordöstlich von Prag, geboren. Dementsprechend sorglos verlief seine Jugend. Er erhielt einerseits Privatunterricht und besuchte andererseits die besten Schulen seiner Zeit. 1880 begann er ein Wanderleben durch Europa, dabei Studien an den Universitäten Prag, Berlin und Paris nachgehend. Schon in jenen Jahren fühlte er sich - wenngleich er seine Studien noch mit der Promotion zum Dr. iur. abschloss - zur Kunst hingezogen und unternahm selbst einige Anläufe zum Schriftsteller, seine Werke würden allerdings aus heutiger Sicht betrachtet dem Urteil der Kritik wohl kaum standhalten. Doch derlei bremste Kramařs Enthusiasmus nicht, und er gründete die Zeitschrift „Čas" („Zeit"), um auch über ein entsprechendes Publikationsorgan zu verfügen. In der Tat wurde die „Čas" bald ein Sammelbecken für Schriftsteller und Journalisten, die sich der literarischen Strömung des Realismus verpflichtet fühlten, und Kramař machte sich erstmals einen Namen. Überdies engagierte sich Kramař auch für die Kollegen von der bildenden Kunst und unterhielt in Prag eine eigene „Moderne Galerie für Böhmen". Im Alter von 30 Jahren ließ der künstlerische Impetus nach, und Kramař beschloss, in die Politik zu gehen.

ALS JUNGTSCHECHE IM REICHSRAT

Bei den Reichsratswahlen des Jahres 1891 bewarb sich Kramař um das Mandat für den Bezirk Deutschbrod, wo er auf Anhieb siegreich blieb. Im Hohen Hause schloss er sich ohne zu zögern den Jungtschechen an, denen es unter der Führung ihres Nestors Julius Gregr um eine Autonomie für die tschechischsprachigen Gebiete der Monarchie ging. Nicht zu Unrecht argumentierten die Tschechisch-Nationalen seit 1867, sie wären beim „Ausgleich" zwischen Österreich und Ungarn übergangen worden. Das Habsburger-Reich setze sich, so argumentierten sie, aus drei Wurzeln zusammen, den österreichischen Stammlanden, dem Königreich Ungarn und dem Königreich Böhmen, das auf eine längere und bedeutendere Tradition zurückblicken könne als Österreich selbst. Sie verwiesen auf die Rolle, die die Könige von Böhmen im Mittelalter gespielt hätten, und wiesen darauf hin, dass 1278 alles hätte anders kommen können, wenn Ottokar II. gegen Rudolf von Habsburg siegreich geblieben wäre. Überdies seien die Länder der böhmischen Krone anno 1526 zu ungeteilter Hand an das Haus Habsburg gekommen, die so eine Königswürde erhalten hätten, die sie als Österreicher noch bis 1804 nicht besitzen sollten. So gesehen sei es nur recht und billig, die Monarchie „trialistisch“ zu gestalten und neben den Ungarn auch den Tschechen eine Sonderrolle zuzubilligen.

Unter dem irischstämmigen Langzeitpremier Eduard Graf Taaffe hatten die Alttschechen an der Regierung mitgewirkt, ohne die nationale Frage in den Vordergrund zu stellen. Diese Haltung hatte ihnen schon 1889 eine bemerkenswerte Niederlage gegen die weit kompromissloseren „Jungtschechen“ beschert, sodass sie nun von Taaffe Zugeständnisse forderten, um ihre eigene Position nicht noch weiter zu unterminieren. Taaffe erarbeitete mit den Vertretern der Deutschsprachigen in Böhmen unter Duldung der „Alttschechen“ eine Sprachenverordnung, die von den Tschechisch-Nationalen als veritable Niederlage gewertet wurde. Um ihre Umsetzung zu verhindern, setzten die Vertreter der „Jungtschechen“ auf Obstruktion. So sah sich Taaffe am 23. Januar 1891 gezwungen, den Reichsrat auflösen und Neuwahlen ausschreiben zu lassen.

Die Spaltung in der nationalen Frage ging mitten durch die Regierung. Während die Deutschnationalen um Baron Gautsch für einen zentralistischen Einheitsstaat eintraten, der keine Zugeständnisse an die slawischen Völker machen dürfe, hatte Finanzminister Julian Dunajewski verzweifelt einem Föderalismus das Wort geredet, durch den die nationalen Spannungen erfolgreich hätten abgebaut werden können. Doch Dunajewski setzte sich nicht durch und schied noch 1891 aus der Regierung aus. In Böhmen traten „Alt-“ gegen „Jungtschechen“ an, und die Wähler hatten nicht weniger als die Zukunft der Monarchie zu bestimmen.

Die Märzwahlen des Jahres 1891 bescherten den Alttschechen eine katastrophale Niederlage. In den ländlichen Bezirken retteten sie kein einziges Mandat, und nicht umsonst hieß es bei dem darob begeisterten Kramař: „Es ist wie nach einer Wiedergeburt, die neue Zeit dämmert bereits und vertreibt die alten Schatten." Oder, wie es seine Zeitung „Čas" beschrieb: „Die alttschechische Partei verschwand in Böhmen vom Schauplatz. Ihr Ende und ihr Fall ist aber nicht tragisch. Niemand bedauert und beweint sie."

In den Städten hielten sich die „Alttschechen" zwar ein wenig besser, doch in Summe konnten sie in Böhmen gerade zwei von 92 zu vergebenden Sitzen retten. Die Jungtschechen hingegen verbesserten sich von 14 auf nunmehr 36 Mandate und wurden zur tonangebenden Partei der Tschechen. Doch nicht nur für die „Alttschechen", auch für Premier Taaffe war die Wahl ein Fiasko. Er hatte im Parlament keine Mehrheit mehr und musste sich um einen Kompromiss mit den Liberalen bemühen, wollte er im Amt bleiben. Taaffe legte den Grundstein für die Charakterisierung der österreichischen Politik als einer des „Fortwurstelns", indem er sich seine Mehrheit „von Tag zu Tag" neu suchte. Immerhin sollte er damit bis Oktober 1893 Erfolg haben, ehe er über eine Vorlage stolperte, in der das Wahlrecht neu geregelt werden sollte.

Kramař hatte - wie auch Masaryk - bei den Märzwahlen den Einzug ins Hohe Haus geschafft. Und am 20. Mai 1891 kam es - wenn auch ungewollt - gleich zu ihrem ersten gemeinsamen Auftritt im Plenum. Deutschnationale Kreise verlangten die Aufhebung der parlamentarischen Immunität Kramařs, da dieser unerlaubterweise eine Veranstaltung abgehalten habe. Masaryk meldete sich in der Debatte zu Wort und wies darauf hin, dass diese keiner Genehmigung bedurft hätte, da sie im Wahlkampf (nämlich am 14. Februar 1891) stattgefunden hatte. Der Immunitätsausschuss des Abgeordnetenhauses schloss sich dieser Ansicht an und verweigerte die Zustimmung zur Auslieferung Kramařs. Der „Fall Kramař" sorgte im böhmischen Blätterwald für heftiges Rauschen und machte seinen Namen nun auch als Politiker weit über die Landesgrenzen hinaus bekannt. Die versuchte Benachteiligung der nationalorientierten Tschechen war gleichzeitig ein weiterer Mosaikstein in der sich verschärfenden Auseinandersetzung zwischen Tschechen und Deutschsprachigen.

Taaffes Nachfolger Kasimir Badeni suchte einen Ausweg aus dem „Sprachenstreit". Sein Versuch, das Tschechische neben dem Deutschen in Böhmen und Mähren gleichberechtigt zu verankern, rief im Reichsrat stürmische Tumulte hervor. Badeni musste zurücktreten, die Verordnung wurde zurückgezogen - und die „Jungtschechen" sahen sich erneut betrogen. Sie setzten einmal mehr auf Obstruktion - und führten den politischen Kampf auch außerhalb des Hauses fort. In Prag kam es zu derartigen Unruhen, dass über die Stadt der Ausnahmezustand verhängt wurde. Kramař rückte dabei allmählich ins Zentrum der politischen Auseinandersetzungen und nahm bereits ab 1901 eine führende Rolle im Klub der „Jungtschechen" ein, die bei den Neuwahlen einen weiteren großen Erfolg eingefahren hatten. Mit 75 Mandaten wurden die Jungtschechen am Beginn des neuen Jahrhunderts zur stärksten Fraktion des 425 Abgeordnete zählenden Hauses. Ohne sie schien nun endgültig kein Staat mehr zu machen, und Kramař, der zum Klubobmann seiner Fraktion avanciert war, wurde zum Ersten Vizepräsidenten des Abgeordnetenhauses gewählt.

Doch der Wahlerfolg ließ sich nicht so recht in einen politischen ummünzen. So sehr sich die Jungtschechen auch bemühten, ihre Initiativen für eine Aufwertung der Länder der böhmischen Krone blieben weiterhin fruchtlos. Immer öfter wurden daher Töne laut, man möge den Tschechen Autonomie gewähren, andernfalls man über eine völlige Unabhängigkeit nachdenken müsse. Kramař zählte in dieser Frage zu den Vordenkern seiner Partei, zumal er ob seiner familiären Situation - er war seit 1900 mit Nadja Chludow verheiratet, der Tochter eines russischen Großindustriellen aus Moskau - über besondere Kontakte zu anderen slawischen Nationen verfügte und immer mehr zu panslawistischen Politikkonzepten tendierte.

1907 trat das Abgeordnetenhaus in eine neue Phase. Erstmals hatte es ein allgemeines und gleiches Wahlrecht für Männer gegeben, und weltanschauliche Parteien wie die Sozialdemokraten und die Christlichsozialen rückten in den Vordergrund. Auch in den tschechischsprachigen Wahlkreisen kam es zu massiven Veränderungen. Kramař - immerhin der Klubobmann der „Jungtschechen“ - konnte sein Mandat in Deutschbrod gerade noch mit einem Vorsprung von 307 Stimmen gegenüber seinem sozialdemokratischen Gegenkandidaten behaupten, die „Jungtschechen“ erlebten erstmals einen politischen Rückschlag. Die tschechischsprachigen Abgeordneten waren nun in nicht weniger als sieben Fraktionen zersplittert: neben „Alt-“ und „Jungtschechen“ gab es auch die „Tschechischen Agrarier“, die „Tschechisch Klerikalen“, die „Tschechische Sozialdemokratie“, die „Tschechischen Volkssozialisten“ und die „Tschechischen Realisten“ von Thomas Masaryk. Für die Ziele von Karel Kramař war dies von Nachteil, da bei weitem nicht alle Mandatare in einer Aufwertung der böhmischen

Länder ihr politisches Ziel sahen. Neben die nationale trat nun die soziale Frage, die ihr an Sprengkraft für die Monarchie in nichts nachstand. Kramař blieb gleichwohl einer der Vizepräsidenten des Abgeordnetenhauses.

Neue Dynamik kam in die politische Entwicklung, als Österreich Bosnien-Herzegowina annektierte. Die Südslawen meinten nun erst recht Anspruch auf einen konstitutiven Teil der Monarchie zu haben. Die Debatten im Parlament waren dementsprechend verwirrend. Wenn Korošec, Krek und Grafenauer von einem „Trialismus" sprachen, dann meinten sie einen gänzlich anderen, als wenn Masaryk, Kramař und Soukup diesen Begriff im Munde führten. Dementsprechend schwer fiel den beiden Gruppen lange Zeit die Verständigung untereinander. Mehr noch, immer wieder gelang es der deutschsprachigen Mehrheit, die Slawen gegeneinander auszuspielen, wie sich schon bei der Wahl zum Präsidium des Abgeordnetenhauses 1907 gezeigt hatte.

AUF DEM WEG IN DEN KRIEG

Dennoch fand sich auch noch zum Zeitpunkt der Reichsratswahlen von 1911 kaum ein Politiker in der Monarchie, der offen für eine Loslösung einzelner Landesteile von Wien eingetreten wäre. Doch in den Jahren 1912 und 1913 verschärfte sich der Ton merklich. Am 20. Mai 1913 erhob Korošec mahnend seine Stimme: „Es ist die 12. Stunde, dass unsere Monarchie föderalistisch umgebaut werde." Kramař unterstrich diesen Gedanken sogleich und forderte eine „slawenfreundlichere österreichische Politik auf föderalistischer Grundlage". Und Franz Soukup warnte, dass, würden die Massen erst am Parlament verzweifeln, die Entwicklung unumkehrbar werden könnte.

Immer weniger sah Kramař die Zukunft der Tschechen in der Monarchie. Vielmehr knüpfte er an alte Vorstellungen des Panslawismus an, wie sie 1848 Palacky oder Bakunin vertreten hatten. Ihm war klar geworden, dass sich die Tschechen gegen die vereinigten Österreicher und Ungarn nicht durchsetzen würden. Doch außerhalb der Grenzen der Monarchie gab es nicht nur die Polen, die Serben und die Bulgaren, es gab vor allem auch die Russen. Gemeinsam waren die Slawen in der erdrückenden Überzahl, und sollte Österreich auch weiterhin nicht willens sein, den Tschechen ihr angestammtes Recht einzuräumen, dann müssten die Tschechen eben neue Wege beschreiten.

Die Ermordung des österreichischen Thronfolgers in Sarajevo schuf eine gänzlich neue Situation. Eine Vielzahl regierungskritischer Mandatare - Nationalisten ebenso wie Sozialdemokraten - entschloss sich zu einer Art „Burgfrieden", da in der Stunde der „nationalen Not" alle gemeinsam an einem Strang ziehen müssten. Kramař blieb kühl. In der „Narodny Listy" („Volksblatt") schrieb er am 4. August 1914: „Es ist der historische Augenblick angebrochen, den so viele gefürchtet und auch so viele erwartet haben." Das Grauen, das nun bevorstehe, habe man sich bisher noch nicht vorstellen können, und sicher sei nur eines: „Nach dem Ende des furchtbaren Krieges werden wir die Landkarte Europas nicht mehr wieder erkennen." Wenn Kramař weiters schrieb, die Nation müsse zusammenhalten, „fest und männlich, ohne Furcht und Angst der Zukunft entgegensehen", dann enthielt dies eine Doppeldeutigkeit, die den Deutschsprachigen in Österreich nicht entging, zumal, wenn Kramař resümierte: „Dann kann man auf ein glückliches Ende hoffen, und, noch mehr, auf eine moralische Reinigung, einen Neuanfang."

Im April 1915 - mittlerweile hatte die Monarchie in Galizien wie auf dem Balkan schwere Niederlagen erlitten - meinte Kramař, der Krieg werde die Menschen nachhaltig verändern, es werde nichts so bleiben, wie es vor dem Krieg gewesen sei. Immer mehr ortete er im Krieg einen grundsätzlichen Konflikt zwischen Slawentum und Germanismus, oder, wie es in einem Spottlied jener Jahre hieß: „Wir ziehen gegen die Russen, und wir wissen nicht warum."

ZUM TODE VERURTEILT

Die Behörden der Habsburger-Monarchie reagierten ob der ausbleibenden Erfolge im Felde immer gereizter auf Kritik und schreckten mittlerweile auch vor der Verhaftung von gewählten - und daher immunen - Abgeordneten nicht mehr zurück. Im Mai 1915 holten sie zum großen Schlag gegen die tschechischen Patrioten aus und verhafteten alle Wortführer der Tschechen, derer sie habhaft werden konnten, darunter auch Kramař, gegen den ein Hochverratsprozess angestrengt wurde. Deutschnationale Kreise sahen in ihm gar den „wahren Anstifter des Weltkrieges", wobei seiner russischen Frau eine besondere Rolle zugedacht wurde. Durch sie habe Kramař, so hieß es in den Vorwürfen, den Kontakt zum russischen Hof gefunden, um dort die Interessen Österreichs an den Zaren zu verraten. Auch über seine Presseorgane habe er dem Feind verschlüsselte Nachrichten zukommen lassen, Kramař sei mithin längst kein Politiker mehr gewesen, sondern vielmehr ein Spion der Entente. Überdies habe er, kaum verklausuliert, die tschechischen Soldaten aufgefordert, nicht auf slawische Brüder zu schießen, was eine offene Parteinahme für den Feind bedeutet habe.

Der Prozess gegen „Dr. Kramař und Gefährten" begann am 21. Mai 1915. Bezeichnenderweise vor einem Armeegericht, da sich die deutschnationalen Kreise keineswegs sicher sein konnten, dass ein ordentliches Zivilgericht Kramař schuldig gesprochen hätte. Und um die dünne Aktenlage gegen Kramař effektvoll zu kaschieren, ließen seine Gegner zahlreiche prominente Würdenträger als „Zeugen" gegen den Angeklagten vor dem Landwehrdivisionsgericht auftreten. Minister, Verwaltungsspitzen und Militärs defilierten vor dem Armeegericht vorbei und berichteten von ihren „Wahrnehmungen" in der Sache Kramař. Für das Gericht wurde dadurch eine „lückenlose Beweiskette" vorgelegt, seien doch, wie es im Protokoll heißt, die Zeugenaussagen „hochbedeutsam" gewesen und durch „andere belastetende Tatsachen" gestützt worden.

Am 20. November 1916, also nach eineinhalb Jahren, die Kramař im Gefängnis zugebracht hatte, bestätigte der Oberste Landwehrgerichtshof das Todesurteil gegen ihn, das das Feldgericht ausgesprochen hatte. Und es spricht viel dafür, dass die österreichische Militärmaschinerie nicht gezögert hätte, dieses Urteil auch zu vollstrecken, war doch auch schon der Abgeordnete Battisti trotz seiner parlamentarischen Immunität hingerichtet worden und der Ukrainer Dimitrij Markow nach seiner Verurteilung dem Galgen nur knapp, durch kaiserliche Begnadigung, entgangen. Doch nur einen Tag nach der Urteilsverkündung, am 21. November 1916, starb Kaiser Franz Joseph nach beinahe 68 Regierungsjahren. Der neue Monarch, Karl I., wollte seine Herrschaft nicht gleich mit der Exekution eines Abgeordneten beginnen und bestätigte das Urteil vorerst nicht.

Gegen Ende des Jahres 1916 war in Europa einiges in Bewegung gekommen. Die Ermordung des österreichischen Ministerpräsidenten Stürgkh schien ein erstes Alarmzeichen gewesen zu sein, die allgemeine Unzufriedenheit nahm für die Regierenden besorgniserregende Ausmaße an. Wenige Tage später wurde Grigori Rasputin in Petrograd ermordet, soziale Unruhen standen unmittelbar bevor. In einer solchen Situation schien es nicht geraten, einen Politiker wie Kramař zu exekutieren. Wie viele andere Dissidenten, so die Abgeordneten Alois Rasin und Franz Grafenauer, wurde Kramař in Möllersdorf eingekerkert, wo er unter schärfsten Haftbedingungen leben musste. In seiner Zelle brannte Tag und Nacht das Licht, sodass an Schlaf kaum zu denken war. Die Nahrungsrationen spotteten jeder Beschreibung, wobei man Kramař scheinheilig das Recht einräumte, sich auf eigene Regie bessere Kost zu besorgen, wodurch man ihn, hätte er von diesem Privileg Gebrauch gemacht, bei den anderen Gefangenen zu desavoieren gedachte.

Das Einlenken der Monarchie kam zu spät. Als Kramař im Sommer 1917 amnestiert wurde, sah er keine Veranlassung mehr, seine politische Position zu überdenken. Nach einer Erholungspause ging er daran, eine einheitliche Unabhängigkeitspartei ins Leben zu rufen, die auf die Errichtung eines eigenen tschechischen Staates abzielte. Im Februar 1918, als selbst in Österreich bereits massive Streikwellen und Hungerrevolten das Habsburger-Regime nachhaltig erschütterten, hob Kramař die „Staatsrechtlich-demokratische Partei" (SPDS) aus der Taufe, die in engem Kontakt zu den Exiltschechen um Masaryk und Beneš stand. Den nächsten Schritt taten die Anhänger einer tschechischen Unabhängigkeit im Juli 1918, als sie einen „Narodni Vybor" („Nationalausschuss") bildeten, in dem alle tschechischen Parteien gemäß ihrer Stärke bei den Reichsratswahlen 1911 vertreten waren. Dieser „Vybor" wählte Kramař zu seinem Vorsitzenden, der damit de facto Chef einer noch nicht anerkannten Gegenregierung geworden war.

AN DER WIEGE DES NEUEN STAATES

Die Alliierten neigten längst schon dazu, die Donaumonarchie zu zerschlagen. Der amerikanische Präsident Wilson hatte im Januar 1918 verlauten lassen, man werde das Recht der kleinen Nationen zu achten wissen, weshalb sich nicht nur die Tschechen große Hoffnungen auf einen eigenen Staat machen durften. Militärisch waren die Mittelmächte im Sommer 1918 am Ende. Allein die deutsche Armee war noch in der Lage, der Entente Paroli zu bieten, doch der Zusammenbruch der österreichischen, rumänischen und türkischen Armeen zeichnete sich bereits mehr als deutlich ab. Überall gärte es, selbst in Deutschland häuften sich Streiks und Proteste. Die letzten Versuche der Mittelmächte, einen Sieg im Feld herbeizuführen, blieben nicht nur ergebnislos stecken, sie kosteten neuerlich zehntausende Soldaten das Leben, was die angespannte Situation dramatisch verschärfte. Vor allem aus der österreichischen Armee desertierten Tausende, die sich als „grüne Kader" versteckten.
Versuche des Kaisers, einzulenken und auf die Bedürfnisse der Bevölkerung wenigstens ansatzweise einzugehen, kamen zu spät. In Ljubljana, Zagreb und Prag plante man bereits konkret den Aufbau einer eigenen Verwaltung.

Am 28. Oktober schlug dem Habsburger-Reich die Stunde. In Ljubljana konstituierte sich ein „Narodni Svet" als provisorisches Parlament eines „Staates der Slowenen, Kroaten und Serben", und in Prag proklamierten die tschechischen Vertreter den „Tschechoslowakischen Staat“. Karel Kramař wurde zum ersten Premierminister des neuen Staates, seiner 14-köpfigen Regierung gehörten 9 Tschechen an, darunter die ehemaligen Reichsratsabgeordneten Franz Soukup, Alois Rasin und Vaclav Klofač.

Zwei Wochen später hatte Kramař am Prager Hradschin seinen großen historischen Auftritt. Er erklärte das Haus Habsburg für abgesetzt und proklamierte die Republik. Das neue Staatswesen firmierte unter dem Kürzel „ČSR“, unter dem es bis 1939 und nochmals in den Jahren 1945 bis 1948 bekannt sein sollte.

Kramař war in jenen beiden Wochen der unumstrittene Held der tschechischen Politik. Es schien daher nur folgerichtig, dass er als Regierungschef die Wahl eines Staatspräsidenten leitete. Für dieses Amt war Kramařs langjähriger Weggefährte Thomas Masaryk vorgeschlagen worden, der erst kurz zuvor aus dem Exil zurückgekehrt war. Was Kramař an jenem Tag freilich nicht ahnte, war, dass er dadurch einem Politiker auf den Thron verhalf, der den Namen Kramař alsbald nicht nur verblassen, sondern nachgerade vergessen lassen sollte.

Kramař reiste zu Friedensverhandlungen nach Genf, und als im Januar 1919 die Verhandlungen in Paris begannen, stand es außer Frage, dass Kramař mit seinem Außenminister Beneš die tschechoslowakische Delegation leitete. Konkret stellten die Tschechen, die zu den Siegernationen des Ersten Weltkriegs gezählt wurden, Gebietsansprüche nicht nur bezüglich des Sudetenlandes, sondern auch gegenüber Polen und Ungarn. Die Erwartungen wurden im April 1919 bei weitem übertroffen: Nicht nur, dass der ČSR das gesamte Sudetenland zugeschlagen wurde, sie erhielt auch noch die Karpato-Ukraine, worauf nicht einmal die Optimisten unter den Tschechen zu hoffen gewagt hatten.

Kramař musste davon ausgehen, dass er aus den ersten Wahlen zu einem tschechoslowakischen Parlament, die für Juni 1919 angesetzt waren, als großer Sieger hervorgehen würde. Er war nicht nur der amtierende Premier, er hatte auch einen politischen Erfolg errungen, den niemand hatte erwarten können. Dementsprechend selbstbewusst ging er mit seinen Nationaldemokraten in den Urnengang.

Doch als die letzte Stimme ausgezählt war, stand Kramařs Karriere vor dem Ende. Gegen jede Erwartung war die ND mit 46 Mandaten nur drittstärkste Kraft geworden, geschlagen von den Sozialisten und der Bauernpartei, die auf 55 bzw. 54 Sitze kamen. Es hatte sich gerächt, dass Kramař praktisch während des gesamten Wahlkampfes außer Landes gewesen war. Nun zeigte sich, dass Kramař zu Unrecht angenommen hatte, dass er - und nur er - für das Amt des Regierungschefs in Frage kam. Die anderen Parteien waren nicht willens, ihm seinen Posten zu lassen, und so musste Kramař am 7. Juli 1919 nach knapp neun Monaten im Amt als Premierminister zurücktreten. Er ging mit seiner Partei in Opposition.

DAS KARGE BROT DER OPPOSITION

Zu diesem Zeitpunkt ging Kramař noch davon aus, dass er bald mit Glanz und Glorie zurückkehren werde, dass die Wähler nur allzu schnell erkennen würden, dass sie einen Fehler gemacht hätten. Kramař setzte im Parlament auf Fundamentalopposition und kritisierte seinen Nachfolger Tusar genauso unerbittlich, wie er es in Wien mit den kaiserlichen Ministerpräsidenten getan hatte.

Tatsächlich hielt die Koalition in Prag nicht lange. Sie zerfiel bereits im März 1920, sodass für den 18. April Neuwahlen angesetzt wurden. Diesmal warf sich Kramař trotz seiner 60 Jahre voll in die Wahlschlacht und kämpfte mit wilder Entschlossenheit darum, wieder die Spitze der Regierung zu erklimmen.

Doch die Zeit war über Politiker wie Kramař hinweggeschritten. Mitte 1920 zweifelte niemand mehr das Existenzrecht der ČSR an, für eine Partei, die allein die Unabhängigkeit der Nation auf ihre Fahnen geheftet hatte, schien kaum mehr Platz in der politischen Landschaft. Vertraten Sozialisten und Kommunisten die Interessen der Arbeiterschaft, die Bauernpartei jene der Landwirtschaft und die Volkspartei die Begehrlichkeiten der Wirtschaft, so gab es für die Ideen der Nationaldemokraten keine eigene Klientel mehr. Folgerichtig erhielt die ND gerade noch 22 Mandate und fiel auf die hinteren Plätze im Parlament zurück. Kramař, der sich eben noch als alter und neuer Premier gesehen hatte, war endgültig aus dem politischen Spiel ausgeschieden, seine Partei war kein Faktor mehr.

Gleichwohl waren die Regierungen in Prag auch weiterhin nicht durch besondere Stabilität gekennzeichnet. Immer wieder änderte sich die Zusammensetzung der Kabinette, und selbst die ND erhielt in dieser Hinsicht ab und zu das Angebot, in eine Regierung einzutreten. Derlei Überlegungen - vor allem während der Regierungskrisen 1921 und 1923 - scheiterten aber stets an der starren Haltung Kramařs, für den es denkunmöglich schien, ein anderes Amt als jenes des Premierministers zu übernehmen. Bestärkt wurde er in dieser Sicht durch eine kleine, dafür aber umso fanatischere Anhängerschar, die in ihm den „wahren Führer der tschechischen Nation“ sahen, dessen „Martyrium“ während des Ersten Weltkriegs ihm die moralische Legitimation gebe, an der Spitze des Staates zu stehen. Da ihm eine solche Position verweigert wurde, verzweifelte Kramař allmählich an dem von ihm mitgeschaffenen Staat, und seine Partei driftete immer schneller nach rechts, zumal sie in demokratischen Prozessen zusehends an Einfluss verlor. Bei den Neuwahlen am 16. November 1925 erhielt die ND gerade noch 13 Sitze, wodurch sie endgültig auf den Status einer Splitterpartei herabgesunken war. Umso empfänglicher wurde Kramař, den nun auch noch Altersleiden zu quälen begannen, für faschistische Einflüsterungen.

IM REICH DER SCHATTEN

Kramařs Reputation erhielt einen weiteren Dämpfer, als im Rahmen eines Putschversuchs durch den ultrarechten, mit Ideen des Faschismus offen liebäugelnden General Gajda im Juli 1926 auch Kramařs Name als möglicher neuer Regierungschef genannt wurde. Dass sich Kramař nicht umgehend und apodiktisch distanzierte, trug ihm selbst aus dem eigenen Lager geharnischte Kritik ein und beendete de facto seine politische Karriere. Seine Bemühungen, den ehemaligen Freund Masaryk, der ihm längst zum Feind geworden war, im Amte des Staatspräsidenten anlässlich der Neuwahl im Mai 1927 abzulösen, versandeten kläglich. Kramař war achteinhalb Jahre nach der Proklamierung der Republik nur noch eine ephemere Gestalt ohne jeden Einfluss und Rückhalt.

Umso radikaler und bedingungsloser bekämpfte Kramař den von ihm selbst geschaffenen Staat. Die Wahlkämpfe der ND wurden immer aggressiver, Kramař immer unkontrollierter, und dennoch konnte seine Partei den Niedergang in die Bedeutungslosigkeit nicht verhindern. 1935 vereinigte sie sich mit zwei offen faschistischen Gruppierungen, der „Nationalen Liga“ und der „Nationalen Front“ zur „Nationalen Einigung“, zu deren Führer Kramař gekürt wurde. Für dieses rechtsrechte Konglomerat bewarb sich der schwer kranke 75-jährige Kramař im Dezember 1935 nochmals um die Präsidentschaft, hoffte er doch nach dem Rücktritt seines großen Gegenspielers Masaryk auf eine Art später Genugtuung. Doch es war sein ehemaliger Außenminister Beneš, der Masaryk beerben sollte, während Kramař schon im Vorfeld der Wahlen auf der Strecke blieb.

Nunmehr war Kramař endgültig geschlagen. Wiewohl er nominell Vorsitzender der „NE“ blieb, zog er sich auf sein Landgut zurück, wo er am 26. Mai 1937 starb. Wenngleich ihm auch seine Gegner Respekt zollten, folgte seinem Sarg nur die Rechte, die auch eine eigene Kramař-Gesellschaft gründete, die allerdings mit dem Staat, den Kramař aus der Taufe gehoben hatte, unterging.

Vom Wiener Parlament in den Prager Hradschin

THOMAS GARRIGUE MASARYK
(1850-1937)

Unter all jenen Staatsmännern, die ihre ersten politischen Gehversuche im Haus am Ring machten, ragt wohl kein Name so sehr heraus wie jener von Thomas Garrigue Masaryk, der schon 1891 in den Reichsrat einzog, zum ersten Präsidenten der Tschechoslowakei wurde und 1937 hochbetagt und vielgeehrt starb.

IM SCHATTEN DER REVOLUTION

Als Thomas Garrigue Masaryk am 7. März 1850 in dem mährischen Provinzstädtchen Hodonin zur Welt kommt, befindet sich die Donaumonarchie in einer Konsolidierungsphase. Eben erst ist die Revolution von 1848/49 endgültig niedergeschlagen worden, hat der Kaiser die Situation wieder im Griff. Doch allerorten träumen die Revolutionäre von einer gerechteren Staatsform als jener, die die Habsburger ihren Untertanen bieten. Allein die Befreiung von der Leibeigenschaft, 1848 durch revolutionäre Politiker wie Hans Kudlich durchgesetzt, hat auch 1850 im Zeitalter des Neoabsolutismus von Franz Joseph noch Bestand. Masaryks Vater, ein kaiserlicher Kutscher, verharrt auch nach seiner Freisprechung in striktem Untertanenverhältnis zur Obrigkeit.

1861 wird Masaryk der Besuch der Realschule erlaubt. Da die Familie zu arm war, eine solche Ausbildung zu finanzieren, musste sie sich an die Obrigkeit wenden, die Masaryk mit einem Stipendium ausstattete. 1863, nach Abschluss der zweijährigen Schulzeit, sollte Masaryk das Schmiedehandwerk erlernen, doch einer seiner Lehrer, der das Talent des jungen Mannes erkannt hatte, verhalf ihm zu einer Stelle als Lehrerpraktikant, und 1865 konnte er durch finanzielle Unterstützung eines katholischen Priesters auf das Gymnasium in Brünn wechseln. Dort fiel er abermals durch seine Leistungen auf und war bald ein begehrter Hauslehrer in den besseren Kreisen der mährischen Hauptstadt.

1869 folgte Masaryk einem seiner Nachhilfeschüler, dessen Vater nach Wien berufen worden war, in die Reichshaupt- und Residenzstadt, wo er wenig später am Akademischen Gymnasium seine Matura ablegte. Er begann, an der Wiener Universität klassisches Griechisch und Latein zu studieren, und konnte es sich leisten, am Petersplatz in bester Lage Wohnung zu nehmen, wovon noch heute eine Gedenktafel direkt gegenüber dem Eingang zur Peterskirche zeugt. Dabei war Masaryk freilich alles andere als ein Streber, er verwendete viel Zeit auf gute Literatur und befasste sich mit Goethe und Schiller ebenso wie mit Balzac, Hugo und Zola, mit Shakespeare, Byron, den Bronte-Schwestern und mit Puschkin, Gogol und Lermontow. Um diese Werke auch im Original lesen zu können, erlernte Masaryk mit der Zeit neben seiner Muttersprache und dem Deutschen auch noch Französisch, Englisch, Russisch und Italienisch. Ab 1872 konzentrierte Masaryk seine Studien auf die Philosophie und promovierte 1876 mit einer Dissertation über Platon.

1877 ging Masaryk für ein Jahr nach Leipzig, um sich an der Universität mit protestantischer Theologie zu befassen. Dort lernte er die Amerikanerin Charlotte Garrigue kennen, die er ein Jahr später ehelichte. Als Zeichen seines Respekts ihrer Persönlichkeit gegenüber übernahm er ihren Nachnamen als zweiten Vornamen. Garrigue war eine überaus unorthodoxe Person, die nicht nur Mitglied der Sozialdemokratischen Partei wurde, sondern auch bald eine Galionsfigur der Frauenbewegung. 45 Jahre lang blieben die beiden ein Paar, bis sie 1923 im Alter von 73 Jahren starb.

Zurück in Wien habilitierte sich Masaryk 1879 mit einer Arbeit über den „Selbstmord als soziale Massenerscheinung" - eine der ersten Auseinandersetzungen mit dem Suizid überhaupt - und hielt ab 1880 Vorlesungen an der Wiener Universität. Doch das Verdienst aus dieser Tätigkeit war gering, sodass Masaryk gezwungen war, auch weiterhin Privatunterricht zu erteilen. In jenen Jahren vollzog Masaryk überdies einen Schritt, der sich schon vor Leipzig abzuzeichnen begonnen hatte: Er konvertierte zur protestantischen Religion. Nach einigen Jahren der Entbehrungen zeigte sich wieder ein Lichtschein: Er wurde im Herbst 1882 als a.o. Professor für klassische Philosophie an die Prager Universität berufen.

Masaryk erweiterte bald seine Vorlesungstätigkeit, setzte sich mit Hume, Pascal und Kant auseinander und machte sich in der Prager Gesellschaft bald einen Namen als Gelehrter. Er war auf dem besten Wege, Everybody's Darling zu werden, als er auf Grund eines in der Zeitschrift „Athenaeum" veröffentlichten Artikels im Jahre 1886 von tschechisch-nationaler Seite über Nacht zum „Verräter" gestempelt wurde. In diesem Artikel entlarvte er die so genannten Königinhofer und Grünberger Handschriften, die 1817 resp. 1818 aufgetaucht waren und als frühtschechische Dokumente gegolten hatten - selbst Goethe hatte an ihre Echtheit geglaubt -, als

Falsifikate aus dem frühen 19. Jahrhundert. Für die tschechischen Nationalisten hatten diese „Dokumente" den gleichen Stellenwert wie für die Schotten die „Gesänge Ossians" (die in Wirklichkeit aus der Feder von Macpherson stammten und ebenfalls eine Fälschung waren). Umso größer war die Empörung, dass ausgerechnet einer der ihren diesen geschichtlichen Schatz zerstört hatte. Masaryk hielt seinen Widersachern entgegen, dass „die Emanzipation einer Nation und ihr Nationalbewusstsein nicht auf einer Lüge basieren dürfen". Mit dieser Argumentation gewann er allmählich Befürworter. Dennoch vergaßen ihm viele die Aktion nicht, und so erhielt er erst im Jahre 1897 eine ordentliche Professur, die er bis Sommer 1914 innehatte.

VON DER WISSENSCHAFT ZUR POLITIK

Für Masaryk war die ganze Affäre Anlass, sich aktiv mit Politik zu befassen. 1889 gründete er mit einigen Gleichgesinnten einen „Club der Realisten", deren regelmäßiges Organ die Zeitschrift „Čas" wurde, die ein führender Vertreter der Jungtschechen, Karel Kramař, leitete. Dieser ermunterte Masaryk, sich bei den Reichsratswahlen 1891 um ein Mandat für die „Jungtschechen" zu bewerben. Er kandidierte in Prag und wurde prompt gewählt, wie die Wahlen des Jahres 1891 generell zu einem Triumph der „Jungtschechen" wurden. Bereits kurze Zeit nach seiner Kür konnte Masaryk seine Jungfernrede halten, als er seinen Fraktionskollegen Kramař erfolgreich gegen deutschnationale Insinuationen verteidigte. Nicht minder engagiert brachte er sich bei den Verhandlungen über das Budget 1892 ein, wo er sich in seiner Rede am 30. Juni 1891 vor allem mit Schulfragen auseinander setzte, die ähnlich dem Sprachenstreit die Gemüter von Tschechen und Deutschsprachigen erhitzten. Seine Rede rief reges Medienecho hervor. So schrieb die „Plzenske Listy" („Pilsener Zeitung"): „Seine über zwei Stunden dauernde Rede lockte ungewöhnlich viele Hörer an und weckte lebhafte Teilnahme auch jener Parteien, welche der tschechischen Delegation nicht sonderlich freundschaftlich gegenüberstehen. Sehr witzig und dabei gründlich führte Masaryk die Abhandlung über die Fehler der Volks- und Mittelschulen, wobei er mit seinen humoristischen Bemerkungen oft die Zuhörer zum stürmischen Gelächter und Beifall veranlasste. Seine Ausführungen erfreuten sich einer nicht geringen Beachtung."

Doch so sehr Masaryk Kritik an den herrschenden Praktiken in Österreich zu üben wusste, innerhalb seiner jungtschechischen Fraktion galt er als mäßigendes Element - sehr zum Leidwesen der „Falken" um Jan Vasaty, die schon 1891 stürmisch eine Annäherung an Russland suchten. Erst am 24. Juni 1891 - also keine Woche vor Masaryks Rede zum Budget - hatte Vasaty im Plenum ein glühendes Bekenntnis zu einer panslawistischen Zukunft abgelegt, sodass sich sogar eigene Fraktionskollegen von ihm distanzierten. Vasaty verkündete eine tschechische Irredenta, die in Böhmen und Mähren auf begeisterte Zustimmung der Öffentlichkeit wie der Presse stieß. Es zeigte sich, wie aktuell Palacky Ausführungen aus dem Jahre 1848 auch 43 Jahre später noch waren. Masaryk zählte zu jenen, denen Vasaty entschieden zu weit ging.

Im Klub der „Jungtschechen" gab es erstmals einen Riss. Auf der einen Seite standen die Radikalen um Julius Gregr, Jan Vasaty und Karel Kramař, auf der anderen Seite standen Masaryk und der Veteran der 48er-Revolution, Alois Trojan. Vasaty setzte sich in diesem Konflikt inhaltlich durch, Trojan und Masaryk - dessen Freundschaft mit Kramař in dieser Auseinandersetzung erste Schrammen erhielt - wurden gerügt. Masaryk ließ diese Maßregelung jedoch nicht auf sich sitzen und hielt im September 1891 in Strakonitz eine Rede, in der er sich deutlich von den Zielen Vasatys und Gregrs distanzierte. Seiner Position im Klub war diese Vorgehensweise zweifelsfrei nicht dienlich. Vor allem seine Formulierung, er bejahe Österreich ehrlich, stieß vielen seiner Fraktionskollegen übel auf. So war es denn wohl auch kein Zufall, dass Masaryk in der Session 1891/92 primär zu zweitrangigen Themen wie dem Schulinspektorat in Galizien, den Strakonitzer Lokalbahnen und der Änderung des Bruderladengesetzes das Wort ergreifen durfte.

In der Tat trug sich Masaryk schon Anfang 1892 mit dem Gedanken, sein Mandat niederzulegen. Doch die „Jungtschechen“ wussten um den Stellenwert ihres Abgeordneten und wählten ihn in die Delegation des Reichsrates, die seit dem Ausgleich mit Ungarn gemeinsam mit der Delegation des Parlaments in Budapest die Fragen der Gesamtmonarchie behandelte. Bis auf weiteres blieb Masaryk daher Abgeordneter und brachte sich mit einer Vielzahl nennenswerter Interpellationen immer wieder ins Gespräch. Die Situation änderte sich erst am Ende der Session 1892/93, als es zu einem neuerlichen Konflikt zwischen Masaryk und Gregr kam.

Auslöser der Auseinandersetzung war eine Indiskretion, durch die politische Geheimverhandlungen Gregrs an die Presse gelangt waren. Gregr verdächtigte Masaryk, dieser habe „getratscht“. Masaryk wurde von Kramař in Schutz genommen und der wahre „Informant“ bald ausgemacht. Gleichwohl stellte Gregr in einer Sitzung der Parteigremien am 26. August 1893 die Vertrauensfrage und setzte eine Rüge für Masaryk durch, weil dieser durch sein Verhalten an der Affäre mitschuldig gewesen sei. Beide Voten empörten Masaryk. Er legte mit sofortiger Wirkung sein Mandat zurück und schied aus dem Reichsrat nach nur knapp mehr als zwei Jahren aus. Er trennte sich auch von den „Jungtschechen", die damals bereits erste Verluste einfahren mussten, weil sich ihre Bewegung in mehrere Zweige aufspaltete. Alfons Stastny organisierte die jungtschechischen Agrarier und Vaclav Klofač gründete die „Volkssozialisten", denen sich später auch Edvard Beneš anschließen sollte.

ZWISCHENSPIEL

Des parlamentarischen Betriebs vorerst ledig, konzentrierte sich Masaryk wieder auf seinen Beruf als Wissenschaftler. In rascher Folge schrieb er bemerkenswerte Bücher, von denen viele noch heute als Standardwerke zum jeweiligen Thema betrachtet werden. Bereits 1895 erschien „Die tschechische Frage", in der sich Masaryk erstmals umfassend mit der Zukunft seiner Nation auseinander setzte. Darin heißt es u. a.: „Für mich ist die tschechische Frage eine Frage nach dem Schicksal der Menschheit, sie ist für mich eine Frage des Gewissens. Ich meine, dass die bisherige quälende Kleinheit unseres nationalen Lebens nur zeitweilig ist, dass sie aufhören wird. Sie wird mit dem Erkennen und dem Einsehen unserer Mängel aufhören. Wer diese Mängel erkennt und fühlt, wird sie beseitigen."

Masaryk hielt in seinem Buch den Tschechisch-Nationalen entgegen, ihr Programm sei „deshalb so wirkungslos, weil es zu abstrakt ist und weil es die Fülle der neuzeitlichen kulturellen Notwendigkeiten nicht wahrnimmt". Daher müsse die Strategie geändert werden: „Das nationale Programm besteht nicht nur aus Lösungen, sondern ist das Erkennen aller Mittel, mit denen bei den gegebenen Verhältnissen die letzten Ziele der nationalen Sehnsucht erreicht werden können."

Von nicht minderer Bedeutung war seine Biographie von Jan Hus, die er 1896 publizierte und in der er seine Gedanken über die tschechische Nation weiterentwickelte. Dass er sich nicht nur mit der nationalen, sondern auch mit der sozialen Frage auseinander setzte, beweist sein 1898 erschienenes Buch „Die philosophischen Grundlagen des Marxismus“, in dem Masaryk zwar den Marxismus als solchen ablehnte, dessen sozialpolitische Anliegen aber unterstützte. Er verstand sich, obwohl er nie einer sozialdemokratischen Partei beitrat, als unabhängiger Sozialist - was die organisierten Sozialisten ihm aber zeitlebens absprachen.

1897 fanden Neuwahlen zum Reichsrat statt. In deren Vorfeld kam es um die Sprachenverordnung des Kanzlers Badeni zu heftigen Kontroversen in Böhmen und Mähren. Der Versuch, das Wahlrecht durch Schaffung einer allgemeinen Kurie zu demokratisieren, rief nicht weniger Emotionen hervor, und so kochte Böhmen in jener Zeit förmlich über: Es kam zu gewalttätigen Auseinandersetzungen zwischen Tschechisch- und Deutschnationalen, die Arbeiter streikten, die Politik steckte in einer veritablen Krise. Wenn auch manche Masaryk zu einer neuerlichen Kandidatur überreden wollten, dachte er nicht daran, sich in einer derartigen Situation zu exponieren, und arbeitete stattdessen weiter an seiner wissenschaftlichen Reputation.

POLITISCHES COMEBACK

Erst als die seit 1900 amtierende Regierung Koerber den Deutschsprachigen gegenüber zu weitgehenden Zugeständnissen bereit schien, dachte auch Masaryk wieder darüber nach, in die politische Arena zurückzukehren. Er ließ sich zum Vorsitzenden der Tschechischen Fortschrittspartei wählen, immer noch nicht ganz überzeugt, in der Politik seine Berufung zu haben. Für diese Partei, die bald allgemein „Tschechische Realisten" hieß, sprach, wie Masaryk später rückblickend festhielt, „über die Tagespolitik hinaus eine wissenschaftliche und kulturelle Vertiefung des politischen Lebens zu erstreben".

Entsprechend schwer fiel es den „Realisten", in der weltanschaulich klar konturierten Parteienlandschaft Böhmens und Mährens Fuß zu fassen. Neben den immer noch primär die nationale Frage thematisierenden „Jungtschechen" gab es nun die Advokaten des Bauernstandes (Agrarier), die Konservativen und die Vertreter der Werktätigen, die sich in Sozialdemokraten und Volkssozialisten gespalten hatten. Für einen „Realismus" gleich welcher Art blieb da wenig Platz. So gelang es der Partei auch nicht, über Prag hinaus nennenswerte Bedeutung zu erlangen.

Besonders drastisch zeigte sich dies bei ihrem ersten Antreten bei Wahlen anno 1907. Das Resultat war ernüchternd. Lediglich zwei ihrer Kandidaten, Franz Drtina (gleich Masaryk ein Prager Universitätsprofessor) und Masaryk, beide in Prag gewählt, konnten in den Reichsrat einziehen. Damit hatte man nicht einmal Klubstatus erworben und hing parlamentarisch in der Luft. Vier Jahre später vermochte nicht einmal mehr Drtina seinen Sitz zu verteidigen, und Masaryk wurde zum „Ein-Mann-Team" im Hohen Haus.

Umso engagierter begann er seine neuerliche Tätigkeit im Haus am Ring. Er nahm zu einer Vielzahl von Problemen Stellung, befasste sich mit der öffentlichen Sicherheit ebenso wie mit der Schulreform, mit der Lage in Bosnien-Herzegowina ebenso wie mit dem Staatsetat. Immer öfter kam er nun auf die nationale Frage zu sprechen. Programmatisch erklärte er anlässlich seiner

Rückkehr ins Plenum des Abgeordnetenhauses: „Kurz gesagt wollen wir die Selbstständigkeit und das Selbstbestimmungsrecht des böhmischen Volkes, wir wollen uns national vollkommen ausleben. Alles, was ein Volk für seine, des Staates und der Menschheit Kultur leisten kann und soll, das wollen wir voll und ganz leisten. Das, meine Herren, ist der Sinn der jetzigen Bewegung des böhmischen Volkes, das hat uns hier hergebracht."

Dennoch war er nach wie vor davon überzeugt, dass eine Reform Österreich-Ungarns und die nationale Entfaltung der Tschechen innerhalb der bestehenden Staatsform möglich seien. Die nationale Emanzipation sollte innerhalb, nicht außerhalb der Habsburger-Monarchie erfolgen. Das bestehende Staatswesen, so zeigte sich Masaryk überzeugt, könne prosperieren, wenn die Deutschnationalen endlich ihre Sturheit ablegten und den anderen Nationen der Monarchie jene Rechte einräumten, die sie selbst für sich schon lange beanspruchten. Masaryk sah seine Abgeordnetentätigkeit als Überzeugungsarbeit für eine Optimierung der Lebensumstände der Donauvölker, oder, ein wenig pathetischer gesagt: Er setzte auf Evolution statt Revolution.

Kurz nach seiner Wahl zum Abgeordneten erhielt Masaryk eine Einladung in die USA, der er schon im Hinblick auf die zahlreichen tschechischen Immigranten in Amerika nachkam. Bei dieser Gelegenheit konnte Masaryk viele Kontakte knüpfen, die ihm während des Ersten Weltkrieges nützlich werden sollten. Drei Jahre später reiste Masaryk zu einem längeren Aufenthalt nach Russland und nahm sein 1913 publiziertes Opus Magnum „Russland und Europa" in Angriff.

1909 spielte sich Masaryk im Reichsrat erneut in den Vordergrund. Unmittelbarer Anlass war der so genannte

„Prozess von Zagreb“, in dem die österreichischen Behörden 53 Kroaten und Serben des Hochverrats bezichtigten. Den Angeklagten wurde vorgeworfen, sie hätten anlässlich der Annexion Bosnien-Herzegowinas versucht, die südslawischen Landesteile der Monarchie mit Serbien zu einem einheitlichen Jugoslawien zu vereinigen. Masaryk arbeitete sich in den Fall ein und fand heraus, dass die Behörden ein zynisches Komplott eingefädelt hatten, um durch das Ausspielen der „nationalen Karte“ von innenpolitischen Problemen abzulenken. Vor allem die Rededuelle mit dem kaiserlichen Außenminister sorgten weit über die Grenzen Österreichs hinaus für großes Aufsehen. Die Regierung erlebte eine peinliche Niederlage, und an Masaryk schieden sich einmal mehr die Geister: für das Volk ein Held, für die Obrigkeit ein gefährlicher Feind.

IM ERSTEN WELTKRIEG

Der Ausbruch des Ersten Weltkrieges bedeutete für Masaryk einen nachhaltigen Einschnitt, der ihn schließlich zur historischen Persönlichkeit werden ließ. Die Vorgangsweise der österreichischen Regierung brachte ihn bald dazu, sich gegen Österreich zu engagieren - und für eine unabhängige Tschechoslowakei einzutreten. Im Dezember 1914 ging er in die Schweiz, die ihm zum Exilort wurde, als man ihm hinterbrachte, dass die österreichischen Behörden ihn verhaften wollten. Das Vorgehen der Österreicher gegen gewählte Abgeordnete wie Karel Kramař überzeugte ihn davon, dass er ab Juli 1915 offen den Kampf für die Unabhängigkeit seines Landes aufnahm.

Bis November 1915 hatte er ein weit verzweigtes Netz von tschechischen Emigrantengruppen in Großbritannien, Frankreich, Russland und den USA zu einer einheitlichen Bewegung zusammengeschweißt, die bei der Entente nachdrücklich für die Unterstützung der tschechischen Ziele warb. Außerdem bestand bald ein fester Draht zum Prager Untergrund, wo ebenfalls am gemeinsamen Zukunftsmodell gearbeitet wurde. Persönlich war diese Zeit für Masaryk von schweren Schicksalsschlägen begleitet, sein Sohn starb an Typhus, seine Frau, die mit zwei weiteren Kindern in Prag hatte zurückbleiben müssen, erkrankte ernsthaft. Anlässlich des 500. Jahrestages der Verbrennung von Jan Hus hielt Masaryk eine viel beachtete Rede, in der er die Unabhängigkeit der Tschechoslowakei als Kriegsziel der Entente formulierte.

Im September 1915 übersiedelte Masaryk nach London, wo man ihm eine Professur für Slawistik übertragen hatte. Sein engster Mitarbeiter, Edvard Beneš, ging zur selben Zeit nach Paris, sodass die beiden direkt im Herzen der Entente Lobbying für die Anliegen der Tschechen und Slowaken betreiben konnten. Im November 1915 konstituierte sich das provisorische Komitee für einen tschechoslowakischen Staat als Keimzelle einer Exilregierung, im Februar 1916, nach einem Treffen mit dem französischen Premier Aristide Briand, kam es zur Bildung des „Tschechoslowakischen Nationalrates", dessen Vorsitzender Masaryk wurde. Nun konnte man tatsächlich von einer Exilregierung der Tschechen und Slowaken sprechen.

Unterstützt wurde sie vom amerikanischen Präsidenten Woodrow Wilson, der die Idee einer Unabhängigkeit der mitteleuropäischen Nationen im Januar 1917 expressis verbis begrüßte. Um den Alliierten das Engagement der Tschechen und Slowaken auch in militärischer Hinsicht unter Beweis zu stellen, bildete der Nationalrat ab Mai 1917 eine eigene tschechische Legion aus übergelaufenen Soldaten der Habsburger-Armee, die allein in Russland eine Stärke von fast 100.000 Mann erreichte. Im Dezember 1917 bewilligte auch Frankreich die Bildung eines souveränen tschechischen Truppenteils, und ab Februar 1918 waren die Tschechen und Slowaken als kriegführende Macht auf Seiten der Entente anerkannt.

AN DER WIEGE DER TSCHECHOSLOWAKEI

Masaryk hatte sich 1917 für geraume Zeit in Russland aufgehalten, um die tschechischen Truppenverbände entsprechend zu instruieren. Nun aber drängte es ihn in die USA, um in direktem Kontakt zu Wilson die Unabhängigkeit der Tschechoslowakei sicherzustellen. Im März 1918 fuhr er mit der transsibirischen Eisenbahn von Moskau nach Wladiwostok, von wo er über Korea und Japan nach Kanada gelangte. Anfang Mai erreichte Masaryk Chicago, wo er von zehntausenden Tschechen und Slowaken begeistert empfangen wurde. Ende Mai 1918 einigten sich die maßgeblichen Exilpolitiker in Pittsburgh auf die Grundkonzeptionen des künftigen Staates der Tschechoslowakischen Republik, die bald allgemein ČSR genannt wurde. Zwischen Ende Juni und Anfang November 1918 wurden diese Vorstellungen auch den Alliierten vermittelt und in persönlichen Begegnungen zwischen Masaryk und Wilson entsprechend bekräftigt.

Bereits im Sommer 1918 anerkannten die Entente-Mächte die ČSR und akzeptierten Masaryk als ihren Regierungsvertreter. Der Versuch der österreichischen Regierung, den Tschechen Autonomie zuzugestehen, kam zu spät, die Alliierten wiesen ihn als ungenügend zurück. Während Masaryk am 18. Oktober 1918 die ČSR feierlich proklamierte, kam es zehn Tage später auch in Prag zur Ausrufung der Unabhängigkeit - dort durch die ehemaligen Reichsratsabgeordneten Kramař, Soukup und Klofač. Kramař bildete eine Konzentrationsregierung der tschechischen Parteien und leitete am 14. November die Wahl des ersten tschechoslowakischen Staatspräsidenten, der niemand anderer als Masaryk wurde.

DER VATER DER NATION

Masaryks Aufgabe war nicht leicht, standen doch an allen Ecken und Enden der neuen ČSR fremde Truppen, gab es völlige Unklarheit über die Grenzen der Republik, lagen Wirtschaft und Infrastruktur darnieder. Vor allem aber, und darin lag wohl die Ironie der Geschichte, sah sich Masaryk nun just mit jenem Problem konfrontiert, an dem die Donaumonarchie gescheitert war: Die ČSR war ein Vielvölkerstaat, in dem neben Tschechen und Slowaken eben auch noch Deutschsprachige, Ungarn, Polen, Rumänen und eine Vielzahl anderer Völker lebten.

Aber Masaryk wollte auch keinen Nationalstaat. Ihm war es um den Erhalt der historischen Grenzen zu tun, und so war er entschlossen, eine Zergliederung des Landes selbst um den Preis künftiger Nationalitätenkonflikte zu vereiteln. Er schickte die tschechische Delegation unter der Leitung von Ministerpräsident Kramař mit eindeutigem Portfolio zu den Friedensverhandlungen nach Paris.

Dort vertraten Kramař und Beneš die Interessen der ČSR so gut, dass ihren Forderungen weitgehend entsprochen wurde. Die ČSR erhielt sogar noch die Karpato-Ukraine zugeteilt, die bis 1918 zu Ungarn gehört hatte. Gemäß der Volkszählung von 1921 lebten bei einer Gesamtzahl von 13,5 Millionen Einwohnern 6,5 Millionen Tschechen (50 %), 2 Millionen Slowaken (15 %), 3,1 Millionen

Deutschsprachige (23 %), 750.000 Ungarn (6 %) und 460.000 Ukrainer (3,5 %) in der ČSR. Entsprechend divergierend waren die Interessen der einzelnen Gruppen.

Hinzu kam die soziale Frage. Konnte die Bodenreform noch relativ anstandslos bewältigt werden (die Großgrundbesitzer waren grosso modo Österreicher gewesen), so schieden sich an den Arbeitsbedingungen in der Industrie von Anfang an die Geister. Die Regierung Kramař scheiterte an dieser Frage ebenso wie die seines sozialdemokratischen Nachfolgers Vlastimil Tusar. Die tschechoslowakische Innenpolitik war von Nationalitäten- und Parteienstreit geprägt, aus dem sich allein der „alte Mann im Hradschin", Präsident Masaryk, herauszuhalten vermochte.

Im Februar 1920 war die erste tschechoslowakische Verfassung verabschiedet worden, gemäß der es zu einer Neuwahl des Staatsoberhauptes gekommen war. Masaryk wurde nun für eine siebenjährige Amtszeit bestellt und 1927 einhellig wieder gewählt. Dazwischen lag die Veröffentlichung seines politisch-philosophischen Hauptwerkes „Die Weltrevolution" (1925), in dem er die Gründe, die zum Ausbruch des Ersten Weltkrieges führten, ebenso beleuchtete wie den Entstehungsprozess der ČSR. Nach seiner neuerlichen Wiederwahl 1927 bemühte er sich auch verstärkt um eine Einigung Europas und betätigte sich als Mahner vor dem erstarkenden Faschismus. 1930 entwickelte er überdies die Vision von Vereinigten Staaten von Europa, womit er vor allem Richard Coudenhove-Calergi (seit 1918 tschechischer Staatsbürger) begeisterte. Dieser trug ihm prompt das Präsidentenamt seiner Paneuropa-Bewegung an, doch der 80-jährige Staatspräsident sah sich ohnehin schon genügend Belastungen ausgesetzt und nahm diese Ehre nicht an.

Ungeachtet seiner angeschlagenen Gesundheit ließ sich Masaryk 1934 für eine neuerliche siebenjährige Amtszeit wählen, doch zeichnete sich alsbald ab, dass er dieser Aufgabe nicht mehr gewachsen sein würde. Seine Kräfte ließen spürbar nach, und in dem langjährigen Außenminister Beneš sah er überdies den geeigneten Mann für seine Nachfolge. Masaryk trat im Dezember 1935 von seinem Amt als Staatspräsident zurück. Er zog sich auf sein Gut zurück, wo er am 14. September 1937 im Alter von 87 Jahren starb.

Mit ihm ging auch die Vision einer unabhängigen Tschechoslowakei dahin, denn sein Nachfolger Beneš konnte der Bedrohung durch Nazi-Deutschland nicht mehr lange Widerstand leisten. Schon im November 1938 wurden die so genannten sudetendeutschen Gebiete von der ČSR abgetrennt, im März 1939 wurde sie endgültig zerschlagen, um erst im Mai 1945 nach der Befreiung durch die Rote Armee wieder zu erstehen. Von den 50 Jahren ruhiger Entwicklung, die Masaryk als unerlässliche Voraussetzung einer dauerhaften inneren und äußeren Konsolidierung der Tschechoslowakei erachtet hatte, waren ihr nicht einmal 20 vergönnt gewesen. Masaryk selbst aber wurde über alle Systeme hinweg, die die Tschechen und Slowaken seit 1918 erlebt haben, als der Begründer und Befreier der Nation gesehen, und als solcher gelten ihm auch heute alle Ehren seiner Heimat.

Der „Tscheche" unter Wiens Sozialisten

ANTONIN NEMEC
(1858-1926)

Wiewohl sein Name ihn als „Deutschen" auswies, führte Antonin Nemec die tschechische Sozialdemokratie und focht dabei manchen Strauß mit den deutschsprachigen Sozialdemokraten in der Tschechoslowakei aus, deren Führer Ludwig Czech hieß.

VOM BUCHDRUCK ZUR GEWERKSCHAFT

Antonin Nemec wurde am 17. Januar 1858 in Brünn als Sohn eines Webers geboren. Er erwies sich als aufgeweckter Knabe, der sich für eine höhere Bildung förmlich aufdrängte. Doch die Eltern konnten sich dies nicht leisten, und für das Kind armer Weber gab es auch seitens der Kirche oder anderer privater Institutionen keine pekuniäre Förderung, sodass Nemec gezwungen war, 1870 eine Lehrstelle als Buchdrucker anzunehmen.

Damit kam der Bildungshungrige seinen Zielen noch am nächsten, denn in der Druckerei hatte er die Gelegenheit, die verschiedensten Schriften zu studieren und so seinen Horizont zu erweitern. Er erlernte das Deutsche nahezu perfekt, sodass nur „ein geübtes Ohr den Nichtdeutschen in ihm erkannte", wie es im Nachruf der

„Arbeiter-Zeitung" hieß. Diese Bilingualität sollte ihm im Laufe seiner weiteren Karriere zu großem Nutzen gereichen.

Die Monarchie der 70er Jahre des 19. Jahrhunderts war ein in Gärung befindlicher Staat. Nicht nur, dass nach den Niederlagen der österreichischen Armee am deutschen und am italienischen Schauplatz das internationale Ansehen des Kaiserreichs an einem Tiefpunkt angekommen war, sah sich das Habsburger-Imperium nationalen und vor allem auch sozialen Spannungen gegenüber. Erst 1867 war es den Österreichern gelungen, durch den Ausgleich mit Ungarn wenigstens eine Nation zu befrieden, doch umso unzufriedener waren die Slawen im Reich. Und in der Arbeiterbewegung erstand den herrschenden Kreisen ein gewichtiger politischer Gegner.

1867 war den Arbeitern erstmals das Recht zugestanden worden, Bildungsvereine zu gründen. Die Freiheit währte jedoch nicht lange, bereits drei Jahre später wurden die Anführer der jungen Bewegung, allen voran der charismatische erste Parteiobmann der Sozialdemokraten Andreas Scheu, wegen „Hochverrat" vor Gericht gestellt und die noch junge Organisation zerschlagen. Wer sich dennoch weiter für die Ziele der Arbeiter einsetzte, riskierte zumindest seine berufliche Existenz - wenn nicht gar Gefängnishaft.

In den tschechischen Ländern, zumal in Brünn, waren die Arbeiter trotz staatlicher Unterdrückung bereits weitgehend organisiert. Vor allem die besser ausgebildeten Fachkräfte schlossen sich zu Gewerkschaften zusammen und traten für ihr Recht ein. Die Buchdrucker bildeten dabei so etwas wie die Avantgarde der Arbeiterbewegung, und so konnte es nicht ausbleiben, dass sich auch Nemec der Gewerkschaft der Buchdrucker anschloss.

Nemec hatte erkannt, dass nur die herrschenden politischen Verhältnisse Schuld an der beklagenswerten Lage der Arbeiter trugen, dass die Werktätigen aber von niemandem aus dieser „befreit" werden würden, wenn sie sich nicht selbst organisierten und ihren Forderungen politischen Nachdruck verliehen. Ob seiner Zweisprachigkeit und seiner beachtlichen rhetorischen Begabung stand der junge Nemec bald an der Spitze der mährischen Druckergewerkschaft.

REDAKTEUR DER ROTEN - DRUCKER DER SCHWARZEN

Nemec wusste nur zu gut, dass eine Bewegung ihre Ziele auch entsprechend propagieren müsse. Am Ende des 19. Jahrhunderts tat man dies am besten mit einer eigenen Zeitung. Und so gründeten die mährischen Sozialdemokraten in den 80er Jahren eigene Organe, deren zentrales die „Rovnost" („Zukunft") wurde. Nemec wurde ihr verantwortlicher Redakteur und schrieb nicht selten auch das Gros der Artikel. Um möglichst viele Menschen zu erreichen, musste die Zeitung aber eine große Auflage besitzen und vor allem billig sein. Gewinne waren für die sozialdemokratische Presse jener Zeit mithin kaum zu erzielen. Einen Redakteur konnte man schon gar nicht damit finanzieren.

Nemec war also gezwungen, gratis für die Partei zu arbeiten, weshalb er weiterhin seinem Beruf als Buchdrucker nachgehen musste. Ironischerweise fand er bei der Druckerei der Brünner Pfarre Arbeit, in der das

Organ der Klerikalen „Hlas“ („Stimme“) hergestellt wurde. So druckte Nemec am Tage, was er des Nächtens politisch scharf kritisierte. Immerhin wusste er stets, was seine Gegner dachten.

IN WIEN

Anfang 1894 übersiedelte Nemec, mittlerweile 36, nach Wien, wohin er von der tschechischen Partei mit der Aufgabe entsandt worden war, das tschechische Proletariat in der Hauptstadt zu organisieren. Im letzten Drittel des 19. Jahrhunderts waren hunderttausende Tschechen in der Hoffnung auf Arbeit in die Reichshaupt- und Residenzstadt geströmt - was sich auch heute noch aus dem Wiener Telefonbuch ersehen lässt -, die aber innerhalb der Gesellschaft ähnlich an den Rand gedrängt waren wie die jugoslawischen Gastarbeiter hundert Jahre später. Die deutschsprachigen Arbeiterführer scheiterten bei ihren Politisierungs- und Organisierungsversuchen an der Sprachbarriere, sodass es nahe liegend war, einen zweisprachigen Kader aus Tschechien nach Wien zu beordern, der in der Lage war, diese Aufgabe zu meistern.

Nemec tat, was er in einer solchen Situation immer getan hatte: Er gründete eine Zeitung. Die „Delnične Listy“ („Arbeiter-Zeitung“) war bald ähnlich populär wie ihr deutschsprachiges Schwesterblatt, und noch 25 Jahre später sollte man den organisatorischen Erfolg Nemecs daran ermessen können, dass sein Nachfolger als Chefredakteur des Blattes, František Dvorak, als einziger Politiker, der nicht den drei großen Lagern angehörte, in das erste Parlament der Ersten Republik gewählt wurde.

1897 freilich war daran nicht zu denken. Bislang waren die Sozialdemokraten im Wiener Parlament überhaupt nicht vertreten, nunmehr ermöglichte es ihnen eine kleine Wahlrechtsreform, durch die eine fünfte Kurie geschaffen wurde, wenigstens in dem einen oder anderen Wahlkreis mit einer gewissen Chance auf einen Sitz im Hohen Haus anzutreten. In Wien gab es 20 Wahlkreise, unter denen sich einige befanden - Favoriten, Margareten, Ottakring -, die die Sozialdemokratie hoffen ließen. Die Frage freilich war, wen man nominieren sollte. Und gerade in Favoriten drängten die zahlreichen tschechischen Sozialisten darauf, ihren Vertrauensmann Antonin Nemec in Vorschlag zu bringen.

Die Debatte darüber wurde durchaus intensiv geführt, doch letztlich ließ Nemec dem anerkannten Parteiführer Victor Adler den Vortritt. Überraschenderweise wurde Nemec dafür aber von den Margaretner Sozialdemokraten zu ihrem Kandidaten gekürt, wo er allerdings beim Urnengang wenig Chancen hatte, war sein Gegenkandidat in der fünften Kurie doch niemand anderer als Karl Lueger. Doch mit seinem engagierten Wahlkampf wurde Nemec weit über die tschechische Volksgruppe hinaus bekannt und zählte zu den eisernen Personalreserven der noch jungen Partei.

AN DER SPITZE DER TSCHECHISCHEN PARTEI

Dies zeigte sich auch im Herbst 1897, als die tschechische Sozialdemokratie Nemec wieder zurück nach Prag rief, wo er die Leitung der neuen sozialdemokratischen Tageszeitung „Pravo Lidu" („Volksrecht") übernahm, die am 1. Oktober 1897 erstmals erschien. Gleichzeitig rückte Nemec in die Führung der tschechischen Partei auf. 1899 wurde Nemec überdies in das Exekutivkomitee der Sozialistischen Internationale entsandt, wo er mit den Granden des internationalen Sozialismus wie

August Bebel, Jean Jaures, Keir Hardie oder Hjalmar Branting verkehrte. Im selben Jahr spielte Nemec auch eine hervorragende Rolle am Gesamtparteitag der österreichischen Sozialdemokratie in seinem heimatlichen Brünn, bei dem sich die Partei erstmals ein „Nationalitätenprogramm“ gab, welches auch seine Handschrift trug.

Zu Beginn des 20. Jahrhunderts entwickelte sich Nemec gleichsam zum Außenpolitiker seiner Partei und hielt regelmäßigen Kontakt zu den österreichischen und den deutschen Genossen. In den immer virulenter werdenden Nationalitätenkonflikten, die ihre Spuren auch innerhalb der Partei hinterließen, nahm Nemec zwischen den divergierenden Standpunkten Daszynskis, Battistis und Kristans einerseits und Renners, Leuthners, Pernerstorffers andererseits eine vermittelnde Position ein und erfreute sich ob seines ausgleichenden Wesens allseits großer Beliebtheit. 1901 verpasste er den Einzug ins Abgeordnetenhaus nur knapp, doch durch die Einführung des allgemeinen, freien, gleichen und geheimen Wahlrechts sechs Jahre später schlug auch seine große Stunde.

IM ABGEORDNETENHAUS

Knapp vor seinem 50. Geburtstag wurde Nemec zum Abgeordneten gewählt. Er hatte in einem Prager Proletarierbezirk kandidiert, und dementsprechend überlegen war sein Wahlsieg. Mit ungebrochener Energie stürzte sich Nemec auf seine neue Aufgabe und agitierte vor allem für bessere Ausbildungs- und Arbeitsbedingungen der Arbeiterschaft. Nemec wurde so quasi zum Sozialsprecher seiner Partei, dabei eng mit Gewerkschaftsführern wie Anton Hueber oder August Forstner zusammenarbeitend. Immer wieder unterstrich er die zentrale Losung eines generellen Achtstunden-Arbeitstages sowie die Forderung nach adäquater Sozial- und Pensionsvorsorge. Selbst bei seinen Gegnern erwarb er sich für seine Beredsamkeit, vor allem aber für die „Sachlichkeit, die ihn auszeichnete" - wie es in einer österreichischen Zeitung hieß - „Ansehen und Anerkennung".

1909, nach mehr als einem Jahrzehnt an der Spitze der tschechischen Sozialisten, in dem er sich nicht nur um die Partei und die Arbeiterpresse gekümmert hatte, sondern auch im Gewerkschafts- und im Genossenschaftsbereich hochaktiv gewesen war, begann Nemec ein wenig leiser zu treten, zeigten sich bei ihm doch erste gesundheitliche Verschleißerscheinungen. Er übergab die Führung der Partei an Bohumir Šmeral und konzentrierte sich voll auf seine parlamentarische Arbeit. Dementsprechend überzeugend wurde er 1911 in seinem Wahlkreis wieder gewählt.

In den letzten Jahren vor Ausbruch des Ersten Weltkrieges geriet Nemec aber innerhalb seiner eigenen Partei in die Defensive, da er überzeugter Anhänger der Donauföderation noch zu einem Zeitpunkt blieb, da die neue Generation tschechischer Sozialdemokraten bereits die Unabhängigkeit von Österreich anstrebte. Als konsequentem Internationalisten waren ihm die nationalen Streitigkeiten ein Gräuel, umso mehr engagierte er sich in Bereichen, wo er zermürbenden Rededuellen aus dem Wege gehen konnte. Er agitierte vor Ort, baute das Genossenschaftswesen in Tschechien weiter auf und zog sich aus den Gremien mehr und mehr zurück. War er 1907 noch Victor Adlers Stellvertreter als Klubobmann der sozialdemokratischen Parlamentsfraktion gewesen, so überließ er 1911 auch diesen Platz Jüngeren.

Während des Ersten Weltkriegs spielte der mittlerweile fast 60-Jährige keine herausragende Rolle. Ungewollt avancierte er allmählich zu einer „Ikone der frühen Kämpfe“, deren Verdienste man nicht vergaß, der man aber keine Zukunft mehr prognostizierte. Šmeral und Soukup auf Seiten der tschechischen Sozialdemokraten, Czech und Seliger auf Seiten der deutschsprachigen Sozialdemokraten in Tschechien waren nun die Schlüsselspieler, Nemec trat nach 1917 nur noch als mäßigender Schiedsrichter im Parteienzank auf, wobei es nicht einer gewissen Ironie entbehrte, dass er, der Tscheche, „Nemec“ (also „Deutscher“) hieß, während sein deutschsprachiger Gegenspieler auf den Namen „Czech“ hörte - was schon einiges über die Substanz nationaler Streitigkeiten aussagt.

IM NEUEN STAAT

Im Oktober 1918 gründeten Kramař, Masaryk und andere den neuen Staat der Tschechoslowakischen Republik. Die ehemaligen Reichsratsabgeordneten Österreichs wurden so zu tschechoslowakischen Politikern. Darunter auch Nemec, der bei den ersten Wahlen 1919 ins Prager Parlament gewählt wurde. Wenn auch viele seiner Parteifreunde den 61-Jährigen baten, ein Ministerium zu übernehmen, so winkte er ob seines Gesundheitszustandes ab. Die 40 Jahre des Kampfes hatten ihren Tribut gefordert, und Nemec wollte die Zeit, die ihm als Politiker noch blieb, nicht mit tagespolitischem Hickhack vergeuden.

Nach wie vor galt der Bildung der Massen seine große Liebe. Was ihm als Jugendlichem verwehrt gewesen war, das sollte nun einer neuen Generation offen stehen. Nemec engagierte sich für breite Möglichkeiten der

Volksbildung und wirkte im Parlament auch auf ein fortschrittliches Schulwesen hin. Innerparteilich kam ihm 1920 nochmals eine zentrale Rolle zu, als er als einer der wesentlichen Wortführer gegen einen Übertritt der Partei zur Kommunistischen Internationale auftrat, der von Šmeral gefordert wurde. Seinem Renomée verdankte es die Sozialdemokratie, dass der Aderlass unter der Mitgliederschaft nicht noch dramatischer ausfiel, als es ohnehin der Fall war. Dennoch schlossen sich 350.000 der alten Mitglieder der neuen KPČ an, während kaum mehr als 150.000 in der Sozialdemokratie verblieben. Nemec durfte es noch erleben, dass nach 1924 viele dieser Oppositionellen wieder in die Sozialdemokratie zurückkehrten.

BILDUNG BIS ZULETZT

Kurze Zeit später, im Januar 1921, erhielt Nemec eine Aufgabe, die er als den krönenden Abschluss seiner Laufbahn sah. Er wurde Intendant des Prager Theaters, eine Berufung, die für den Bildungshungrigen ein halbes Jahrhundert zuvor unvorstellbar gewesen wäre und Nemec eine wahre Genugtuung bedeutete. Mit bemerkenswerter Energie ging er daran, den Spielplan zu durchforsten und verstärkt Volkstheater im besten Wortsinne zu machen. Das altehrwürdige Schauspielhaus wurde unter seiner Ägide - die bis Ende 1923 währte - zu einem Ort der Begegnung und der inhaltlichen Auseinandersetzung, der sich durch eine Vielzahl von Uraufführungen sozial engagierter Stücke auszeichnete.

Ab 1924 jedoch begann die Krankheit Nemec zu besiegen. Es begann ein Siechtum, das ihn in seinem letzten Lebensjahr daran hinderte, das Bett zu verlassen. Zurückgeworfen auf sich selbst, blieb ihm nur, was schon in seiner Jugend seine große Liebe war: die Welt des Buches. Bis zuletzt ein wacher Beobachter des Zeitgeschehens, starb Nemec am 25. Mai 1926 in Prag. Er war 68 Jahre alt geworden.

Zwischen den Fronten

JOSEF SELIGER
(1870-1920)

Josef Seliger war ein typischer Vertreter der „kakanischen“ Sozialdemokratie, der sich in seiner Persönlichkeitsentwicklung kaum von Politikern wie Ferdinand Hanusch oder Karl Renner unterschied, die ebenfalls auf dem Gebiet der heutigen Tschechischen Republik zur Welt kamen. Doch Seliger blieb seiner Heimat verhaftet und kam so zwischen die Fronten des zerbrechenden Habsburger-Reiches.

EINE JUGEND IN BÖHMEN

Seliger entstammte einer preußischen Familie, die 1820 ins Österreichische eingewandert war. Sein Großvater ließ sich in Schönborn bei Reichenberg nieder, wo 1822 Seligers Vater gleichen Namens geboren wurde. Dieser sattelte auf die Weberei um, die in Nordböhmen und Schlesien um die Mitte des 19. Jahrhunderts ein weit verbreiteter Erwerbszweig war, und sicherte seiner achtköpfigen Familie ein leidliches Auskommen. Als letztes Kind kam am 17. Februar 1870 der Nachzügler Josef zur Welt - zu einem Zeitpunkt, da seine Geschwister bereits in der väterlichen Weberei mitarbeiten mussten.

Josef Seliger besuchte zunächst die einklassige Volksschule in Einsiedel, hernach die zweiklassige in Schönborn. Zu diesem Zeitpunkt war das Webergewerbe bereits von einer existenziellen Krise erfasst, sodass die Familie für eine weitergehende Bildung des jungen Seliger kein Geld mehr aufzubringen vermochte. Dieser erlernte bei seinem Vater das Handwebergewerbe und ging 1887 auf die Walz, was für frisch gebackene Gesellen damals durchaus noch üblich war und quasi die Berufschule ersetzte.

Seliger ging nach Deutschland, wo er mehrere Monate in Sachsen - hier vor allem in der sorbischen Lausitz - und im äußersten Westen Deutschlands, in Aachen, lebte. Dort kam er 1888 auch in Kontakt mit der Arbeiterbewegung und kehrte bereits als bewusster Sozialist in seine Heimat zurück. Er nahm in Reichenberg Quartier, das damals schon ein entwickelter Industriestandort war, mit zahlreichen Textilfabriken, Glasindustrie, Metall verarbeitenden Betrieben, Maschinenfabriken und einem umfangreichen Fertigungs- und Veredelungsgewerbe.

Dementsprechend gut entwickelt waren die organisatorischen Strukturen der Arbeiterbewegung in Reichenberg, zumal sich die einzelnen sozialdemokratischen Gruppierungen eben erst auf einem Parteitag in Hainfeld vereinigt hatten. Seliger trat dem Reichenberger Arbeiterbildungsverein bei und holte binnen kurzer Zeit die von staatlicher Seite verabsäumte Bildung nach. Er entwickelte eine bald beachtete rhetorische Begabung und wurde von den Reichenbergern oft und gern als Versammlungsredner eingesetzt.

So ergab es sich, dass er 1893 eine Rede in Teplitz-Schönau hielt, die die dortige Parteiorganisation so beeindruckte, dass sie Seliger als fixes Mitglied haben wollte. Im Herbst 1893 wurde Seliger hauptamtlicher Leiter der Eichwalder Konsum-Filiale in Teplitz-Schönau und konnte sich so auch um die Parteiagenden kümmern. Bei dieser Gelegenheit lernte er die Textilarbeiterin Marie Pietsch kennen, die er noch 1893 ehelichte. Ein Jahr später wurde Seliger der erste Chefredakteur der neu gegründeten sozialdemokratischen Teplitzer Zeitung „Volksstimme". Schon im Editorial der ersten Ausgabe vom 15. Februar 1894 machte Seliger klar, wofür dieses Medium stand: „Sie wird rücksichtslos die Schäden und Gebrechen, unter denen das Volk zu leiden verurteilt ist, klarlegen, sowie dieselben auf ihre wahren Ursachen zurückführen. Dabei wird sie aber auch die Wege angeben, welche das Volk zu wandeln hat, um aus diesem Leben voll Elend, voll Entbehrung und Knechtschaft zu einem wahren und freien Menschentum zu gelangen."

Seliger übernahm nun rasch führende Funktionen in der Teplitzer Parteiorganisation, wurde Obmann der Textilarbeitergewerkschaft und war ab 1894 regelmäßig Delegierter zu den Reichsparteitagen der Sozialdemokratie. 1897 war er einer der Organisatoren des Wahlkampfs der Partei um die Mandate der neuen fünften Kurie, wobei es den sozialdemokratischen Kandidaten in fünf sudetendeutschen Wahlkreisen gelang, ein Mandat zu erringen. So auch in Teplitz-Schönau, wo der von Seliger betreute Kandidat Eduard Zeller ins Abgeordnetenhaus gewählt wurde.

ZWISCHEN DEN VÖLKERN

Spätestens zu diesem Zeitpunkt war aber auch der Nationalitätenstreit zwischen Deutschsprachigen und den anderen Völkern der Monarchie, namentlich den

Tschechen, Polen, Ukrainern und Italienern, voll ausgebrochen. Besonders hohe Wellen schlug die Auseinandersetzung in Böhmen, wo sich Deutschnationale und Jungtschechen in nahezu unversöhnlichem Grimm gegenüberstanden, was auch auf die dortige Sozialdemokratie nicht völlig ohne Auswirkungen bleiben konnte.

Es war Josef Seliger, der sich - wie später auch Josef Strasser, der ebenfalls aus Reichenberg stammte - des Themas annahm und darüber eifrig publizierte. 1898 hielt er am Parteitag bereits ein diesbezügliches Referat, und am Brünner Parteitag der Sozialdemokratie im September 1899 war er, der bei dieser Gelegenheit erstmals dem Präsidium angehörte, sogar der Hauptredner zur nationalen Frage. In seiner Rede zum „Brünner Programm", das er mitverfasst hatte, sagte er: „Der Nationalitätenkampf wird zum größten Teil auf dem Rücken der Arbeiterschaft ausgefochten und die Arbeiter sind es, die die Kosten dieses Kampfes ausschließlich zu tragen haben." Seine Schlussfolgerung lautete: „Weder die deutschen noch die tschechischen Chauvinisten wollen die Lösung des Nationalitätenproblems, weil sie nur solange bestehen können, wie dieses Problem ungelöst bleibt."

Bis heute gilt das „Brünner Nationalitätenprogramm" als eines der Meilensteine auf dem Gebiet der Behandlung der nationalen Frage. Lenin und Trotzki übernahmen dieses Dokument für ihre Politik im Vielvölkerstaat Sowjetunion ebenso wie nach dem Zweiten Weltkrieg Tito für das föderative Jugoslawien. Innerhalb der österreichischen Sozialdemokratie freilich vermochte das Programm den Zerfall in nationale Lager nur zu verzögern, nicht aber zu verhindern.

DER KAMPF UMS ALLGEMEINE WAHLRECHT

Nach einem kurzen Zwischenspiel in Wien, wo Seliger gemeinsam mit Karl Seitz die Floridsdorfer Sozialdemokraten organisierte, kehrte Seliger 1901 nach Teplitz zurück, wo er die Chefredaktion des sozialdemokratischen Organs „Freiheit" übernahm. Gleichzeitig zählte er ab 1905 zu den Hauptorganisatoren der sozialdemokratischen Kampagne für das allgemeine und gleiche Wahlrecht, die vor allem vor dem Hintergrund der Ereignisse in Russland an Gewicht gewann. Bereits im Oktober 1905 zogen 80.000 Demonstranten unter der Führung von Seliger (für die deutschsprachigen Sozialdemokraten) und Nemec (für die tschechischen Sozialdemokraten) zum Landtag, um ihren Forderungen Nachdruck zu verleihen. Am 28. November 1905 gab es einen „Großkampftag", als in allen böhmischen Städten gleichzeitig entsprechende Kundgebungen durchgeführt wurden. So marschierten in Reichenberg und Teplitz-Schönau je 40.000 Arbeiter, im Kurort Karlsbad immerhin noch 30.000 Arbeiter durch die Straßen, um für politische Gerechtigkeit zu agitieren.

Da sich auf dem gesamten Gebiet der Monarchie derartige Manifestationen ereigneten, sah sich die Regierung gezwungen, nachzugeben, und im Februar 1906 wurde eine Gesetzesvorlage eingebracht, auf deren Grundlage nach dem Sanktus des Kaisers am 14. Mai 1907 erstmals allgemeine und gleiche Wahlen stattfanden. Josef Seliger kandidierte in Teplitz-Schönau und wurde gewählt - wie 86 andere Sozialdemokraten in der cisleithanischen Reichshälfte. 27,4 % der Wähler hatten für die Partei gestimmt, die somit die stärkste Fraktion im Parlament stellen konnte.

VOM PARTEIARBEITER ZUM STAATSMANN

In den folgenden Jahren entwickelte sich Seliger zu einem prominenten Parlamentarier, der auch bei den letzten Wahlen in der Geschichte der Monarchie im Jahre 1911 souverän wieder gewählt wurde. Im Zuge der Neukonstituierung des Parlaments kam es allerdings endgültig zu einer Aufspaltung der sozialdemokratischen Fraktion in mehrere nationale Klubs, wovon auch die böhmischen Abgeordneten in starkem Ausmaß betroffen waren, verblieben doch die deutschsprachigen Mandatare um Czech und Seliger im zentralen Verband, während die tschechischen um Šmeral, Soukup und Nemec einen eigenen Zusammenschluss bildeten.

Der Sprachenstreit hatte nun auch die Sozialdemokratie getroffen, ein Umstand, der durch den Ausbruch des Ersten Weltkrieges 1914 noch verschärft wurde. Die sudetendeutschen Sozialdemokraten, die sich noch 1912 in einem eigenen Kongress Gedanken über eine zukünftige Ausgestaltung der Monarchie gemachten hatten, sahen sich plötzlich innerhalb der tschechischen Gebiete in die Defensive gedrängt.

Im September 1916 hielten sie einen Arbeitertag ab, auf dem Seliger das Selbstbestimmungsrecht der Völker auch für die Sudetendeutschen beanspruchte: „Wie wir für alle Nationen das Selbstbestimmungsrecht fordern, so wollen wir auch jeden Versuch abwehren, der nicht auch dem deutschen Volk auf seinem Boden dasselbe Recht gewährleistet, und wir sind fest entschlossen, einer solchen Lösung entgegenzuwirken, die uns Deutsche in den Sudetenländern von der Gesamtheit des deutschen Volkes in Österreich loslösen würde."

Zur Durchsetzung dieser Forderung suchten die sudetendeutschen Sozialdemokraten ab Sommer 1918 die Zusammenarbeit mit den bürgerlichen Parteien der Deutschsprachigen. Alle Vertreter der Sudetendeutschen sahen im Oktober 1918 ihre Zukunft auch weiterhin im österreichischen Verband und nicht in der entstehenden Tschechoslowakei. Am 21. Oktober 1918 gehörte Seliger denn auch der Provisorischen Nationalversammlung Österreichs als Mitglied an. Zwei Tage später, am 23. Oktober 1918, wurde er zum ersten Parteiobmann der Deutschen Sozialdemokratischen Partei im Sudetenland bestellt.

ZWISCHEN DEN GRENZEN, ZWISCHEN DEN VÖLKERN

Als solcher begann er nun den Kampf um den Verbleib der Sudetengebiete bei Österreich. Bereits am 4. November 1918 begann er Verhandlungen mit den neuen Verwaltungsstellen in Prag, wo er vor allem in seinem langjährigen Parteifreund Soukup einen Gesprächspartner zu finden hoffte. Doch Alois Rasin, der gemeinsam mit Premier Kramař zwei Jahre zuvor nur knapp der Hinrichtung als Hochverräter entgangen war, beendete den Dialog mit markigen Worten: „Mit Rebellen verhandeln wir nicht!" Die Überheblichkeit der Deutschnationalen war durch jene der nationalistischen Tschechen abgelöst worden.

Die tschechischen Emissäre bei den Friedensverhandlungen setzten sich in der Folge in allen Punkten durch. Bereits am 16. Februar 1919 mussten Seliger und die anderen sudetendeutschen Mandatare in Wien ihren Sitz aufgeben, war das Gebiet doch definitiv der ČSR zugeschlagen worden. Von nun an musste es die Zielsetzung der sudetendeutschen Politiker sein, wenigstens eine Autonomie-Lösung für ihre Region zu erzielen.

Zu diesem Zweck veranstalteten die deutschsprachigen Organisationen Kundgebungen und Manifestationen, die jedoch einen gewalttätigen Ausgang nahmen, bei dem auf beiden Seiten Tote und Verletzte zu beklagen waren. Die Situation schien aussichtslos verfahren zu sein. Seliger wollte immer noch vermitteln. Am 4. März 1919 sagte er in Teplitz-Schönau: „Uns führt nicht Hass gegen das tschechische Volk zusammen, dem wir seine Befreiung aus dem alten Sklavenstaat Habsburg gönnen, nur die Liebe zu unserem Volk, unserer Freiheit und zu unserem Rechte ist es, die uns heute zusammenführt."

Doch alle Bemühungen blieben fruchtlos. Im Gegensatz zu anderen, die nach Wien auswichen, blieb Seliger in seiner Heimat und organisierte die sudetendeutsche Sozialdemokratie vor dem Hintergrund der geänderten politischen Verhältnisse neu. Die erste große Bewährungsprobe waren die Kommunalwahlen vom Juli 1919, für die Seliger seitens seiner Partei die Verantwortung übernommen hatte.

Der Erfolg war durchschlagend. Nahezu 90 % der Wähler stimmten in den sudetendeutschen Gebieten für Seligers Sozialdemokraten, die somit einen beachtlichen Wahlerfolg erzielen konnten. Sie stellten in über 100 Gemeinden den Bürgermeister und waren eine politische Kraft, die auch auf der Ebene des Gesamtstaates eine gewichtige Rolle würde spielen können.

Zu Recht erkannte die Partei in Seliger den Verantwortlichen für diese Erfolge, und dementsprechend hoch war die Zustimmung im August 1919 anlässlich seiner Wiederwahl am Parteitag der Deutschen Sozialdemokratie in der Tschechoslowakei, der sinnfälligerweise in Teplitz-Schönau abgehalten wurde. Ludwig Czech wurde abermals Seligers Stellvertreter.

Bei den nationalen Parlamentswahlen im April 1920 erhielt die Partei in den sudetendeutschen Gebieten 44 % der Stimmen - im Wahlkreis Karlsbad sogar 51 % -, sodass sie mit 33 von 72 Mandaten, die für die deutschsprachigen Wahlkreise vorgesehen waren, in das Prager Parlament einzog. Über den Fraktionsvorsitz gab es keinen Zweifel, auch diese Funktion übernahm Seliger, der am 2. Juni 1920 seine Jungfernrede als tschechischer Abgeordneter hielt.

Erschwert wurde die Aufgabe der Fraktion durch die vollkommene Isolierung, der sich die deutschsprachigen Mandatare seitens ihrer tschechischen Kollegen ausgesetzt sahen, was gerade im Falle der Sozialdemokratie bizarr war. Die weltanschaulichen Partner pflegten mit den deutschsprachigen Sozialdemokraten keinerlei Kontakt, obwohl die tschechischen Sozialdemokraten mit Vlastimil Tusar sogar den tschechischen Premier stellten.

Verschärft wurde diese Situation durch die ideologischen Konflikte, die auch die deutschsprachige Sozialdemokratie ab dem Sommer 1920 erfassten. Wie bei ihrem tschechischen Pendant kam es zu einem grundsätzlichen Richtungsstreit zwischen Reformisten und Kommunisten, wobei erstere von Seliger und Czech, letztere von Karl Kreibich geführt wurden, einem Schüler von Josef Strasser. Der Konflikt erhielt eine derartige Schärfe, dass ein eigener Parteitag eine endgültige Entscheidung bringen sollte, der für Anfang Oktober 1920 nach Karlsbad einberufen wurde.

Zuvor hatte Seliger noch eine Kompromissformel erarbeitet, nach der eine Art Arbeiterparlament sämtliche Linksparteien ungeachtet ihrer nationalen Provenienz zusammenbringen sollte, um die anstehenden politischen und ideologischen Probleme regelmäßig zu behandeln. Dadurch sollte die Arbeiterbewegung eine gemeinsame Linie erhalten, wobei Seliger daran dachte, dass die Beschlüsse dieses Arbeiterparlaments für alle Parteien, gleich ob in der Regierung oder in der Opposition, verbindlich sein sollten. Seligers Idee stieß aber weder bei den tschechischen Sozialdemokraten noch bei den deutschsprachigen Linkssozialisten auf positive Resonanz.

So musste der Karlsbader Parteitag, der am 3. Oktober 1920 begann, eine Entscheidung bringen. Im Vorfeld des Kongresses warnten die Ärzte Seliger dringend vor einer Teilnahme an diesem Forum. Er hatte sich im rechten Bein eine Blutvergiftung zugezogen, was in Zeiten, da es noch kein Penicillin gab, eine überaus ernste Sache war. So wurde Seliger Bettruhe verordnet, doch der kümmerte sich nicht darum und schleppte sich nach Karlsbad. Dort argumentierte er in einer mehrstündigen Rede, die er unter großen Schmerzen hielt, für die Einheit der Partei - und erhielt entsprechende Zustimmung. Nach vier Tagen anstrengender Debatten setzte sich seine Linie vollinhaltlich durch, Kreibich zog mit einem verhältnismäßig kleinen Kreis von Delegierten aus der Sozialdemokratie aus. Allgemein wurde dieser Erfolg für den sozialdemokratischen Flügel Seligers beherztem Vorgehen auf dem Parteitag zugeschrieben.

Nach dem Kongress kehrte Seliger sofort nach Teplitz-Schönau zurück, wo er seiner Erkrankung allerdings nicht länger Widerstand leisten konnte. Nur elf Tage nach Beendigung des Parteitags, am 18. Oktober 1920, erlag Seliger, erst 50 Jahre alt, der Blutvergiftung. Drei Tage später wurde der Abgeordnete zweier Republiken und dreier Staatsformen in Schönau zur letzten Ruhe gebettet, nachdem ihm tausende Arbeiter das Geleit gegeben hatten. Alljährlich fanden bis 1946 an seinem Grab Gedenkkundgebungen statt, zuletzt am 1. Mai 1946, ehe die Sudetendeutschen ihre Siedlungsgebiete aufgeben mussten. Wenn auch seine Partei nach dem Zweiten Weltkrieg nicht mehr zum Leben erweckt werden konnte, so hält die sudetendeutsche Sozialdemokratie in der Diaspora sein Angedenken immer noch aufrecht, nicht zuletzt durch ihren Vereinsnamen, die „Seliger-Gemeinde“.

In einer seiner letzten Schriften hatte Seliger sich 1919 zur Demokratie geäußert: „Demokratie ist nicht nur allgemeines und gleiches Wahlrecht zur Nationalversammlung, zu Bezirks- und Gemeindevertretungen. Demokratie bedeutet noch etwas ganz anderes. Demokratie ist Herrschaft des Volkes über sich selbst durch die Ausübung seiner Macht in allen Zweigen der Verwaltung.“ Dieses Ziel verfolgt die Sozialdemokratie, ganz im Sinne Seligers, heute noch.

An der Wiege zweier Parteien

BOHUMIR ŠMERAL
(1880-1941)

Bohumir Šmeral zählte zu den sozialdemokratischen Hoffnungsträgern am Beginn des 20. Jahrhunderts. Der Weltkrieg machte aus ihm einen überzeugten Kommunisten. Doch sein Bekenntnis zu seiner tschechischen Nationalität ließ ihn bald politisch heimatlos werden. Šmerals zerrissenes Leben ist ein Sinnbild für ein Jahrhundert der Extreme.

ZWISCHEN DEN NATIONEN

Geboren wurde Šmeral als Sohn eines Lehrers in dem kleinen Örtchen Trebitsch in Westmähren am 25. Oktober 1880. Sein gutbürgerlicher Hintergrund ließ noch nicht erahnen, dass Šmeral einst als enger Weggefährte Stalins enden würde. Er absolvierte das Trebitscher Gymnasium und diente dann, noch ganz österreichischer Patriot, beim berühmten k.u.k. Infanterieregiment Nr. 4, besser bekannt als die „Hoch- und Deutschmeister", in Wien als Einjährig-Freiwilliger, ehe er 1899 in Prag mit dem Iurastudium begann.

Die Sozialdemokratie war damals bereits ein gewichtiger politischer Faktor, zumal in Prag. Šmeral brauchte nicht lang überzeugt zu werden, mit Feuereifer schloss er sich der neuen Partei an. Noch Ende 1899 übernahm er einen Redakteursposten des zentralen tschechischen Parteiorgans „Prava Lidu" („Volksrecht") und legte damit den Grundstein zu seinem kometenhaften Aufstieg innerhalb der Bewegung. Dennoch nahm sich Šmeral noch genügend Zeit, sein Studium zu beenden, und promovierte 1904 zum Dr. iur. an der Karlsuniversität.

Bereits beim gesamtösterreichischen Gewerkschaftskongress im Dezember 1904 hatte der junge Redakteur seinen ersten großen Auftritt, und am Parteitag 1905 bewies der noch nicht 25-Jährige sein enormes politisches Talent, das ihn für höhere Weihen empfahl. Zu jener Zeit kämpfte die Sozialdemokratie der Habsburger-Monarchie mit aller Vehemenz für das allgemeine, gleiche und geheime Wahlrecht und organisierte Demonstrationen und Kundgebungen. In Prag zeichnete sich Šmeral gleich doppelt aus. Nicht nur, dass er sich als Organisator bewährte, er bewies auch eine beachtliche Redegabe. So war es nicht verwunderlich, dass Šmeral alsbald in den inneren Kreis der tschechischen Sozialdemokratie aufstieg.

1907 wurden die ersten freien Wahlen in der Monarchie abgehalten, und sie endeten für die Sozialdemokratie mit einem veritablen Triumph. Die Partei wurde stärkste Fraktion des Abgeordnetenhauses und sah sich auf dem besten Wege, ihre Forderungen in die Wirklichkeit umsetzen zu können. Doch die nationalen Spannungen der Monarchie blieben nicht ohne Wirkung auf die Arbeiterbewegung. Bereits 1899 hatte es erste Tendenzen einer Separation der tschechischen Sozialdemokratie gegeben, und die Frage nach der Zukunft der Monarchie war auch eine nach der Zukunft der Sozialdemokratischen Partei.

Favorisierten die deutschsprachigen Parteigranden generell Autonomielösungen, so gab es innerhalb der tschechischen Partei alsbald Stimmen, denen ein solcher Ansatz nicht weit genug ging. Šmeral hielt sich anfangs aus diesen Debatten heraus und machte umso leichter Karriere in der Partei. Im August 1908 war er Hauptredner seiner Partei bei einer Massenkundgebung am Prager Wenzelsplatz, und bereits am 9. Parteitag der tschechischen Parteiorganisation im Jahre 1909 wurde Šmeral deren Vorsitzender, sodass er nun neben Antonin Nemec und František Soukup zu den führenden Persönlichkeiten der tschechischen Sozialdemokraten gehörte. Als solcher empfahl sich der hauptberufliche Parteiaktivist auch als Kandidat für die nächste Reichsratswahl.

Diese stand 1911 an, nachdem das Abgeordnetenhaus vorzeitig aufgelöst worden war. Šmeral kandidierte im Bezirk Žižkov, wo er seinen populistischen Gegenkandidaten um 198 Stimmen schlug. Mit knapp 31 Jahren war er nach Ignacy Daszynski der zweitjüngste Abgeordnete, der je ins Abgeordnetenhaus gewählt worden war.

TSCHECHISCHER AUSTROMARXIST

In den folgenden Jahren war Šmeral regelmäßiger Gast bei großen sozialdemokratischen Treffen und zählte zu den Granden der Zweiten Internationale. Er konferierte mit Britanniens Ramsay MacDonald ebenso wie mit August Bebel und Leon Nicole und lernte auch Frankreichs Jean Jaures persönlich kennen. Innerhalb der Sozialdemokratie des Habsburger-Staates spielte Šmeral eine zentrale Rolle, da das Verhalten der tschechischen Sozialisten als maßgeblich für die Haltung der Tschechen insgesamt zum Habsburger-Staat angesehen wurde.

Schließlich zählte Šmeral, der immer mehr auch als Theoretiker hervortrat - er veröffentlichte 1909 „Die Sozialdemokratie und die nationale Frage" -, zum losen Kreis der so genannten Austromarxisten, wo er Max Adler und Otto Bauer am nächsten stand.

Die Entwicklung der Monarchie zwang auch die Sozialdemokratie zu einer grundsätzlichen Stellungnahme. Šmeral gab sie 1913 in seinem Werk „Die tschechische Sozialdemokratie und die weiteren Möglichkeiten der Entwicklung Österreich-Ungarns" ab. Im Gegensatz zu den Jungtschechen oder den Parteigängern Masaryks vertrat Šmeral die Ansicht, dass die Zerschlagung der Monarchie in jeder Hinsicht kontraproduktiv wäre. Österreich-Ungarn sei ein großer organisierter Wirtschaftsraum, dessen Zerschlagung die Entwicklung um Jahre zurückwerfen würde. Als konsequenter Marxist war Šmeral auch der Auffassung, dass sich eine politische Umwälzung hin zu einer sozialistischen Gesellschaft nur in einer großen Einheit wie der Donaumonarchie bewerkstelligen ließe. Ein eigener tschechoslowakischer Staat sei daher, so Šmerals Erkenntnis, nicht anzustreben. „Es ist nicht ausgeschlossen, dass wir in einer Periode katastrophaler Umwälzungen unser Staatsrecht durchsetzen können. Für uns als Nation und Land wäre das aber das Ärgste. Wir würden vorübergehend selbstständig werden. Aber nur, um von einem zukünftigen Sieger als Beute eingesteckt zu werden. Wenn Österreich sich nicht halten sollte, dann werden die Flammen eines neuen Dreißigjährigen Krieges über Europa zusammenschlagen und, wie im Gefolge des westfälischen Friedens werden wir Tschechen einen Leidensweg antreten müssen", lauteten die prophetischen Worte des damals 33-jährigen Politikers.

IM WELTKRIEG

Nur kurze Zeit später war der Erste Weltkrieg ausgebrochen, Šmerals Karriere als Parlamentarier nach drei Jahren praktisch zu einem Ende gekommen. Als Chef der stärksten tschechischen Partei blieb er aber zentrale Ansprechstation für alle politischen Gruppierungen, die sich mit der Zukunft der tschechischen Nation befassten. Im November 1914 suchte Edvard Beneš Šmeral auf, um mit ihm die Aussichten auf eine unabhängige Tschechoslowakei zu erörtern. Er hielt Šmerals Antwort in seinem Tagebuch fest: „Šmeral sagte mir einfach, dass wir wahnsinnig seien, dass Masaryk das Volk in ein weiteres Verderben führe und dass ein Politiker, der die Verantwortung für eine große Partei, ja für das ganze Volk trage, an einem Wagnis wie dem Professor Masaryks nicht teilnehmen könne und dürfe."

Šmeral selbst äußerte sich in einem Leitartikel des „Pravo Lidu" wie folgt: „Wir glauben im Sinne eines Großteils der Arbeiterschaft sagen zu können: Die Sympathien des tschechischen Volkes gelten nicht denen, die heute das offizielle Russland vertreten, in Wirklichkeit aber die größten Feinde und grausamsten Bedrücker des russischen Volkes sind. Unsere Anteilnahme gilt denen, die von der Regierung des Zaren in den Straßen der russischen Städte erschossen, in den Gefängnissen gefoltert und in die eisigen Ebenen Sibiriens verbannt werden."

Mit derlei Ansichten kam Šmeral den Vertretern eines „Burgfriedens" innerhalb der Sozialdemokratie gerade recht. Die deutschnationalen Fanatiker in der Partei wie Fritz Austerlitz oder Karl Leuthner trommelten im Stile Hindenburgs pseudopatriotische Phrasen und wetterten gegen den Panslawismus, wobei sie Šmeral als Kronzeugen verwendeten. Doch je länger der Krieg dauerte, umso unhaltbarer wurde Šmerals Einstellung zur nationalen Frage. Auch die Basis der tschechischen Sozialdemokraten war der ewigen Gängelung durch das Deutschtum leid. Dass Šmeral vor diesem Hintergrund immer noch für eine Föderalisierung der Monarchie warb, brachte ihm immer mehr geharnischte Kritik in den eigenen Reihen ein, und im September 1917 wurde er nach acht Jahren als Parteichef durch František Soukup abgelöst, der bereits enge Kontakte zu Kramař, Masaryk und die Chefs der Volkssozialisten, Beneš und Klofač, geknüpft hatte.

Zwei Monate später schuf die Oktoberrevolution in Russland gänzlich neue Bedingungen. Erstmals, so schien es, bewahrheiteten sich Marxens Voraussagen über eine sozialistische Umwälzung im Kapitalismus. Auf diese hatte auch Šmeral all die Jahre gesetzt. Getreu der Losung „Republik das ist nicht viel, Sozialismus heißt das Ziel“ blieb Šmeral auch jetzt bei der Forderung, primär die soziale und weniger die nationale Frage im Auge zu behalten. Angesichts der im Frühjahr 1918 immer dramatischer werdenden Versorgungslage erhielt Šmeral mit dieser Ansicht immer mehr Zulauf. Er griff die bolschewistische Parole von einem Frieden ohne Kontributionen auf und organisierte im Juni 1918 eine Kampagne für einen allgemeinen Verständigungsfrieden. Viele Tschechen teilten diese Ansicht, doch die politischen Eliten zogen in eine andere Richtung.

Während Šmeral noch für die Erhaltung der Monarchie kämpfte, entwickelte sich eine Eigendynamik, die im Herbst 1918 im Formierungsprozess der Nachfolgestaaten der Donaumonarchie gipfelte. Šmerals Bemühen, eine soziale Revolution innerhalb des Verbandes der Habsburgischen Länder zu initiieren, scheiterte. Dementsprechend stand Šmeral auch abseits, als Karel

Kramař und Thomas Masaryk einen neuen Staat aus der Taufe hoben.

EIN NEUER STAAT, EINE NEUE PARTEI

Die Regierung, die sich im November 1918 in Prag konstituiert hatte, wurde von Šmeral apodiktisch abgelehnt. Umso entsetzter war er darüber, dass sein Nachfolger als Parteichef in eben jene Regierung eingetreten war. In der Partei entbrannte ein erbitterter Richtungsstreit. Šmeral und sein Bündnispartner Antonin Zapotocky, der 1953 Staatspräsident der ČSSR werden sollte, wetterten gegen die Hinwendung zu einer „nationalistisch-tschechischen Orientierung“, deren nachteilige Effekte im Proletariat sich schon zeigten. Šmeral und Zapotocky setzten die Vorverlegung des XII. Parteitags der tschechischen Sozialdemokraten auf Dezember 1918 durch, wo sie abermals die „Zusammenarbeit mit der Bourgeoisie“ heftigst bekämpften. Allmählich wurde ihr Standpunkt innerhalb der organisierten Arbeiterschaft mehrheitsfähig. Die zentristischen Kräfte um Nemec bewogen aber die Kritiker Soukups - neben Šmeral und Zapotocky auch die deutschsprachigen Sozialdemokraten um Karl Kreibich, Ludwig Czech und Josef Seliger -, die Auseinandersetzungen bis nach den für Juni 1919 geplanten Wahlen zu vertagen, um die Position der Sozialdemokratie nicht unnötig zu verschlechtern.

Tatsächlich stimmte ein gutes Viertel aller Wahlberechtigten für die Sozialdemokraten, die am 7. Juli 1919 mit Vlastimil Tusar auch den neuen Premier stellten. Doch Tusar bildete wieder eine Koalitionsregierung, sodass Šmeral seine Kritik mit erneuter Heftigkeit vorbrachte. Am XIII. Parteitag 1920 setzte er sich schließlich durch. Die Spaltung der Sozialdemokratie war perfekt. Rund 350.000 Mitglieder schlossen sich Šmeral an, nur rund 150.000 blieben bei Soukup und Tusar.

AN DER WIEGE DER KPČ

Die Emissäre Lenins hatten schon seit Ende 1918 alle europäischen Staaten bereist, um Sympathisanten für den kommunistischen Weg um sich zu scharen. Damit waren sie noch im November 1918 in Österreich erfolgreich gewesen, wo sich eine KPÖ gebildet hatte. Am Neujahrstag des Jahres 1919 konstituierte sich die KPD, und in im Laufe der Jahre 1919 und 1920 zogen die übrigen Länder mit eigenen kommunistischen Parteien nach. In diesen Staaten hatte die Linke versucht, die gesamte Sozialdemokratie ins Lager der Bolschewiki zu ziehen - vor allem in Norwegen und Italien -, und erst als diese Versuche gescheitert waren, eigene Parteien ins Leben gerufen. Dies galt auch für die Tschechoslowakei, wo sich die Linke als KPČ Anfang 1921 neu konstituierte. Und erwartungsgemäß wählte die neue Partei den 41-jährigen Šmeral zu ihrem Vorsitzenden.

Šmeral hatte mit seiner alten Bewegung gebrochen, weil sie, seiner Ansicht nach, den Boden des Marxismus verlassen hatte. Nun wollte er seiner neuen Gruppierung ein Programm geben, das die Fehler der Vergangenheit künftig verunmöglichen würde. Šmeral wollte für einen „Sozialismus in tschechischen Farben“ werben und austromarxistisches Denken mit einer revolutionären Praxis verbinden. Doch gegen den „tschechischen Weg zum Sozialismus“ auf Basis einer undogmatischen breiten Volksbewegung begannen die Emissäre der Kommunistischen Internationale sofort zu wettern. Sie kritisierten Šmerals Konzept verächtlich als „Šmeralismus“, dem sie den Marxismus-Leninismus der KPdSU entgegenstellten. Šmeral, der aus der Sozialdemokratie ausgeschert war, weil er deren Kurs nicht mehr mittragen wollte, sah sich nun damit konfrontiert, einen aus Moskau diktiert zu bekommen.

Bis 1923/24 schwelten die internen Konflikte, zumal der Machtkampf auch in Moskau noch nicht entschieden war. Doch als sich Stalin Anfang 1925 endgültig durchgesetzt hatte, da begann auch in den diversen kommunistischen Parteien Europas ein „Großreinemachen", das unter dem Schlagwort „Bolschewisierung" lief. Am III. Parteitag der KPČ wurde Šmeral als Vorsitzender abgelöst, Klement Gottwald - der 1945 bis 1948 Premier und danach bis 1953 Staatspräsident der ČSSR werden sollte - wurde der eigentliche Chef der KP. Šmeral blieb noch ein Jahr einfacher Abgeordneter, ehe er 1926 de facto zwangspensioniert wurde.

Die Partei schob ihren einstigen Vorsitzenden nach Moskau ab, wo er im Exekutivkomitee der Komintern saß, ohne dort recht viel zu sagen zu haben. Die KPČ wurde auf das zentrale Grundsatzprogramm der Komintern verpflichtet, der psychisch sichtlich gebrochene Šmeral leistete keinen Widerstand mehr. Prominente Kommunisten begannen vom „Genossen Schwejk" zu sprechen, da Šmeral in jenen Jahren nur noch durch seine nachlässige Gewandung und seine Hinwendung zu geistigen Getränken aufzufallen pflegte und selbst innerhalb des Komintern-Apparats auf vergleichsweise unbedeutende Felder wie das Sammeln von Akten zur „mandschurischen Frage" abgeschoben worden war.

Aus dem Mann, der sich noch mit Lenin ideologische Debatten über den Transformationsprozess in der Übergangsperiode zur sozialistischen Gesellschaft geliefert hatte, dessen intellektuelle Kapazität von Adler, Bebel und Bauer geschätzt worden war, war mit 50 ein gebrochener Politiker geworden, der jeden Einfluss auf den Gang der Ereignisse verloren hatte. Wie schon in der Habsburger-Monarchie war er auch in der Tschechoslowakei an der nationalen Frage gescheitert, stand er doch für eine Struktur, in der Deutsch-, Ungarisch- und Slawischsprachige gemeinsam für eine Umgestaltung hin zu einer proletarischen Demokratie wirken sollten. Diese Ansichten waren aber mit jenen Stalins nicht kompatibel, sodass Šmeral seinen Überzeugungen abschwor und sich in sein Schicksal fügte.

Willig exekutierte er in seinem letzten Lebensjahrzehnt jeden Auftrag, der ihm von der Partei erteilt wurde. 1935, als die Komintern die Parole der Volksfront ausgab, holte man Šmeral wieder in die ČSR, nach dem Münchener Abkommen 1938 wurde er wieder in die Sowjetunion beordert. Dort starb er 1941 knapp vor seinem 61. Geburtstag beinahe völlig vergessen inmitten des Zweiten Weltkriegs. Nach dem Krieg ehrte ihn die neue ČSSR 1951 mit einem Satz Briefmarken, doch ansonsten wurde sein Name in der Parteigeschichte nur äußerst selten erwähnt. Šmeral spielte erst 1968 wieder eine Rolle, als die Vertreter des „Prager Frühlings" seine politischen Anschauungen über einen eigenen Weg zum Sozialismus wieder entdeckten und entsprechend propagierten. Doch mit der Niederwalzung dieses politischen Experiments verschwand auch der Name Šmeral wieder von der Bildfläche. Bis heute ist er nur einer kleinen, verschworenen Gemeinde von Historikern ein Begriff - als eine Persönlichkeit, die es in der Hand gehabt hätte, ein „linker Masaryk" zu werden, die aber, um Manes Sperber zu zitieren, „wie eine Träne im Ozean" des 20. Jahrhunderts verlorenging.

Vom Gastwirtssohn zum Justizminister

FRANTIŠEK SOUKUP
(1871-1940)

Seine Herkunft prädestinierte ihn nicht gerade für höhere Weihen. Doch der Mann mit dem markanten Zwirbelbart legte einen beachtlichen Karriereweg zurück und wurde zum Grundsteinleger der tschechischen Justizwesens.

VON DER PROVINZ IN DIE GROSSE STADT

František Soukup kam am 22. August 1871 im böhmischen Kleinstädtchen Kamenná Lhota nahe Kuttenberg (Kutna Hora) zur Welt, wo sein Vater eine Gastwirtschaft betrieb. Diese scheint recht einträglich gewesen zu sein, denn die Eltern Soukups konnten es sich leisten, den Filius aufs Gymnasium zu schicken und ihm nach Matura und Wehrdienst, den er bei der Sanitätstruppe in Bratislava ableistete, ab 1891 sogar ein Studium zu ermöglichen.

Soukup entschied sich für die Juristerei, für die er zeitlebens eine Leidenschaft haben sollte. Doch beschränkte er sich nicht auf das Studium, sondern begann sich auch politisch zu engagieren. Zunächst bei den Fortschrittlichen Studenten aktiv, die den Jungtschechen nahe standen, entwickelte er sich ab 1894 in Richtung Sozialdemokratie, der er sich 1896 auch formell anschloss, nachdem er an der Prager Karlsuniversität zum Dr. iur. promoviert hatte.

Er machte sich als Rechtsanwalt in Strafsachen selbstständig und verteidigte in dieser Funktion zahlreiche sozial Unterprivilegierte, die allein ihre Notlage dazu gebracht hatte, mit dem Gesetz in Konflikt zu kommen, ein Umstand, auf den Soukup in seinen Reden immer wieder hinwies. Schon zu jener Zeit trat Soukup für ein Rechtswesen ein, das allen und nicht allein den Reichen diente. Zwanzig Jahre später sollte er die Gelegenheit erhalten, seine Ansichten in die Praxis umzusetzen.

Im Oktober 1897 holte der Chefredakteur der neuen sozialdemokratischen Tageszeitung „Pravo Lidu" („Volksrecht"), Antonin Nemec, den viel versprechenden Advokaten in die Redaktion der Zeitung, wo sich Soukup rasch einen Namen als ausgezeichneter Journalist und profunder Kenner der Materie machte, über die er schrieb. So konnte es nicht ausbleiben, dass Soukup in den Parteivorstand der tschechischen Sozialdemokratie einzog und bald einer ihrer zentralen Funktionäre war.

Regelmäßiger Vertreter der tschechischen Sozialisten bei internationalen Kongressen, zog Soukup 1904 als zweiter Repräsentant seiner Partei neben Antonin Nemec in das Exekutivbüro der Sozialistischen Internationale ein und wurde zum Vielschreiber auch in der internationalen Arbeiterpresse. Die österreichischen Behörden verfolgten Soukups vielfaches Engagement mit wachsendem Misstrauen, und mehr als einmal wanderte Soukup wegen einer presserechtlichen Verurteilung ins Gefängnis. Dennoch nannte Soukup auch weiterhin die Dinge beim Namen, getreu Lassalles Motto: „Aussprechen, was ist."

IM REICHSRAT

Als 1907 erstmals gleiche Wahlen in der Monarchie abgehalten wurden, kandidierte Soukup im Prager Arbeiterbezirk Holešovice, der primär durch den größten Prager Bahnhof Bekanntheit erlangte. Dort besaß die Partei eine ihrer Hochburgen, und Soukup wurde mit nahezu 70 % der Stimmen überlegen zum Abgeordneten in den Reichsrat gewählt. Da in der sozialdemokratischen Fraktion damals Juristen dünn gesät waren, etablierte sich Soukup rasch als Justizsprecher seiner Partei. Als solcher lieferte er sich mit der Regierung harte Gefechte, wobei nicht nur seine Ehrfurcht gebietende Erscheinung, sondern vor allem die Klarheit seiner Argumente seine Gegner in arge Verlegenheit brachte.

Bei aller Kritik, die Soukup am Rechtswesen der Monarchie hatte, hoffte er dennoch lange Zeit, der Staat könnte reformiert werden. Wiewohl er aus seinem Tschechentum nie ein Hehl machte, sah er noch 1914 die Möglichkeit einer gemeinsamen Entwicklung aller Nationen innerhalb des Staatsverbandes des Habsburger-Reiches. Erst die Entwicklung nach Beginn des Weltkriegs ließ auch bei Soukup die Überzeugung reifen, dass mit den Habsburgern, aber auch mit den Österreichern kein Staat mehr zu machen war. So avancierte er ab 1915 zum Wortführer einer tschechischen Unabhängigkeit innerhalb der tschechischen Sozialdemokratie.

Seine Richtung wurde ab 1917 in der Partei mehrheitsfähig. Soukup löste konsequenterweise Šmeral als Parteiobmann ab und suchte eine Verständigung mit den anderen tschechischen Parteien, die ebenfalls eine Unabhängigkeit von Österreich anstrebten. Gemeinsam mit Kramař, Masaryk, Klofač und Beneš war Soukup treibende Kraft beim Loslösungsprozess der Länder der böhmischen Krone von Österreich. Noch kurz vor Ausbruch des Krieges hatte er von der Rostra des Sitzungssaales gewarnt: „Aber vergessen wir nicht, dass in dem Augenblicke, wo die Massen auch an diesem Parlamente verzweifeln sollten, die Entwicklung nicht mehr zurückgeht." Dieser Moment schien ihm nun gekommen. Er brachte seine Partei in die sich formierenden tschechischen Gremien ein und stand im Oktober 1918 an der Seite der Gründer der neuen tschechoslowakischen Republik.

JUSTIZMINISTER

Das erste Kabinett, das im November 1918 in Prag seine Arbeit aufnahm, bestand zu einem guten Teil aus erprobten Politikern, die sich ihre Sporen im Wiener Parlament verdient hatten. Neben Premier Karel Kramař wirkten Vaclav Klofač, der Chef der Volkssozialisten, und eben František Soukup, der Obmann der Sozialdemokraten, in zentralen Funktionen. Soukup war Justizminister geworden und ging sogleich daran, die Grundlagen zu einem demokratischen Rechtswesen zu schaffen, das sich wohltuend von dem alten österreichischen unterscheiden sollte.

Soukup arbeitete eifrig an entsprechenden Gesetzesvorlagen, und da Kramař sowie sein Außenminister Beneš die meiste Zeit über zu Friedensverhandlungen außer Landes weilten, leitete Soukup zwischenzeitlich auch die Regierungsgeschäfte, zumal in jenen Tagen die Sozialdemokratie die bestimmende Kraft im Lande zu sein schien. Allgemein ging man in Soukups Partei davon aus, aus den Wahlen im Juni 1919 als stärkste Partei hervorzugehen und einen Anspruch auf den Premierministerposten stellen zu können. Parteiobmann Soukup schien dafür die logische Person zu sein.

Doch beim Urnengang erlebten die Sozialdemokraten eine Überraschung. Sie wurden von der Bauernpartei um ein Mandat überflügelt und landeten mit 54 von 250 Sitzen nur auf Rang zwei, immerhin aber noch vor den Nationaldemokraten Kramařs, der prompt seinen Rücktritt in Aussicht stellte. Die Sozialdemokraten befanden sich nach dieser Wahl in einer eigenartigen Situation. Einerseits besaßen sie ungeachtet des Wahlausgangs große Chancen auf den Vorsitz in der Regierung, andererseits mussten sie sich eine Niederlage eingestehen und ihre Fehler analysieren.

Noch im Sommer 1919 entbrannte ein Richtungsstreit, in dessen Zentrum sich Soukup zur einen und sein Vorgänger als Parteichef Šmeral zu anderen befanden. Für Šmeral war Soukup der Hauptschuldige am schlechten Abschneiden der Partei, da er, wie Šmeral behauptete, zu kompromisslerisch aufgetreten sei, die zentralen Losungen der Arbeiterbewegung zu wenig in den Vordergrund gestellt und sich dem bürgerlichen Lager zu sehr angedient habe. Hintergrund der Auseinandersetzung war freilich die Frage nach der Zukunft der Bewegung, denn während Šmeral die Partei in die Reihen der Kommunistischen Internationale führen wollte, lehnte Soukup jede Zusammenarbeit mit den Kommunisten ab.

Der Streit war noch nicht annähernd entschieden, als sich in Prag eine neue Regierung formierte, die unter der Führung des Sozialdemokraten Vlastimil Tusar stand. Tusar neigte weder Soukups noch Šmerals Flügel zu und verzichtete daher auch auf beide Protagonisten in seinem

Kabinett - was vor allem Soukup als Obmann der Partei überraschend und völlig unvorbereitet traf. Soukup war nicht nur der Ansicht, dass er als Obmann schon ex officio einen Anspruch auf einen Ministerposten - wenn nicht gar einen auf den Regierungsvorsitz - besaß, er konnte auch mit einigem Recht darauf verweisen, dass die von ihm eingeleitete Justizreform noch längst nicht abgeschlossen sei und seiner Arbeit daher weiter bedürfe.

Doch Soukups Stellung innerhalb der Partei war nur zwei Jahre nach seiner Wahl zum Vorsitzenden bereits nachhaltig erschüttert. Die Wahlniederlage wurde primär ihm angelastet, wie ihm auch viele Genossen den Vorwurf machten, er habe mit seinem nationalistischen Kurs die deutschsprachigen Sozialdemokraten abgeschreckt, in eine eigene Partei gezwungen und dadurch die Partei unnötig geschwächt. Und da Tusar als Premier allgemein eine gute Figur machte, mehrten sich gegen Ende 1919 die Stimmen, die Soukup als Parteichef abberufen wollten.

Während des Jahres 1920 eskalierte der Richtungsstreit zwischen links und rechts innerhalb der Sozialdemokratie, der, nicht zuletzt ob Soukups starrer Haltung, in einer Spaltung der Partei gipfelte. Ende des Jahres begann sich die KPČ in bewusster Abgrenzung von der alten Sozialdemokratie zu konstituieren, was für die Sozialdemokraten eine weitere empfindliche Schwächung bedeutete. Tusar musste als Premier abdanken, die Sozialdemokratie war für die weitere Zeit auf die Rolle eines Juniorpartners festgelegt, die keine führende Position in den Prager Regierungen mehr übernehmen konnte.

IM SENAT

Soukup zog die Konsequenzen aus diesen Ereignissen und schied noch 1920 aus der ersten Kammer des Parlaments aus. Er übersiedelte in den Senat, wo er stellvertretender Vorsitzender wurde. 1921 gab er den Parteivorsitz ab und trat in die zweite Reihe zurück. In der zweiten Kammer des Parlaments war er Fraktionsführer der Sozialdemokraten und befand sich endlich in einer Funktion, in der er als Person unumstritten war.

1924 wurde er als stellvertretender Senatpräsident bestätigt, vier Jahre später hatte sich die Sozialdemokratie so weit konsolidiert, dass sie stärkste Partei bei den Wahlen wurde. Dies bedeutete für Soukup, dass er Anfang 1929 zum Senatspräsidenten avancierte und nun doch noch eines der wichtigsten Staatsämter - formell das drittwichtigste nach dem des Staatspräsidenten und dem Präsidenten der Abgeordnetenkammer - bekleiden konnte. In diesem Amt wuchs er zum klassischen Elder Statesman, dessen ausgleichende Kommentare oftmals zur Deeskalation beitrugen. Zu einer Zeit, da rings um die ČSR die demokratischen Systeme implodierten, erwies sich die ČSR als ein Hort der Demokratie, dessen Funktionieren kein Bürger des Landes ernsthaft in Zweifel zog.

Doch ab Mitte der 30er Jahre verdüsterte sich auch in der ČSR der politische Horizont. Wesentlich geschürt durch die in Deutschland an der Macht befindlichen Nazis, brach nun auch in den Sudetengebieten der Nationalitätenkonflikt mit aller Härte los. Die überwältigende Mehrheit der deutschsprachigen Bevölkerung sah die ČSR nicht mehr als ihren Staat an, und die ČSR geriet immer mehr unter Druck durch Nazideutschland. Im

Herbst 1938 gelang es den Achsenmächten, die Alliierten zu einer Teilung der Tschechoslowakei zu bewegen, womit der Anfang vom Ende des 1918 entstandenen Staates eingeläutet wurde. Staatspräsident Beneš - aber auch Senatspräsident Soukup - zogen die Konsequenzen aus dem Münchener Abkommen und legten ihre Funktionen nieder.

Soukup war mit 68 Jahren in Rente gegangen. Als Pensionist musste er im März 1939 die endgültige Zerschlagung jener Republik erleben, die er etwas mehr als 20 Jahre zuvor mit aus der Taufe gehoben hatte. Mitten im Zweiten Weltkrieg, am 11. November 1940, verstarb Soukup in Prag. Sein Name versank in den Strudel der Vergessenheit, zumal die Kommunisten, die nach dem Krieg in der Tschechoslowakei an die Macht kamen, wenig Veranlassung hatten, seiner zu gedenken. Soukup stand nur kurz im Rampenlicht der Geschichte, doch seine Justizreform wird auch heute noch von Experten als epochal angesehen.

Polens erster Premier

IGNACY DASZYNSKI
(1866-1936)

1897 zogen erstmals Sozialdemokraten ins Abgeordnetenhaus des Parlaments ein. Da deren bekannte Führer alle ein Mandat verfehlten, wurde der Lemberger Ignacy Daszynski der erste Klubobmann einer sozialdemokratischen Fraktion in Österreich. Sein weiterer Lebensweg sollte ihn noch als ersten Premierminister eines unabhängigen Polen sehen, ehe er als Sejmmarschall seine politische Karriere beschloss.

VON DER GENTRY ZUM PROLETARIER

Daszynski entstammte einer alten Kleinadelsfamilie aus Tarnopol im äußersten Osten der Monarchie. Sein Vater war 1855 ins ostpolnische Zbaraz gezogen, wo er ein kleiner Beamter der dortigen Bezirkshauptmannschaft war. Am 26. Oktober 1866 wurde dort Ignacy als vierter Sohn von Ferdinand Daszynski geboren. Sein ältester Bruder Tomasz machte in der Armee Karriere und wurde als Oberst pensioniert, die beiden anderen Brüder verstarben früh.

Zunächst verbrachte Daszynski eine unbeschwerte Jugend in einer kleinen Villa an den Ufern des Flusses

Gnieżno nächst dem ehemaligen Königsschloss, welches durch die historischen Romane Henryk Sinkiewicz' bekannt geworden war. Zu Daszynskis Zeiten hatte die Stadt knapp 10.000 Einwohner, die sich zu je einem Drittel aus Polen, Ukrainern und Juden zusammensetzte. Deutschsprachige gab es, wiewohl die Stadt zu Österreich-Ungarn gehörte, keine.

Daszynskis Situation verschlechterte sich jäh, als sein Vater 1875 unerwartet starb. Die Witwe zog mit ihren Kindern nach Stanislau zu Verwandten. Diese Stadt war zu Zeiten des polnischen Aufstandes von 1863 eines der Zentren der Erhebung gewesen, und zwölf Jahre später lebten noch viele ehemalige Rebellen in der Stadt. Einer davon wurde Daszynskis Schullehrer, der ihm nicht nur polnischen Patriotismus einimpfen wollte, sondern ihm auch gleich ein ganzes Weltbild zu verpassen beabsichtigte, welches Russen und Deutsche gleichermassen zu verachten hieß.

Dies brachte Daszynski erstmals in Konflikt mit der Staatsmacht. 1880 vervielfältigte er ein Anti-Habsburg-Gedicht seines Bruders Feliks, woraufhin beide vor Gericht gestellt wurden. Allein ihre Jugend rettete sie vor dem Gefängnis. Für Daszynski war dieser Vorfall ein prägendes Erlebnis, und wenn er sich in späteren Jahren auch zum überzeugten Sozialisten wandeln sollte, blieb Österreich für ihn stets ein Unrechtsstaat, der entschieden zu bekämpfen war.

Von der Schule verwiesen, übersiedelten die Daszynskis 1882 nach Lemberg, das neben Krakau bis zu seinem Tod Daszynskis Heimatort bleiben sollte. Dort machte er ein Jahr später die Bekanntschaft Ivan Frankos, des Anführers der kleinen ruthenischen Sozialistengemeinde, der Daszynski in die Welt des Sozialismus einführte. Endlich fand Daszynski auch Arbeit, er schrieb von 1884 bis 1886 regelmäßig Kolumnen für die linksorientierte „Gazeta Naddnistrżanka" („Dnjestr-Zeitung"). Nach deren behördlichem Verbot schlug sich Daszynski als Hauslehrer durch und begann nebenbei, polnische sozialistische Zirkel in Lemberg zu organisieren.

1887 bot sich dem mittlerweile 21-Jährigen die Chance, in Krakau seine Matura zu machen, wodurch er die Hochschulreife erlangte. Daszynski studierte einige Zeit an der Krakauer Jagiellonen-Universität, ehe er Ende 1888 wegen seiner politischen Aktivitäten von der Universität relegiert wurde. Da kurze Zeit später sein Bruder Feliks an Tuberkulose starb, hielt es Daszynski nicht länger in Polen, und er ging 1889/90 nach Paris, wo er Zeuge der Gründung der Zweiten Internationale wurde und an der ersten Demonstration aus Anlass des Kampftages der Arbeiterklasse am 1. Mai 1890 teilnahm.

Wenig später erfuhr er, dass auch in Lemberg eine Maidemonstration stattgefunden hatte, an der tausende Menschen teilgenommen hatten. Ermutigt über diese Entwicklung, kehrte Daszynski über Zürich und Krakau nach Lemberg zurück, wo er im Oktober 1890 mit dem Aufbau einer sozialdemokratischen Parteiorganisation begann.

Die Voraussetzungen dafür waren denkbar ungünstig. Galizien war im letzten Jahrzehnt des 19. Jahrhunderts immer noch ein völlig unterindustrialisiertes Gebiet, wo nicht einmal 10 % der Bevölkerung Arbeiter waren. 80 % der Bewohner Galiziens lebten auf dem Land, allein Lemberg mit 120.000 und Krakau mit 70.000 Einwohnern konnten als mittelgroße Städte gelten. Landflucht prägte zwar die Jahre vor 1900, doch gingen diese Menschen nicht in die Städte, sondern sie emigrierten nach Übersee.

DER GROSSE ORGANISATOR

Diese Schieflage spiegelte sich auch in der politischen Vertretung Galiziens im Reichsrat wider. Von den 63 Abgeordneten, die Galizien stellte, kamen bei den Wahlen 1891 20 aus der Kurie der Großgrundbesitzer, 3 aus der Kurie der Handelskammern, 13 aus den Städten und 27 aus der Bauernschaft. Für Sozialdemokraten war kein Platz. Daszynski erkannte, dass die Industrialisierung der Provinz Grundvoraussetzung für die Entwicklung einer Arbeiterklasse war und als Basis für die Stärkung der Sozialdemokratie gesehen werden konnte.

Daszynski sammelte bereits gewerkschaftlich organisierte Arbeiter und unzufriedene Intellektuelle um sich, um mit ihnen eine Partei zu formieren. Am 14. Dezember 1890 hielt Daszynski die erste öffentliche Veranstaltung ab, die er ganz ins Zeichen einer Wahlrechtsreform stellte. Kurze Zeit später gab er ein regelmäßiges Parteiorgan heraus, „Sila" („Stärke"), und stellte den Arbeitern eigene Klubräumlichkeiten zur Verfügung - den so genannten „Wissenschaftlichen Leseraum" -, wo sie Schriften aus allen Teilen der Monarchie studieren und sich bilden konnten. 1891 publizierte Daszynski seine erste Broschüre: „Glos z Galicij" („Eine Stimme aus Galizien"), in der er das allgemeine, gleiche, geheime Wahlrecht für alle forderte und die politischen Ziele der Sozialdemokratie erläuterte.

Noch im selben Jahr nahm Daszynski am Gesamtparteitag der SDAP in Wien teil, wo er die Bekanntschaft von

Victor Adler machte und dem großen alten Mann des Sozialismus Friedrich Engels begegnete, der bei dem Kongress auf der Wieden das Hauptreferat hielt. Daszynski beeindruckte die Partei, und schon zwei Monate später gehörte er der österreichischen Delegation zum zweiten Kongress der Zweiten Internationale in Brüssel an. Er war vom Zuschauer zum Akteur geworden.

Der Formationsprozess der Sozialdemokratie in Galizien war im Januar 1892 abgeschlossen. 48 Delegierte bildeten den Gründungskongress der „Galizischen Sozialdemokratie", die mittlerweile Mitgliedsorganisationen in elf Städten hatte. Dazsynski wurde ihr Sprecher und Herausgeber des zentralen Parteiorgans „Naprzod" („Vorwärts"). Gestützt auf diese Organisation, konnte Daszynski das nächste Ziel in Angriff nehmen: die Eroberung eines Mandats für die Partei.

Im „Naprzod" propagierte er als zentrale Losung den Kampf für ein „unabhängiges, sozialistisches Polen", für das die Kandidaten der Partei ungeachtet ihrer Nationalität stünden. Seinen Mitgliedern erklärte Daszynski, das Parlament sei die geeignete Bühne für die zentralen Forderungen der Arbeiterbewegung: gleiches (Wahl-)Recht für alle, Achtstundentag, Verbesserung der sozialen Rahmen- und der generellen Lebensbedingungen. Daszynski wusste genau, wovon er sprach, denn er verdiente als Organisator gerade 15 Gulden in der Woche, mithin knapp mehr als einen Facharbeiterlohn.

Die Maikundgebung von 1893 zeigte die ersten Erfolge seiner Bemühungen, nahmen doch bereits 7.000 Menschen an der Veranstaltung teil. Die österreichische Polizei reagierte entsprechend - und sperrte Daszynski wegen „aufrührerischer Reden“ einige Tage ein. Kaum wieder in Freiheit, wanderte er sofort wieder rastlos durch Galizien, in beinahe jedem Ort und jedem Weiler Parteiveranstaltungen abhaltend - und dabei stets auf der Hut vor den kaiserlichen Behörden. Der Tod seiner Mutter 1895 - neben Tomasz, mit dem er allerdings keinen Umgang pflegte, seine letzte Verwandte - traf ihn hart, doch umso mehr engagierte er sich für die Arbeiterbewegung.

Die polnische Arbeiterbewegung, ohnehin nicht gerade machtvoll in ihrer Quantität, spaltete sich 1896 in zwei Fraktionen. Julian Marchlewski gründete die „Sozialdemokratie des Königreiches Polen und Litauen“ (SDKPiL), in der seine Freundin Rosa Luxemburg bald bestimmenden Einfluss gewann. Daszynski hatte Luxemburg 1891 in Berlin kennen gelernt und von ihr in höchsten Tönen geschwärmt. Fünf Jahre später war er von ihr gründlich enttäuscht und sprach nur noch „von der bösartigen Frau mit ihrem hasserfüllten Denken“. Daszynski formierte mit Andreas Moraczewski, Josef Pilsudski und anderen die „Polnische Partei der Sozialdemokraten“ (PPS), deren erster Sekretär er wurde. Die PPS wurde bald zum bestimmenden Faktor in Galizien und begann bereits im Herbst 1896 mit dem Wahlkampf für die Reichsratswahlen, die 1897 stattfinden würden.

IM HOHEN HAUS

Grundlage hiefür war die Wahlrechtsreform von 1896, in der eine neue, fünfte Kurie eingeführt wurde, in der 72 Mandate zur Vergabe gelangen sollten. Auf Galizien entfielen 15 neue Sitze, was 70.000 Wähler pro Mandat bedeutete (gegenüber 63 Wählern für einen Abgeordneten der ersten Kurie). Dementsprechend groß waren die Wahlkreise. Daszynski kandidierte für den Wahlkreis „Krakau“, der neben der Stadt selbst auch noch 157 kleinere Ortschaften inkludierte.

In seinem Wahlkampf, den er mitten im harten Winter 1896/97 begann, ging Daszynski völlig neue Wege. Er stellte eine Canvassingtour zusammen, die ihn Tag für Tag in eine ganze Reihe von Dörfern brachte, wo er eine Rede nach der anderen hielt. Die vielen persönlichen Kontakte sorgten am 11. März 1897 für einen wahren Erdrutschsieg des sozialdemokratischen Parteichefs. Er erhielt 75 % der Stimmen seines Wahlkreises und erzielte damit das beste Ergebnis aller sozialdemokratischen Kandidaten der gesamten Monarchie. Ende März 1897 zog der 30-Jährige als jüngster aller Mandatare in den Abgeordnetenhaussitzungssaal ein.

Gemeinsam mit Daszynski hatten sechs tschechische und sieben deutschsprachige Sozialdemokraten die Wahl ins Parlament geschafft. Diese 14 Abgeordneten bildeten den einzigen Klub, der nicht auf rein nationaler Basis zusammengesetzt war. Für Tschechen wie Deutschsprachige war der Pole die logische Integrationsfigur. Bis 1905, als Victor Adler endlich der Einzug ins Hohe Haus gelang, blieb Daszynski unangefochten Klubobmann der sozialdemokratischen Reichsratsfraktion.

In seiner ersten Wahlperiode, die bis 1901 währte, setzte sich Daszynski unermüdlich für die Durchsetzung des gleichen Wahlrechts ein und prangerte die sozialen Missstände in der Monarchie an. Überdies machte er sich einen Namen als kompromissloser Kämpfer gegen Korruption und Misswirtschaft in den Behörden des Habsburger-Reiches. Armee und Bürokratie, so wetterte er, verschwendeten Millionen von Steuergeldern, die Not leidenden Arbeitern und Bauern abgepresst würden. Magnaten, Hausherren und Fabrikanten würden mit Benefizien überhäuft, während sich die breite Masse nicht einmal das tägliche Brot leisten könne. Jedes Jahr stürben 50.000 Menschen in der Monarchie an Hunger und Auszehrung, die Bauern Galiziens seien, zitierte Daszynski wissenschaftliche Quellen, ärmer und unterernährter als tribale Gesellschaften in Zentralafrika.

Wie nicht anders zu erwarten, zeitigten seine Anklagen keinerlei Folgen. Der kakanische Schlendrian ging ungehindert weiter. Konsequenterweise brachte Daszynski daraufhin einen Misstrauensantrag gegen Kanzler Thun ein, der im November 1898 verhandelt wurde. Daszynski verlor mit 97 zu 189 Stimmen (bei zahllosen Enthaltungen), doch für einen Klub von 14 Mandataren war dies bereits ein beachtlicher Erfolg. Zuvor hatte Daszynski noch die Lacher auf seiner Seite, als ein Vertreter der (christlichen) Regierungsparteien ihn zum Duell forderte. Daszynski lehnte dieses Ansinnen, wie er sagte, aus zwei Gründen ab, aus einem politischen - „Duellieren ist für einen Sozialisten Nonsens“ - und einem religiösen - „und im übrigen verstößt ein Duell gegen kanonisches Recht“.

Im Frühjahr 1897 fand Daszynski endlich auch persönliches Glück. Er lernte die Bühnenschauspielerin Maria Zadora-Paszkowska kennen, die er noch im Juni desselben Jahres heiratete. Da sie einem alten Adelsgeschlecht entstammte, war das Paar stets gewissen Spannungen ausgesetzt. Die Familie Zadora akzeptierte den Bräutigam nicht, Daszynskis Freunde taten sich schwer mit der „Gräfin“. Dessen ungeachtet gründeten Daszynski und Maria Zadora eine Familie, der erste Sohn, benannt nach Daszynskis früh verstorbenem Bruder Feliks, erblickte am 20. April 1898 in Wien das

Licht der Welt - er wurde später Leiter der Warschauer Tourismusbehörde. Stefan folgte 1902. Er studierte an der Universität in Pittsburgh, Pennsylvania, und zeichnete sich später im polnischen Widerstand gegen die Deutschen aus. Stefans Pate war niemand geringerer als Josef Pilsudski selbst. Die Zwillinge Hanna und Helena kamen 1908 zur Welt, wobei Hanna Schauspielerin wurde, Helena, die 1939 nach England emigrierte, avancierte dort zur anerkannten Bankerin.

Die Jahre 1898 und 1900 sahen Daszynski als einen der „Vielredner" im Hohen Haus, er war als Klubobmann seiner Fraktion in fast jeder Debatte am Wort. Ob es um den „Sprachenstreit", die Wahlrechtsreform oder um Erziehungsfragen ging, stets stand Daszynski an der Rostra und prägte mit seinen Worten den Parlamentarismus jener Zeit. Überdies zeichnete er sich durch eine Vielzahl von Interpellationen aus, mit denen er die Regierung nicht nur einmal in Verlegenheit brachte. Seinen größten Erfolg erzielte er im Februar 1900, als es den Sozialdemokraten gelang, im Gefolge eines breiten Bergarbeiterstreiks ein Gesetz zur Festlegung der Arbeitszeit auf neun Stunden täglich beschließen zu lassen, was eine markante Verbesserung des Istzustandes von bis zu 16 Stunden täglich bedeutete. Dementsprechend deutlich verlief seine Wiederwahl anlässlich der Reichsratswahlen 1901. Wiewohl mit Wilhelm Ellenbogen, Franz Schuhmeier und Karl Seitz drei prominente österreichische Sozialdemokraten den Einzug ins Abgeordnetenhaus schafften, einigte sich die Fraktion neuerlich auf Daszynski als Klubobmann.

MEHR DEMOKRATIE WAGEN

Daszynskis Aufgabe war nach den Wahlen nicht gerade leichter geworden. So beklagte er „das Chaos von

Privileg und Ungerechtigkeit, von Irrationalität und Brutalität", das das österreichische Hohe Haus präge: „Das ist kein Parlament und kann keines sein", schrieb er am 3. November 1901 in der „Arbeiter-Zeitung". In dieser Hinsicht kritisierte Daszynski vor allem das Verhalten der Jungtschechen um Karel Kramař, die „alle konstruktive Arbeit verunmöglichen". Nationaler Chauvinismus zerstöre demokratische Institutionen, warnte Daszynski am Rednerpult, doch seine Mahnungen stießen allerorten auf taube Ohren.

Besondere Kritik übte Daşzynski am Unwillen der österreichischen Behörden, mehr Demokratie zuzulassen. Der galizische Landtag etwa wurde nach wie vor in einer offenen Wahlprozedur gekürt, was dazu führte, dass Oppositionelle keine Chance auf ein Mandat besaßen, überwachten doch die - meist selbst kandidierenden - Großgrundbesitzer und Fabriksherren das Stimmverhalten ihrer Untergebenen. Daszynski bewarb sich 1901 selbst für einen Sitz im Landtag und nutzte seine Kampagne, das ungerechte System in Galizien anzuprangern. Dass die Mächtigen seine Kandidatur fürchteten, zeigte sich an der massiven Einschüchterung, der die Wähler im Vorfeld des Urnengangs ausgesetzt waren. Daszynski resümierte seine Kampagne am 12. November 1901 im Hohen Haus wie folgt: „In alten Zeiten genügten Wodka und Würste, um Wahlen zu gewinnen, nun braucht es Polizeibajonette." Solange diese „galizische Mafia" das Land beherrsche, werde es kein Ende von Elend und Unterdrückung geben, klagte er die herrschende Schlachta (den polnischen Klein- und Geldadel) an. Bereits eine Woche später, am 20. November, kam seine Parlamentsrede als Broschüre heraus, die in Galizien reißenden Absatz fand.

Und doch dauerte es fast ein Jahr, ehe die „galizische Wahlaffäre“ einen neuen Höhepunkt erlebte. Daszynski waren Dokumente zugespielt worden, die bewiesen, dass die Herrschenden in Krakau im Vorfeld der Landtagswahlen sich darauf verständigt hatten, die Wahlergebnisse notfalls zu fälschen, um einen Sieg ihrer Seite sicherzustellen. Die Empörung war allerorten groß, und Daszynski, der sich zwischenzeitlich auch um einen Sitz im Krakauer Gemeinderat beworben hatte, zog mit Glanz und Glorie ins Krakauer Rathaus ein.

Im Sommer 1904 gelang ihm ein weiterer, sozialpolitisch wichtiger Erfolg. In Borislau kam es nach einem Grubenunglück, bei dem 20 Bergleute gestorben waren, und ob der generell verheerenden Arbeitsbedingungen in den Naphtaminen zu einem spontanen Streik der Arbeiter, als deren Anwalt sich Daszynski sofort zur Verfügung stellte. Die Situation erschien auch den Verantwortlichen so prekär, dass der galizische Vizekönig Andrżej Potocki seine Kur in Karlsbad abbrach, um mit den Arbeitervertretern um Daszynski zu verhandeln. Letztere forderten mehr Lohn, bessere Arbeitsverhältnisse und einen generellen Achtstundentag. Die Regierung drohte damit, die Arbeiter durch Infanterie zusammenschießen zu lassen. Als Daszynski darauf hinwies, dass die Gruben ob der dortigen Gasvorkommen extrem explosiv seien und die Regierung damit nur „das ganze Minengelände in die Luft jagen würde“, lenkte Potocki ein, und die Arbeiter konnten ihren Streik nach Erfüllung all ihrer Forderungen nach 27 Tagen erfolgreich beenden.

Ein weiteres Thema, das Daszynski aufgriff, waren die Zustände in der kaiserlichen Armee. Erstmals meldete er sich im April 1901 zu dieser Frage zu Wort, nachdem ein

Rekrut buchstäblich zu Tode geschliffen worden war. Er nannte diesen Mann ein „Opfer des Molochs Österreichischer Militarismus“ und wies auf die Selbstmordrate in der Armee hin, die damals die höchste in ganz Europa war: Brachten sich etwa 13 Soldaten pro österreichischer Division um, so waren es sechs in einer preußischen und gar nur zwei in einer englischen. Daszynski forderte eine nachhaltige Verbesserung der Bedingungen in den Kasernen, doch drang er auch in dieser Frage nicht bei den Regierenden durch. Kein Wunder, dass er resignierend bemerkte: „Sollte das alte Österreich untergehen, so wird dem alten Monstrum niemand eine Träne nachweinen!“

Daszynski wurde aber auch in eine Armeeaffäre involviert, in der er sich - ex post - lieber nicht engagiert hätte. Er hatte einen Brief des jungen Dragoner-Offiziers Geza von Keglević erhalten, der seit geraumer Zeit im Kerker schmachtete, weil er illegal Geld gewechselt habe. In Wirklichkeit büßte der junge Leutnant, weil er eine Affäre mit der Tochter des belgischen Königs hatte - und die Armee eine solche Liaison unterbinden wollte. Daszynski machte die Causa publik und zwang Franz Joseph in Hollywood-Manier, Keglević zu pardonieren und die Ausreise zu gestatten. Doch Daszynski konnte sich über diesen Triumph nicht lange freuen, denn Keglević erwies sich als arroganter Snob, der nur allzu schnell auf seine Helfer vergaß.

FÜR DAS GLEICHE WAHLRECHT

1905 sorgten die Ereignisse in Russland dafür, dass in Österreich der Demokratisierungsdruck stark stieg. Die Sozialdemokratie kämpfte immer entschlossener für das allgemeine Wahlrecht und organisierte für den

22. September eine Massenkundgebung in Wien. Daszynski sprach für die Partei und wetterte gegen den „Völkerkerker Österreich", der aber auch ein „Volkskerker" sei, die nationale mit der sozialen Frage verknüpfend. Im November 1905 regte er in Krakau sogar einen Generalstreik an, um die Demokratisierung des Wahlrechts durchzusetzen.

Wenige Tage später marschierte eine Viertelmillion Wienerinnen und Wiener in einer fünfstündigen Parade am Reichsrat vorbei, was den Eindruck auf die Herrschenden nicht verfehlte. Selbst Franz Joseph lenkte nun ein, und nachdem Daszynski am 5. Dezember im Reichsrat einen neuen Rekord für die längste Rede im Hause aufgestellt hatte, legte die Regierung einen Entwurf zu einer Wahlrechtsreform vor. Es dauerte zwar immer noch einige Zeit, ehe das neue Wahlrecht beschlossen war, aber die Sozialdemokratie hatte einen wichtigen Etappensieg errungen. Dementsprechend intensiv waren die Vorbereitungen für die Frühjahrswahlen 1907, die erstmals nach dem allgemeinen, gleichen, freien und geheimen Wahlrecht (für Männer) stattfanden.

Daszynski, der maßgeblich für dessen Durchsetzung verantwortlich gewesen war, erlebte allerdings eine unangenehme Überraschung. Er unterlag im Wahlkreis Krakau unter mehr als fragwürdigen Bedingungen (die Wahlkommission hatte die Auszählung ausgesetzt, was den Verdacht der Wahlfälschung nachgerade aufdrängte) mit knapp mehr als 100 Stimmen seinem konservativen Gegenkandidaten. Generell schnitt die Sozialdemokratie in Galizien schlecht ab und eroberte nur sieben von 40 Mandaten, wobei nur Andreas Moraczewski in Kalusz (bei Lemberg) und Herman Liebermann in Przemysl sich wirklich klar durchsetzten.

Daszynski war kaum „Abgeordneter a. D.“, da wurde der 41-Jährige auch schon verhaftet. Ein altes Pressdelikt, das seinerzeit eine Haftstrafe evoziert hatte, die er aber wegen seiner parlamentarischen Immunität nicht angetreten hatte, wurde nun schlagend, und so saß Daszynski bis Mitte Juli 1907 im Krakauer Gefängnis. Kaum war er wieder auf freiem Fuß, überlegte die Partei, wie sie ihren langjährigen Klubobmann doch wieder ins Abgeordnetenhaus bringen könnte. Am 3. November 1907 verzichtete Tadeusz Reger auf seinen Sitz im schlesischen Ċieszyn, wo sich Daszynski ob seines seinerzeitigen Engagements während des Bergarbeiterstreiks großer Beliebtheit erfreute. Entsprechend überzeugend gewann Daszynski die Nachwahl mit 6.715 zu 2.440 Stimmen und wurde am 19. Dezember 1907 wieder Mitglied des Reichsrates.

Da dort seit 1905 Victor Adler als Klubobmann der Sozialdemokraten agierte, konnte sich Daszynski verstärkt mit polnischen Fragen befassen. Dies wurde dringend notwendig, als Vizekönig Andrżej Potocki Anfang Mai 1908 von einem ukrainischen Nationalisten ermordet wurde. Die nationale Frage war nun auch in Galizien zur Causa prima geworden. Daszynski setzte dem allgemeinen nationalistischen Gepolter die Idee eines supranationalen und demokratischen Gemeinwesens entgegen, doch hatte er Mühe, mit diesen Vorstellungen in der Bevölkerung durchzudringen. Dennoch schaffte er bei den letzten Reichsratswahlen der Monarchie im Jahre 1911 die Wiedereroberung seines Krakauer Wahlkreises, wenn auch nur mit einem Vorsprung von 28 Stimmen. Die Prophezeiung seines bürgerlichen Gegenspielers Jan Kantor-Fedorowicz, er werde gewinnen - „Du hast die Popularität, aber ich habe das Geld!“ -, bewahrheitete sich nicht. Generell erzielte die polnische Sozialdemokratie - im Gegensatz zur Gesamtpartei - 1911 einen überzeugenden Erfolg und zog als stärkste polnische Partei in den Reichsrat ein, der sich im Juli 1911 konstituierte, um sich gleich darauf in die Sommerferien zu begeben.

Kurz nach Wiederaufnahme der Tagung kam es am 5. Oktober 1911 zu einem Schussattentat im Hohen Haus, bei dem ein empörter jugoslawischer Arbeiter namens Njegoš den damaligen Justizminister Hochenburger ins Visier genommen hatte. In den tumultuös ausartenden Auseinandersetzungen behielt Daszynski die Contenance und legte in einer seiner berühmten Marathonreden die Sichtweise seiner Partei zu den Vorfällen dar. Das Volk verzweifle an seiner aussichtslosen Lage, für die allein die Profitgier der Reichen verantwortlich sei. So habe die Regierung Galizien unter Quarantäne gestellt, um ihm teures Fleisch aus Wien aufdrängen zu können, das sich die Bevölkerung nicht leisten könne, während gleichzeitig die vom Fleischverkauf abhängigen galizischen Kleinbauern ruiniert würden. Salz, Bier, Heu und Kartoffeln würden um teures Geld nach Preußen geliefert, anstatt die bedürftige Bevölkerung damit zu versorgen. Das Volk darbe, die Regierung achte nur auf den Gewinn. Dieses Verhalten mache aus Österreich ein Pulverfass, das jederzeit explodieren könne, warnte Daszynski, der ein entsprechendes Investitionsprogramm für die unterentwickelten Gebiete der Monarchie forderte und abermals auf taube Ohren seitens der Regierung stieß.

In den Jahren 1912 und 1913 wiederholte Daszynski unermüdlich seine wesentlichen Anliegen, doch Kanzler Stürgkh sah keinerlei Veranlassung, sich um soziale Themen zu kümmern. Die Monarchie schien an einem toten Punkt angekommen, und alle Seiten warteten auf das reinigende Gewitter.

IM KRIEG

Dieses kam mit der Ermordung Erzherzog Franz Ferdinands am 28. Juni 1914 in Sarajewo. Daszynski, mittlerweile 48, weilte gerade zur Kur im slowakischen Trenčianske Teplice und eilte sofort nach Wien zurück, um an den Beratungen über die weitere Vorgangsweise seiner Partei teilnehmen zu können. Anfang August 1914 ging er nach Krakau, wo er gerade noch zurecht kam, um den ihm persönlich bekannten W. I. Lenin mit Hilfe einer Intervention von Victor Adler aus dem österreichischen Kerker zu befreien, wo er wegen des Verdachts der Spionage für den Zaren (!) einsaß, und ihm die Ausreise in die Schweiz zu ermöglichen. Das Verhalten der österreichischen Behörden, die auch seinen Freund Josef Pilsudski verhaftet hatten, veranlasste Daszynski, sich innerlich endgültig von Österreich zu lösen. Immer mehr zog es ihn in Richtung Unabhängigkeitsbewegung, die sein Freund Pilsudski energisch vorantrieb, wozu er gar eine eigene Armee, die so genannte „Erste Brigade", aufgestellt hatte, die zunächst gegen die Russen, alsbald aber auch gegen die Österreicher kämpfte.

Im Dezember 1915 bildete sich ein „Polnischer Zirkel", der, ähnlich wie Vereinigungen unter den Tschechen und den Südslawen, die Möglichkeiten eines eigenständigen Staatswesens auslotete. Daszynski trug im Januar 1916 der PPS die Idee vor, sich diesem Zirkel anzuschließen. Die Mehrheit der Funktionäre - unter ihnen auch Moraczewski und Liebermann - lehnten dies vorerst ab, doch die weitere Entwicklung ließ auch diese Politiker allmählich von Österreich abrücken.

Nach dem Attentat Friedrich Adlers auf Premierminister Graf Stürgkh am 21. Oktober und dem Tod von Franz Joseph am 21. November 1916 verschärfte sich die Lage in der Monarchie abermals. Vorerst setzten die oppositionellen Kräfte noch Hoffnungen auf den neuen Monarchen, der im Mai 1917 auch mit den polnischen Sozialdemokraten in Krakau zusammentraf. Daszynski und Moraczewski waren tief enttäuscht von der Konzept- und Ideenlosigkeit Karls, der erklärte, er tue ohnehin alles für Galizien. „Das sehen wir", lautete Daszynskis zynische Antwort. Real standen in Polen nur noch die Konservativen zur Monarchie.

Daran hatte auch die Wiedereröffnung des Reichsrates Ende März 1917 nichts geändert. Die Revolution in Russland zeigte, wie sehr sich Europa nach drei Jahren Krieg bereits im Zustand der Gärung befand. Die Rufe nach Selbstbestimmung waren unüberhörbar geworden, doch der Wiener Hof meinte immer noch, äußerstenfalls eine Autonomielösung ins Auge zu fassen, im Wesentlichen aber alles beim Alten belassen zu können.

Die Oktoberrevolution bedeutete für die polnische Frage eine enorme Dynamisierung. Der sowjetischen Außenminister Trotzki erklärte, seine Regierung trete für die Wiederherstellung eines geeinten und unabhängigen Polen ein. Einen Monat später bekräftigten auch die Westmächte dieses Ziel. Daszynski, der die Oktoberrevolution auch inhaltlich in einem Grundsatzartikel im „Vorwärts" vom 14. November 1917 begrüßt hatte, sah den Zeitpunkt gekommen, sich von Österreich zu verabschieden. Mittlerweile hatte auch Moraczewski seinen Standpunkt übernommen, und Pilsudskis Truppen intensivierten ihren Kampf gegen Österreicher und Deutsche.

Im Februar 1918 machten die Mittelmächte einen entscheidenden taktischen Fehler. Sie gestanden der Ukraine die Unabhängigkeit zu, verwehrten den eigenen Ländern aber selbst eine simple Autonomie. Überdies stimmte Karl zu, Teile der polnischen Länder der Ukraine zu überlassen, was selbst in den Augen der kaisertreuesten Polen schlichter Verrat war. Nun freundeten sich selbst die Konservativen um den Bauernvertreter Wincenty Witos mit der Unabhängigkeit an. Allerorten kam es zu Tumulten, Unruhen und gar Aufständen, die österreichische Militärverwaltung konnte die Ordnung nicht länger aufrecht erhalten.

NOCH IST POLEN NICHT VERLOREN

Die polnische Unterstützung für die Habsburger, die seit der Februarrevolution 1917 systematisch erodiert war, brach nun vollends zusammen. Im Mai 1918 traten selbst Leon Bilinski, lange der Vertreter des alten Kaisers in Galizien, und der langjährige Außenminister Agenor Goluchowski sowie die polnischen Mitglieder des Herrenhauses dem „Polnischen Zirkel" bei und unterstützten einen Bruch der Verbindung zum österreichischen Herrscherhaus. Dass Österreicher und Deutsche nun mit aller Härte gegen polnische Irredentisten vorgingen - auch gegen solche, die sie lediglich des Insurgententums verdächtigten -, verschärfte die Situation zusätzlich.

Hinzu kam ab Juli 1918 die immer aussichtsloser werdende Lage der Mittelmächte, die sich nach dem Scheitern ihrer letzten Offensiven in Frankreich und Italien auf dem Rückzug befanden. Mittlerweile konnten sie nicht einmal mehr die Lebensmittelversorgung der Truppen garantieren, vom Hinterland ganz zu schweigen. Hungersnot und Kraftstoffmangel lähmten jede weitere Aktion. Der Zusammenbrach stand unmittelbar bevor.

Den Anfang machte Bulgarien, das Ende September 1918 kapitulierte. Das Osmanische Reich stand kurz davor, ebenfalls aufzugeben. Vor diesem Hintergrund berief Daszynski am 1. Oktober ein Treffen des „Polnischen Zirkels“ ein. Er legte eine Resolution vor, derzufolge Polen „mit all seinen Territorien, seiner Küste und seiner Bevölkerung“ ein eigenständiger Staat werden solle, zu welchem Zweck die weitere Vorgangsweise auf einem internationalen Friedenskongress behandelt werden sollte. Den Mittelmächten sprach die Resolution das Recht ab, weiterhin über polnisches Gebiet zu verfügen. Der Bürgermeister von Tarnow, Tertil, brachte diese Resolution am 2. Oktober im Reichsrat zur Verlesung.

Einen Tag später, am 3. Oktober 1918, hielt Daszynski seine letzte Rede im Wiener Parlament. Als er vor 21 Jahren erstmals in das Haus gewählt worden sei, begann Daszynski, hätten der Kaiser und die Adeligen Österreich regiert. Nun aber brächten der preußische Militarismus und der ungarische Feudalismus den verrotteten und bürokratischen österreichischen Staat an sein Ende. Vergeblich habe man vor einer solchen Entwicklung gewarnt, nun sei es zu spät: „Hungrige Menschen, die eine zensierte Presse lesen, haben kein Vertrauen mehr in dieses System.“ Die polnischen Arbeiter würden wie Sklaven behandelt, beklagte Daszynski, Patrioten wie Pilsudski würden eingekerkert. Statt des perspektivlosen Österreich sehe er nun einen neuen polnischen Staat: frei, demokratisch, eine Einheit aller Nationen auf polnischem Boden.

Daszynski endete seine 131. Rede im Abgeordnetenhaus mit einer Abrechnung mit den Habsburgern. Diese hätten den nationalen Hass geschürt, nun aber hätten die gemeinsamen Interessen der Menschheit diesen

Hass überwunden, und die Menschheit schreite über Habsburg hinweg zu weltweitem Frieden und Wohlstand - „weiter, immer weiter". Bereits am nächsten Tag reiste Daszynski aus Wien ab - um nicht mehr wiederzukehren.

Die Geschichte wies ihm stattdessen die Aufgabe zu, die polnische Unabhängigkeit auch offiziell zu proklamieren. Am 15. Oktober 1918 verkündete er: „Von nun an sind wir als Bürger eines freien, vereinigten und unabhängigen polnischen Staates anerkannt." Die Österreicher fügten sich ins Unvermeidliche und akzeptierten die Unabhängigkeitserklärung der Polen bereits zwei Tage später. Während damit eine jahrhundertelange Verbindung zwischen Galizien und Österreich endete, begannen in den einzelnen Teilen Polens hektische Beratungen zur Schaffung staatlicher Instanzen.

AN DER SPITZE DES NEUEN STAATES

Bereits am 16. Oktober 1918 hatte sich in Warschau ein „Regierungsrat" gebildet, der die formellen Schritte in Richtung Unabhängigkeit unternehmen sollte. In diesem Gremium waren 30 verschiedene Parteien und Interessengruppen vertreten, die sich de facto gegenseitig blockierten. Als sich am 23. Oktober 1918 Jozef Swiezynski von seiner Partei zum Premier ausrufen ließ, erkannten ihn die meisten anderen Parteiungen nicht als Regierungschef an. Stattdessen konstituierte sich am nächsten Tag die „Polska Komisja Likwidacyja" („Polnische Liquidationskommission") unter der Leitung von Witos, Tertil und Daszynski als provisorische Regierung, die die Aufgabe übernahm, die verwaltungstechnischen Verbindungen zu Österreich, Deutschland und Russland zu kappen und die Versorgung der Bevölkerung zu gewährleisten. In diesem 23-köpfigen Gremium hatten Witos' Bauernpartei mit sechs, Daszynskis Sozialisten mit fünf und Tertils Nationaldemokraten mit vier Vertretern eine solide Mehrheit.

Zunächst wartete alles auf die Rückkehr Pilsudskis, von dessen politischer Entscheidung man sich eine Klärung der Lage erwartete. Die Arbeiter waren jedenfalls mit einer Rechtsregierung nicht einverstanden, und so musste Swiezynski am 3. November 1918 seinen Anspruch auf den Regierungsvorsitz aufgeben und sich der PKL unterordnen. Am 4. November einigten sich die Vertreter der PKL, eine Regierung im klassischen Sinn zu bilden. Vor dem Hintergrund der spannungsgeladenen sozialen Lage kam nur Daszynski als Frontfigur dieses Kabinetts in Frage, und so wurde der langjährige Reichsratsabgeordnete am 7. November 1918 Schlag Mitternacht Premier und Außenminister der „Regierung der Republik Polen". Seinem Kabinett gehörten Moraczewski als Verkehrs- und Witos als Versorgungsminister an. Für Pilsudski war der Posten des Staatspräsidenten vorgesehen, eine weitere Klärung der Situation erwartete man sich von den allgemeinen Wahlen, die für Januar 1919 avisiert wurden.

Später sollte Daszynski stolz darauf sein, diese Revolution ohne jedes Blutvergessen und auf strikt legalem Weg bewerkstelligt zu haben. Anders als in anderen Staaten gab es auch keine einzige politische Kraft im Lande, die dem Kabinett Daszynski seine Existenzberechtigung abgesprochen hätte. Fraglos war Daszynski auf dem Höhepunkt seiner Karriere.

Und doch war er sich nicht sicher, ob die enorme Konzentration an Funktionen - Premier, Außenminister,

Vorsitzender der Sozialisten - eine praktikable Arbeitsgrundlage bot. Als Chef der PPS musste er bei Massenkundgebungen Forderungen erheben, die er als Chef der Regierung nicht erfüllen konnte. Zudem schien er der politischen Rechten - allen voran Witos - nach wie vor zu links, um ein geeintes Polen nach außen vertreten zu können. Schließlich wusste auch er selbst, dass die Demonstrationen in Warschau, Krakau, Lublin und anderen Städten keine Aussagekraft über das wahre politische Kräfteverhältnis im Lande boten. Die Bauernschaft würde bei den Wahlen einen überzeugenden Sieg erringen, darüber war sich auch Daszynski im Klaren. Konsequenterweise sah er sich daher als Wegbereiter, der die Republik geschaffen hatte, deren weitere Zukunft jedoch andere bestimmen würden. Am 18. November 1918 übergab er daher den Vorsitz in der Regierung an Andreas Moraczewski und kündigte an, nach den Wahlen gänzlich aus der Regierung ausscheiden zu wollen.

Der Urnengang vom Januar 1919 brachte die erwartete Enttäuschung für die PPS. Sie erhielt nur 13,2 % der Stimmen, womit sie zwar hinter der Bauernpartei - die allerdings einen gewaltigen Vorsprung erzielt hatte - und den Nationaldemokraten (die es auf 14,8 % gebracht hatten) auf Platz drei landeten, doch der Anspruch auf das Amt des Premierministers war damit obsolet. Moraczewski trat noch im selben Monat zurück, Witos wurde der dritte Premier in der Geschichte des erst drei Monate alten Staates. Die Sozialdemokratie hatte die Niederlage hingegen getroffen, dass sie freiwillig in die Opposition ging. Es sollte bis 1925 dauern, ehe sie mit Moraczewski als Arbeitsminister wieder an einer Regierung beteiligt war.

Daszynski übernahm den Fraktionsvorsitz seiner Partei im polnischen Sejm und blieb überdies auch Obmann der PPS. Nach den Wahlen 1922, bei denen die Sozialdemokraten auf Platz zwei landeten, zog sich Daszynski, mittlerweile 56 Jahre alt, auf den Posten des zweiten Parlamentspräsidenten (Vizemarschall des Sejm) zurück und gab ein Jahr später auch den Vorsitz der PPS ab. Moraczewski sollte bis 1931 die bestimmende Figur der PPS sein. Daszynski aber wurde mit den Jahren zum allseits geachteten Schiedsrichter in den parlamentarischen Debatten, dessen Urteil sich alle Fraktionen vorbehaltlos unterwarfen. In der Bevölkerung, vor allem in seiner galizischen Heimat, war seine Popularität ohnehin ungebrochen.

1925 und 1926 veröffentlichte Daszynski seine Memoiren in zwei Bänden, und als er 1928 endlich zum Parlamentspräsidenten (Sejm-Marschall) avancierte, hatte er den ehrenvollen Abschluss einer fast 40-jährigen Politikerkarriere erreicht.

Damit hätte es sein Bewenden haben können, wäre Daszynski nicht immer besorgter über den Kurs des ehemaligen Staatspräsidenten Pilsudski - einst sein enger politischer Freund und auch der Pate seines Sohnes - gewesen. Pilsudski entfremdete sich ab 1926 seinen einstigen demokratischen Idealen immer weiter und wandte sich zunehmend faschistischen Ideologien zu. Er propagierte eine starke Staatsführung, deren „moralischer Führer" niemand anderer als er selbst sein sollte. Im Mai 1926 organisierte er einen eigenen „Marsch auf Warschau", um den Staatspräsidenten zur Entlassung des Premierministers Witos zu zwingen.

Dagegen opponierte Daszynski heftigst und nahm zu Pilsudskis Plänen in einer eigenen Schrift „Parlament, König, Diktator" Stellung. Er warnte davor, dass ein Verlassen des demokratischen Weges Polens Untergang wäre, und in der Tat weigerte sich Staatspräsident Wojčiechowski, im Widerspruch zur Verfassung zu handeln. So sah sich Pilsudski gezwungen, einzulenken, und im Dezember 1926 kam es zu einem Kompromiss, demzufolge Pilsudski Witos als Premier ablöste, die demokratischen Parteien aber weiterhin in der Regierung vertreten waren. Dieses „Gleichgewicht" hielt bis Ende 1930. Danach unternahm Pilsudski, der im Dezember 1930 als Premier zurückgetreten war, einen neuen Anlauf zu einem autoritären Staat, diesmal mit mehr Erfolg. Im Laufe des Jahres 1931 entfernte er alle politischen Gegner, darunter Daszynski und Moraczewski, von der Macht - Polen war nachhaltig geschwächt.

Daszynski hatte Pilsudski nichts mehr entgegenzusetzen. Er begann immer mehr zu kränkeln und musste sich darauf beschränken, Mahner in der Wüste zu sein. Er konnte nicht verhindern, dass Pilsudski bis 1935 ein faschistisches Regime errichtete, erlebte aber noch, wie Pilsudski selbst vor der neuerlichen Übernahme des Präsidentenamtes im Mai 1935 verschied. Daszynski starb eineinhalb Jahre später am 31. Oktober 1936, kurz nach seinem 70. Geburtstag, im Kurort Bystra. Sein Begräbnis wurde zur letzten großen Manifestation der Linken vor dem Zweiten Weltkrieg.

Ein Sozialist als des Kaisers Edelmann

ANDREAS MORACZEWSKI
(1870-1944)

Der gelernte Eisenbahningenieur Andreas Moraczewski wurde vom Kaiser einst zum „Ritter" geschlagen. Später wurde der Reichsratsabgeordnete Vorsitzender der polnischen Sozialisten, war Polens zweiter Premier und mehrfacher Minister und trotz seines hohen Alters aktiv im antifaschistischen Widerstand.

VOM EISENBAHNER ZUM PARTEIAKTIVISTEN

Geboren wurde Moraczewski am 13. Januar 1870 in dem Dorf Tnemeszno bei Posen als Sohn eines technischen Beamten der galizischen Statthalterei. Sein Vater war als Chefingenieur für die Entwicklung der Infrastruktur in dem rückständigen Landesteil zuständig und hatte somit eine schier unbewältigbare Aufgabe, die ihn zwang, beständig im Lande herumzureisen. Dementsprechend selten bekam der Sohn den Vater zu sehen. Der freilich war überzeugt davon, dass Andreas seinen Fußstapfen zu folgen habe und schickte ihn nach der Grundschule auf die Technische Hochschule in Lemberg, wo er ebenfalls das Rüstzeug für den Ingenieursberuf erwerben sollte.

In der Tat schloss Moraczewski 1887/88 diese Ausbildung ab, sich dabei immer mehr auf das Eisenbahnwesen konzentrierend, zumal das Schienennetz in Galizien zu jener Zeit nur in Rudimenten vorhanden war. Moraczewski entwickelte sich in jenen Jahren ganz im Sinne der kakanischen Bürokratie und leistete pflichtschuldigst 1888/89 seinen Militärdienst als Einjährig-Freiwilliger beim 11. Feldartillerie-Regiment in Lemberg ab, wo er es zum „Kadettfeuerwerker" brachte. Zu jenem Zeitpunkt deutete nichts darauf hin, dass der streb- und schweigsame junge Mann einmal ein sozialistischer Funktionär werden sollte.

Vielmehr wurde Moraczewski nach Ableistung des Militärdienstes k.u.k.-Beamter. Bahnbeamter, um genau zu sein. Er war der Eisenbahnbauleitung in Winniki im östlichen Galizien zugeteilt, wo die logistischen Probleme noch gewaltiger waren als in den übrigen Landesteilen. Sein Rayon lag hart an der Grenze zu Russland, wo die Bahn eine andere Spurweite aufwies als in der Donaumonarchie. Allein dieser Umstand bedeutete schon eine enorme Hürde, die bei jedem Grenzübertritt eines Zuges entsprechend umständliche Adaptionen erforderte. Überdies waren die Netzplanungen zwischen Kaiser- und Zarenreich nicht abgestimmt, sodass viele Linien im Nirgendwo endeten bzw. auf der anderen Seite der Grenze keine Fortsetzung fanden. Moraczewski avancierte bald zum Oberkommissär der Staatsbahnen und hatte den konkreten Auftrag, diese - und ähnliche - Probleme einer Lösung zuzuführen.

Ob es der ständige Kontakt mit den - zu einem Gutteil bereits sozialdemokratisch organisierten - Eisenbahnern war oder die Beobachtung des enormen sozialen Elends an diesem äußersten Zipfel der k.u.k. Monarchie, die Moraczewsksi zum Sozialdemokraten werden ließ, ist heute nicht mehr zu klären. Fakt ist, dass sich der leitende Staatsbahner ab 1892 immer mehr der jungen Partei zuwandte und ihr 1893 auch formell beitrat.

Für seine berufliche Karriere war dieser Schritt alles andere als förderlich, denn die Vorgesetzten reagierten gnadenlos, kaum dass seine Mitgliedschaft ruchbar wurde. Bis zu seiner Wahl ins Abgeordnetenhaus im Frühjahr 1907 sollte Moraczewski keine einzige Beförderung mehr erhalten, auch die früher in Aussicht gestellte Berufung nach Wien unterblieb. Doch mit derselben Begeisterung, mit der Moraczewski technische Probleme in Angriff genommen hatte, stürzte er sich nun in die Parteiarbeit.

BEI DEN POLNISCHEN SOZIALISTEN

Die Sozialdemokratie in Galizien war am Ende des 19. Jahrhunderts auf wenige Zentren konzentriert, das Land immer noch größtenteils agrarisch strukturiert. Mit Lemberg und Krakau gab es nur zwei nennenswerte Städte, Industrie im herkömmlichen Sinne existierte kaum. Das Proletariat, das die Sozialdemokratie zu organisieren gedachte, war somit lediglich in den schlesischen Minen und in den Städten zu finden - und eben bei der Bahn. Viel mehr als der Kontrast zwischen Bürgertum, Bauernstand und Proletariat prägte jedoch die nationale Frage das Land.

In Ostgalizien lebten drei gleich große Volksgruppen nebeneinander. Polen, Ukrainer und Juden bildeten je ein rundes Drittel der Gesamtbevölkerung, während die Deutschsprachigen in einer verschwindend kleinen

Minderheit waren, wie das Deutsche generell nur für den Schriftverkehr mit den Wiener Zentralstellen Verwendung fand. So auch in Kalusz, wo Moraczewski ab 1897 Parteiarbeit machte. Die bedrückende Armut machte diesen Teil Galiziens zum Auswanderungsland Nummer eins in der Monarchie. Allein zwischen 1880 und 1905 emigrierte eine halbe Million Menschen - zumeist nach Übersee, zu einem geringeren Teil aber auch nach Wien. Dennoch wuchs die Bevölkerung von etwas mehr als fünf Millionen im Jahre 1865 auf mehr als sieben Millionen im Jahr 1900 an.

Die Lebensbedingungen in Ostgalizien spotteten jeder Beschreibung. Armut und mangelnde Hygiene bescherten diesem Landesteil die höchste Kindersterblichkeit der gesamten Monarchie, zwei von drei Einwohnern konnten 1900 weder lesen noch schreiben. Von all dem Elend waren die Ukrainer - in der Monarchie „Ruthenen" genannt - am stärksten betroffen, zumal sie, wiewohl sie hier im Osten der Region sogar über 40 % der Bevölkerung stellten, in keiner Form an der politischen Lenkung des Landes beteiligt waren. Die nationalen Spannungen sollten 1908 eskalieren, als ukrainische Nationalisten den galizischen Statthalter Andrżej Potocki ermordeten.

Moraczewski sah seine Aufgabe daher ganz im Sinne des Hainfelder Programms. Das Proletariat musste in die Lage versetzt werden, die Zusammenhänge zu erkennen, die für seine Existenzbedingungen verantwortlich waren, weshalb zuallererst Bildungsarbeit vonnöten sei. Überdies galt es, einen organisatorischen Zusammenschluss zu ermöglichen, durch den den Forderungen der Sozialdemokratie mehr Nachdruck verliehen werden konnte. So bemühte sich Moraczewski nicht nur um den

Aufbau der Parteiorganisation, er hielt auch regelmäßig Fortbildungskurse ab und bildete so eine Art Ableger der Volkshochschulbewegung, die in Wien und Prag um 1900 schon in voller Blüte stand.

IM KAMPF UM DAS WAHLRECHT

Die Reichsratswahlen von 1901 hatten gezeigt, dass die Konservativen, die Großgrund- und Fabriksbesitzer immer noch die allein bestimmende Kraft in Galizien waren. Wollte man diesen Zustand ändern, so brauchte es ein Wahlrecht, das auch den kleinen Handwerkern, den Keuschlern und den Arbeitern die Möglichkeit zur politischen Mitbestimmung gab. In den zentralen Landesteilen der Monarchie hatte das Proletariat schon lange den Kampf um das Stimmrecht aufgenommen, seit 1897 saßen erstmals auch Sozialdemokraten im Wiener Parlament, so Moraczewskis Parteifreund Daszynski für Krakau. Dort und in Lemberg gab es auch immer wieder große sozialdemokratische Kundgebungen für die Durchsetzung dieser zentralen Forderung.

In Moraczewskis Wahlkreis, so wusste die Partei, würden die Chancen auf ein Mandat recht groß sein, wäre erst das Kurienwahlrecht überwunden. Die Entwicklungen im Russland des Jahres 1905 bedeuteten auch für die Monarchie einen wesentlichen Impuls in dieser Hinsicht. Tatsächlich lenkten die Regierenden in Wien ein und gaben den Forderungen der Sozialdemokraten nach. Mit Spannung wurden die Wahlen vom Frühling 1907 erwartet, bei denen das Abgeordnetenhaus erstmals nach dem allgemeinen, geheimen, gleichen und freien Wahlrecht zusammengesetzt wurde. Moraczewski trat im 28. galizischen Wahlkreis (Stryj-Kalusz) an, wo er sich drei Gegenkandidaten gegenübersah.

Die polnischen und ukrainischen Nationalisten hatten jeweils einen Kandidaten aufgeboten, doch die größte Gefahr für Moraczewski drohte von Avram Salz, dem Kandidaten der Zionisten. Moraczewski empfahl sich daher in seinem Wahlkampf als ein Mann, der ungeachtet der nationalen Herkunft für soziale Gleichberechtigung und eine allgemeine Verbesserung der Lebensbedingungen eintrat, womit er sich für die Wähler offensichtlich wohltuend von dem nationalistischen Brimborium seiner Konkurrenten abhob. Am Wahltag erhielt er die relative Mehrheit der Stimmen und ging gegen Salz in eine Stichwahl. Diese konnte er mit einem Vorsprung von beinahe 1.000 Stimmen leicht gewinnen. Er zählte somit zu jenen sieben polnischen Sozialdemokraten, die im Juni 1907 in das Wiener Parlament einzogen, wo seine Partei zu stärksten Fraktion aufgestiegen war.

IM ABGEORDNETENHAUS

Kaum in das Hohe Haus gewählt, änderte sich das Verhalten der offiziellen Stellen Moraczewski gegenüber. Erstmals seit 1893 wurde er wieder befördert und avancierte gleich auf eine leitende Stelle der Staatsbahndirektion in Lemberg. Drei Jahre später sollte Moraczewski gar für seine Verdienste um die Monarchie in den Adelsstand erhoben werden, sodass er bei den letzten Wahlen in der Monarchie anno 1911 als „Andreas Ritter von Moraczewski" firmierte, was für einen Sozialdemokraten überaus bemerkenswert war.

Verantwortlich für diesen individuellen Aufstieg war wohl der Umstand, dass Moraczewski im Parlament zu den konstruktivsten Abgeordneten zählte, die stets um einen Kompromiss rangen und sich rhetorischer

Kraftakte weitgehend entschlugen. Moraczewskis Konsensbereitschaft während seiner ersten Wahlperiode ging so weit, dass er selbst in den eigenen Reihen für seine Nachgiebigkeit Kritik erntete. Er aber vertrat die Ansicht, dass es besser war, für die Wählerschaft Erfolge zu erzielen, anstatt zu „poltern" und dabei ergebnislos zu bleiben.

Die Mehrheit der Wahlberechtigten seines Wahlkreises schien seine Auffassungen von parlamentarischer Arbeit zu teilen, denn bei den vorgezogenen Neuwahlen 1911, die generell für die PPS zu einem großen Erfolg wurden, konnte Moraczewski seinen Stimmenanteil um 20 % erhöhen und verfehlte die absolute Mehrheit im ersten Wahlgang nur um wenige hundert Stimmen. Entsprechend klar fiel sein Sieg in der Stichwahl gegen den zionistischen Kandidaten Leon Reich aus. Der Ritter gehörte für eine weitere Wahlperiode dem Hohen Hause an.

Dort gedachte er seine konstruktive Oppositionspolitik fortzusetzen, doch sah er sich alsbald mit wachsender Verzweiflung in Galizien konfrontiert, deren sichtbare Auswirkung unter anderem die Bildung bewaffneter Selbstschutzverbände sogar in den Reihen der Sozialdemokraten waren. Diese Organisation stand ab 1912 unter dem Kommando von Josef Pilsudski, der den so genannten „Bund des bewaffneten Kampfes" größtenteils gegen den Willen der Parteiführung zu einer Keimzelle der polnischen Unabhängigkeitsbewegung umformte. Dabei setzte Pilsudski ob der herrschenden Bündnisstruktur in Europa auf einen Krieg zwischen den historischen Teilungsmächten, aus dem Polen als Staat wiedererstehen könne. Und dieser Krieg kam früher als erwartet.

IM KRIEG

Die Ermordung Erzherzog Franz Ferdinands sowie der Ausbruch des Ersten Weltkriegs traf vor allem die Sozialdemokratie völlig unvorbereitet. Das Parlament war 1914 ohnehin suspendiert, sodass die österreichischen Sozialdemokraten im Gegensatz zu ihren deutschen Genossen nicht in die Verlegenheit kamen, in patriotisches Hurra ausbrechen zu müssen. Deutschnationale verbale Exzesse von Austerlitz und Leuthner sorgten bei den nichtdeutschsprachigen Sozialdemokraten für erhebliche Verstimmung.

Innerhalb der PPS entbrannte ein Richtungsstreit über die zukünftige Vorgangsweise. Dabei gelang es Pilsudski allmählich, auch die anderen führenden Funktionäre der Partei wie Daszynski und Moraczewski auf seine Seite zu ziehen. Da die versprochene schnelle Entscheidung („Zu Weihnachten sind wir wieder zuhause") ausblieb, die österreichische Armee vielmehr große Niederlagen einstecken musste, die sie durch besonders unsensibles Vorgehen gegen die nationalen Minderheiten zu kompensieren suchte, wechselte auch Moraczewski, der sich nun der „Polnischen Legion" anschloss, im November 1914 ins Lager der Unabhängigkeitsbefürworter.

Die „Polnische Legion" sah sich in der Tradition des polnischen Freiheitskampfes gegen die Russen und wurde ursprünglich von den Mittelmächten durchaus toleriert. Bis 1915 wuchs sie auf 25.000 Mann und erhielt österreichische Offiziere ausschließlich polnischer Herkunft. Die Befehlssprache wurde Polnisch, was innerhalb der Armee eine beachtliche Ausnahme darstellte, waren doch ausnahmslos Deutsch und Ungarisch Kommandosprachen gewesen. Mit gemeinsamen Anstrengungen gelang es, im Sommer 1915 ganz Kongresspolen (der russische Teil des historischen Polens) zu erobern, und die „Polnische Legion" zog mit den österreichischen und den deutschen Truppen Anfang August 1915 in Warschau ein.

Dann aber erwiesen sich die Ankündigungen der Mittelmächte als leere Versprechungen. Polen wurde in einen deutschen und einen österreichischen Sektor, in so genannte Militärgouvernements, geteilt, die ausnahmslos unter Militärverwaltung standen. Pilsudski sah sich betrogen, und selbst kompromissbereite Politiker wie Moraczewski konnte die gemeinsame Proklamation von Wilhelm II. und Franz Joseph vom November 1916, in der Polen zum einheitlichen Königreich erklärt wurde, nicht beruhigen, da die deutsche Dominanz zu offensichtlich und vor allem zu drückend war. Tatsächlich erhoben sich immer lauter die Stimmen, die riefen: „Wir wollen keine deutschen Söldner sein."

Die Februarrevolution 1917 in Rußland brachte neue Bewegung in die polnische Frage. Die neue russische Regierung stellte den Polen die volle Unabhängigkeit in Aussicht. Die Alliierten zogen nach, und Frankreich und die USA machten die Unabhängigkeit Polens zu einem ihrer Kriegsziele. Dem hatten die Mittelmächte wenig mehr entgegenzusetzen als die ständige Wiederholung des vagen Versprechens einer Autonomie nach Kriegsende. Weil Pilsudski dies zu wenig war, wurde er im Juli 1917 verhaftet und nach Magdeburg verschleppt. Vielen Legionären erging es ähnlich, wogegen Daszynski und Moraczewski im wiedereröffneten Parlament Sturm liefen. Beide warnten vor den nicht absehbaren Folgen für die Monarchie, sollte man den Polen seitens Berlin und Wien nicht entgegenkommen.

Erst im Oktober 1917 entschloss sich Wien zu einem Befriedungsschritt und setzte eine Art Selbstverwaltung für Polen ein. Doch der ins Leben gerufene „Regentschaftsrat" war in jeder Hinsicht eine Totgeburt. Nicht nur, dass er aus drei Mitgliedern der Hocharistokratie zusammengesetzt war, er hatte auch nur Befugnisse im justiziellen und im kulturellen Bereich. Selbst den gemäßigten Kräften war dies zu wenig. Der Separatfrieden, den die Mittelmächte im Februar 1918 mit der Ukraine abschlossen, dem zufolge Teile Polens an die Ukraine abgetreten wurden, brachte das Fass zum Überlaufen. Alle polnischen Gruppierungen waren nun einig im Bestreben, einen eigenen Staat ins Leben zu rufen. Unterstützt wurden sie dabei von der Entente, die im September 1918 die Polen als kriegführende Partei anerkannte.

IM NEUEN STAAT

Der Zusammenbruch der Mittelmächte hatte bereits begonnen. Ende September 1918 kapitulierte Bulgarien, und im Oktober 1918 begann Österreich-Ungarn zu zerfallen. Anfang November 1918 bildete sich in Polen eine provisorische Regierung unter Ignacy Daszynski, in der Andreas Moraczewski das Verkehrsressort übernahm, wofür er als Bahnbauingenieur besonders geeignet war.

Doch er kam gar nicht dazu, sich in seine neue Aufgabe als Minister einzuarbeiten, denn nur zwei Wochen später sah er sich zum Premier befördert. Daszynski hatte seinem umgänglicheren und allgemein akzeptierten Parteifreund den Vortritt gelassen, um sich verstärkt auf die Parteiarbeit zu konzentrieren.

Moraczewski sah sich schier unbewältigbaren Problemen gegenüber. Der neue Staat setzte sich aus unterschiedlich entwickelten Teilgebieten zusammen, die noch dazu in unterschiedlicher Weise vom Krieg beeinträchtigt worden waren. In weiten Teilen des Landes war die Infrastruktur zusammengebrochen. Nicht weniger als fünf verschiedene Währungen waren in Umlauf. Die Exekutive musste neu gebildet werden, in manchen Landesteilen wurde die neue Regierung gar nicht erst anerkannt. Zudem musste Moraczewski mit den Siegerstaaten in Verhandlungen eintreten, um das Staatsgebiet auch völkerrechtlich abzusichern.

Während Moraczewski seine Aufgabe als die eines Feuerwehrmanns sah, lief parallel dazu der Wahlkampf für die ersten Wahlen zu einem polnischen Parlament, die für den 26. Januar 1919 angesetzt waren. Für die PPS führte primär Daszynski den Wahlkampf, da sich Staatspräsident Pilsudski auf seine Rolle als „Vater der Nation" zurückgezogen hatte, während Moraczewski rastlos durch die Weltgeschichte eilte, um die Grundversorgung der Bevölkerung sicherzustellen.

Zwischenzeitlich hatten sich aber die bürgerlichen Kräfte in Polen, gruppiert um Ignacy Padarewski und Roman Dmowski, mit Pilsudski auf eine neue Regierung geeinigt, zumal sie davon ausgingen, bei den Wahlen die Mehrheit zu erhalten. Die PPS, der Pilsudski theoretisch noch angehörte, war trotz ihrer unermüdlichen Arbeit ausgebremst worden. Padarewski war als neuer Premier, Dmowski als polnischer Delegationsleiter bei den Friedensverhandlungen in Paris vorgesehen. Eine Woche vor den Wahlen wurde Moraczewski gestürzt, und die PPS sah sich in der Opposition. Das Wahlergebnis von 13,2 % der Stimmen war nicht dazu angetan, wieder Regierungsverantwortung zu übernehmen, sodass Moraczewski nach zwei Monaten als Regierungschef mit seiner Partei auf den kargen Oppositionsbänken Platz nehmen musste.

Alsbald aber hatte Moraczewski eine neue Aufgabe gefunden. Nicht nur, dass er seinen Fraktionschef Daszynski im parlamentarischen Alltag immer mehr entlastete, er war auch einer der Hauptverhandler seiner Partei bei den Beratungen über die erste polnische Verfassung, die im März 1921 beschlossen wurde. Diese trug deutlich die Handschrift der Sozialdemokraten und der Nationaldemokraten, denn alle wesentliche Macht lag bei den beiden Kammern des Parlaments - dem Sejm und dem Senat -, während der Staatspräsident auf rein repräsentative Aufgaben reduziert war. Die beiden Häuser des Parlaments wählten den Präsidenten und bildeten die Regierung, die der Präsident nur auf Vorschlag des Parlaments ernennen konnte. Dieses Modell konnte Pilsudski nicht behagen, und so kandidierte er 1922 nicht mehr für die Präsidentschaft.

Auf der Basis der neuen Verfassung, die ein reines Verhältniswahlrecht vorsah, fanden im November 1922 die zweiten Wahlen zum polnischen Parlament statt. Das so komponierte Haus zeichnete sich durch eine unüberschaubare Vielzahl an Fraktionen (phasenweise bis zu 30) aus, in dem die PPS, die auf 10,3 % gefallen war, die zweitstärkste Partei bildete. Dementsprechend instabil waren die Regierungen jener Jahre, bis 1925 lösten sich nicht weniger als 15 Kabinette unter 11 Premiers ab, die sämtlich „rechte" Koalitionen formten, wobei dem ND-Chef Grabski und dem Bauernführer Witos stets eine zentrale Rolle zukam.

Als 1925 wieder einmal Witos die Regierung bildete, beschloss die PPS, erstmals wieder in eine Regierung einzutreten, und Moraczewski wurde Arbeitsminister. Bereits im Mai 1926 zerbrach diese Koalition allerdings, und die Sozialdemokraten gingen wieder in die Opposition.

Nur wenig später, im Juni 1926, wählte das Parlament den PPS-Politiker Ignacy Mosicki zum neuen Staatspräsidenten, der sich mit seinem alten Parteifreund Pilsudski auf die Bildung einer breiten Regierung verständigte, in die, trotz inhaltlicher Vorbehalten gegen Pilsudskis autoritären Kurs, auch die PPS eintrat. Moraczewski wurde abermals Arbeitsminister, doch blieb ihm wenig Zeit für die Umsetzung seiner politischen Pläne, da Pilsudski die Errichtung einer Diktatur immer offensiver anstrebte, was auf den energischen Widerstand der Sozialdemokraten stieß. 1927 hatte Pilsudski eine eigene politische Bewegung gebildet, deren einziges deklariertes Ziel die Unterstützung ihres Führers war. Zur allgemeinen Überraschung bekam diese „Partei" bei den Wahlen vom März 1928 eine relative Mehrheit.

Wenn auch Pilsudski im Juni 1928 sein Amt als Premier zurücklegte, so konnte es keinen Zweifel daran geben, dass die parlamentarischen Institutionen von ihm ausgehungert wurden. Moraczewski zählte in seiner Partei zu den letzten Befürwortern einer konstruktiven Mitarbeit an der Regierung, doch Anfang 1929 musste auch er erkennen, dass mit Pilsudski und den Seinen kein Kompromiss mehr möglich war. So schied Moraczewski aus seinem Ministeramt und setzte seinen Kampf für ein demokratisches Polen im Sejm fort.

Kaum ein Jahr später, 1930, machte Pilsudski mit seiner Diktatur Ernst. Erstmals ernannte er eine nichtparlamentarische Regierung - obwohl er dazu gar nicht befugt war, bekleidete er doch kein relevantes öffentliches Amt, von der Funktion des Staatspräsidenten ganz zu schweigen -, und als die Demokraten dagegen protestierten und am 9./10. September 1930 in Krakau einen Kongress abhielten, putschte Pilsudski. Die führenden Oppositionellen, darunter Witos und Moraczewski, wurden verhaftet oder zumindest unter Hausarrest gestellt, der Sejm aufgelöst. Bei der „Neuwahl" des Parlaments im November 1930 sorgte Pilsudski durch massive Einschüchterung, Manipulation und offenen Wahlbetrug für eindeutige Mehrheiten, der Opposition blieb nur noch ein Schattendasein.

Moraczewski, der sich im Januar 1931 wieder auf freiem Fuß befand, war nun mit 61 Jahren de facto Pensionist. Er bekleidete kein öffentliches Amt mehr und legte auch den Vorsitz der PPS zurück, den er 1923 von Daszynski übernommen hatte. Die harten Kämpfe der 20er Jahre hatten ihn, den ewigen Konsenspolitiker, zermürbt. Der „Ritter" stellte seine Rosse in den Stall. Die weitere Entwicklung besah er sich aus der Ferne.

GEGEN FASCHISMUS UND KRIEG

Erst Pilsudskis Tod im Mai 1935 und die Errichtung einer Militärdiktatur unter der staatstragenden OZON (Lager der Nationalen Einheit) veranlassten Moraczewski, abermals seine mahnende Stimme zu erheben. Wie die Nationaldemokraten widersetzte sich auch die PPS dem Kurs der polnischen Führung, und beide Gruppen erhielten beachtlichen Zulauf von Unzufriedenen. Ab Anfang 1937 stieß auch die Bauernpartei unter ihrem neuen Vorsitzenden Stanislaw Mikolajczyk ins Lager der Opposition, und den Herrschenden gelang es nur noch unter Gewaltanwendung, die Kontrolle über den Staat zu behalten. Besonders hart ging die Regierung gegen die PPS vor. 42 ihrer Aktivisten wurden getötet, tausende verhaftet. Das innerlich völlig zerrissene Polen war wehrlos, als Nazideutschland im Herbst 1938 auf Konfrontationskurs zum östlichen Nachbarn ging.

Als Polen im September 1939 von Deutschland unterworfen wurde, war Moraczewski beinahe 70 Jahre alt. Dennoch unterstützte er den Widerstand nach Kräften und entwickelte noch einmal beachtliche Aktivität. Er durfte es noch erleben, wie sich ab Anfang 1944 der Zusammenbruch der Naziherrschaft immer deutlicher abzeichnete. Am 1. August 1944 begann der Warschauer Aufstand, der am 4. August kurz vor einem durchschlagenden Erfolg stand, ehe sich das Blatt für die Deutschen noch einmal wendete, weil den Polen die Munition ausging. Moraczewski starb am 5. August 1944. Vom Ende des Aufstandes und den fürchterlichen Racheakten der Deutschen hat er nicht mehr erfahren. Wenn er heute auch weitgehend vergessen ist, so zählt er, der sich überdies bis zuletzt selbst treu geblieben war, doch zu den wichtigen Pionieren der Zweiten Polnischen Republik.

Polnischer Bauernführer und Staatsmann

WINCENTY WITOS
(1874-1945)

Witos entstammte einer alteingesessenen galizischen Bauernfamilie, und obwohl er selbst nur die Volksschule hatte besuchen können, wurde er zum Lehrmeister der polnischen Bauernschaft, der am Ende seines Lebens gar zum polnischen Präsidenten gewählt wurde.

EIN BAUER AUS TARNOW

Wincenty Witos wurde am 23. Januar 1874 in dem kleinen Weiler Wierzchoslavice bei Tarnow geboren, wo seine Familie seit Generationen einen Bauernhof bewirtschaftete. Sein Lebensweg schien vorgezeichnet. Er besuchte lediglich die örtliche Volksschule und sollte hernach den väterlichen Hof übernehmen. Doch Witos war ein wacher Geist, und er begann, sich mit der Lage des Bauernstandes zu beschäftigen. Nur ein Zusammenschluss würde die Bauernschaft stark genug machen, um im immer härter werdenden Verdrängungswettbewerb zu bestehen. Gemeinsam mit seinem jüngeren Bruder Andrżej (1878-1973) gehörte Witos bereits 1895 zu den Mitbegründern der Polnischen Volkspartei (PSL), die sich de facto als Bauernpartei etablierte.

Die PSL verstand sich dabei als in der Tradition der polnischen Nationalbewegung von 1791 stehend, die auf Basis der Prinzipien christlicher Ethik die Verwirklichung des „jahrhundertealten Strebens des Bauernstandes nach einem Leben in Freiheit und nach gleichberechtigter Teilnahme am staatlichen Leben, nach einem würdigen Dasein und freier Entfaltung“ als zentrale Ziele formulierte. Im Gründungsdokument der PSL hieß es: „Wir vertreten die historisch dokumentierte Überzeugung, dass ein mit vollen Bürgerrechten ausgestattetes Bauernvolk eine feste Wehr ist, auf die sich die Nation sicher stützen kann, und fordern die Anerkennung der Wahrheit, dass die Nation im Bauern lebt und sich erneuert, dass die Bauern, die Boden, Glauben und Nationalität bewahrt haben, zum Fundament für den Wiederaufbau des Staates werden.“

Wiewohl Witos zu jener Zeit noch verhältnismäßig jung war, zählte er bald zu den unumstrittenen Führern der PSL, was sich auch in seiner Wahl in den Parteivorstand 1903 niederschlug. Fünf Jahre später gelang ihm ein spektakulärer Wahlerfolg, als er seiner Partei in seiner Heimatgemeinde das Bürgermeisteramt errang, das er bis 1913 innehatte. 1908 wurde Witos überdies in den galizischen Landtag gewählt und zählte folgerichtig zu den Spitzenkandidaten der PSL bei den letzten Reichsratswahlen im Jahre 1911.

IM REICHSRAT

Witos kandidierte im Wahlkreis Radlow und wurde dort bereits im ersten Wahlgang mit 9.271 gegen 6.291 Stimmen gewählt. Er folgte damit seinem Fraktionskollegen Olszewski nach, der dieses Mandat seit 1897 innegehabt hatte. In jenem Jahr war die PSL erstmals mit drei Abgeordneten in den Reichsrat eingezogen, 1901 hatte man die Fraktion verdoppeln können. Nach den ersten allgemeinen, gleichen, direkten und geheimen Wahlen anno 1907 stellte die PSL 17, nunmehr, nach den Wahlen von 1911, 25 Mandatare. Damit war die PSL nicht nur die größte polnische Fraktion, sie stellte auch hinter Sozialdemokraten, Christlichsozialen, Deutschnationalen und den Tschechischen Agrariern den fünfgrößten Klub des Hauses.

Noch vertrat die PSL einen gemäßigten Standpunkt gegenüber der Monarchie. Wiewohl die Partei langfristig für ein wiedervereinigtes und unabhängiges Polen eintrat, versuchten sich ihre Vertreter mit der österreichischen Staatsmacht zu arrangieren und mittelfristig eine polnische Autonomie innerhalb des österreichisch-ungarischen Staatsverbandes zu erreichen. Doch diese Frage wurde zum Streitpunkt innerhalb der PSL. Vertrat die eine Fraktion die Ansicht, man dürfe sich nicht mit weniger als der vollständigen Souveränität zufrieden geben, votierte die andere Fraktion für eine gemäßigtere Linie. Die Auseinandersetzung zwischen den beiden Lagern dauerte bis 1914, als sich die Partei in einen „rechten" und einen „linken" Flügel spaltete. Witos schloss sich der „Rechten" an und wurde dort stellvertretender Parteiobmann.

Mehr und mehr verfocht Witos die Idee eines wiedererstehenden Polen, das sich aus allen Teilen der polnischen Nation zusammensetzen sollte. Hierin fand er sich mit Josef Pilsudski eines Sinnes, mit dem die PSL schon 1912 ein Bündnis eingegangen war, das Witos 1914 vertiefte. Versuchten die „österreichischen" Polen bis 1915 noch, sich der Österreicher zu bedienen, um die polnischen Brüder aus der russischen Besetzung zu befreien, so erkannten Pilsudski und Witos bald, dass sie die volle Unabhängigkeit Gesamtpolens nur gegen Österreich-Ungarn erreichen würden.

Witos kehrte der gemeinsamen Zukunft der Polen mit Österreich zwar den Rücken, er blieb aber wie Korošec, Daszynski oder Moraczewski im Lande und vertrat 1917 im wiedereröffneten Reichsrat seine Ansichten. Am 16. Juni 1917 hielt er im Wiener Parlament eine Rede auf Polnisch, in der er sich für die Schaffung eines freien und souveränen Polen aussprach, unabhängig von allen Interventionsmächten. Wie seine sozialdemokratischen Kollegen Daszynski und Moraczewski war Witos somit ein Herold des zukünftigen Polen. Dies umso mehr, als er 1918 zum Obmann der PSL gewählt wurde.

AN DER WIEGE DES NEUEN POLEN

Am 28. Oktober 1918 stellte sich Witos an die Spitze der so genannten Liquidationskommission in Krakau, einer Art Nukleus zukünftiger Unabhängigkeit. Er verständigte sich mit den galizischen Sozialdemokraten, deren Anführer Daszynski am 7. November 1918 eine unabhängige polnische Regierung ins Leben rief, in die Witos als Versorgungsminister eintrat. Auch unter Daszynskis Nachfolger Moraczewski blieb Witos in der Regierung. Nach den ersten Wahlen im neuen Polen, bei denen die PSL einen fulminanten Wahlsieg feierte, übernahm er selbst die Regierung. Zunächst regierte er mit einer Koalition, im Juli 1920 gelang es ihm, alle politischen Parteien in sein Kabinett der „nationalen Verteidigung" zu bekommen, um gemeinsam gegen die Sowjets vorzugehen, die seit Juni 1920 versuchten, in Polen eine kommunistische Regierung aufzurichten.

Nach dem erfolgreichen Ende des „polnisch-russischen Krieges“ trat Witos im September 1921 als Parteichef der PSL zurück und beschränkte sich auf die Rolle des Fraktionschefs. Er verlor auch das Amt des Premierministers, doch gelang es ihm bereits im Januar 1923 wieder, die Regierungsgeschäfte zu übernehmen. Im Gefolge der Parlamentswahlen hatte Witos eine christliche Parteienkoalition geschmiedet, die im Sejm über eine entsprechende Mehrheit verfügte. Doch die Wahlen vom November 1922 hatten eine derart unüberschaubare Vielzahl an Parteiungen ins Parlament gebracht, dass stabile Mehrheiten nicht zu finden waren. Bereits im November 1923 begann Witos' Koalition zu zerbröckeln und einen Monat später musste der Bauernführer zurücktreten.

Verbrachte er das Folgejahr in Opposition, so kam er Anfang 1925 wieder an die Regierung, wobei er aus dem Fehler des Jahres 1923 gelernt hatte. Diesmal strebte er eine Koalition mit den Sozialdemokraten an, und Moraczewski trat als Arbeits- und Sozialminister in die neue Regierung Witos ein. Witos proklamierte - in bewusstem Bezug auf Pilsudski, der sich mehr und mehr dem Faschismus annäherte - drei Ziele seiner Regierung: die Wahrung der Unabhängigkeit Polens, den uneingeschränkten Aufbau der Demokratie und die ständige und dauerhafte Verteidigung der Bürgerrechte.

Diese Erklärung war umso nötiger, als Pilsudski spätestens seit Ende 1925 seine Rückkehr an die Staatsspitze vorbereitete. Er organisierte sogar einen eigenen „Marsch auf Warschau“, um den Staatspräsidenten dazu zu zwingen, Witos zu entlassen. Ging dieser Coup im Mai 1926 noch schief, so hatte es Pilsudski beim neuen Staatspräsidenten, der im Juni 1926 sein Amt antrat, mehr

Erfolg. Der neue Mann entließ Witos tatsächlich und berief an seiner statt Pilsudski als neuen Premierminister.

IM KAMPF GEGEN DIE DIKTATUR

Einmal mehr schloss sich Witos mit Daszynski und Moraczewski zu einem Bündnis zusammen. Gemeinsam versuchten sie, der Aushöhlung der Demokratie durch Pilsudski einen Riegel vorzuschieben. Gemeinsam bildeten sie eine demokratische Opposition gegen Pilsudski, dem es jedoch gelang, den Einfluss der Parteien mehr und mehr zurückzudrängen. Nach der Wahlfälschung von 1930, die Pilsudskis Bewegung mit einer komfortablen Mehrheit ausstattete, schlug der Marschall gegen seine Widersacher unerbittlich zu. Moraczewski und Witos wurden verhaftet, und Witos wurde in der Festung Brżesc an der Bug gefangengesetzt. Anfang 1931 verurteilten Pilsudskis Gerichte den ehemaligen Premierminister zu eineinhalb Jahren Gefängnis.

Witos sah nun keinen Ausweg aus der politischen Lage mehr und emigrierte 1933, kaum wieder in Freiheit, in die Tschechoslowakei, wo er sich propagandistisch weiter gegen das Pilsudski-Regime zur Wehr setzte. Gemeinsam mit anderen Pilsudski-Gegnern formierte er eine eigene politische Organisation (die später so genannte „Front Morges"), die ihre Arbeit auch nach dem Tod Pilsudskis 1935 nicht einstellte. 1937 gelang der PSL durch die Organisierung eines großen Bauernstreiks ein wichtiger politischer Etappensieg, doch konnte dieser nicht mehr entsprechend genützt werden, da Polen ab 1938 mehr und mehr unter Druck Hitler-Deutschlands geriet. Witos erkannte die Gefahr und kehrte im März 1939 nach Polen zurück, um nun ungeachtet aller politischen Differenzen zur herrschenden Führung an der Verteidigung der polnischen Souveränität mitzuwirken.

Doch Witos' Bemühungen waren zum Scheitern verurteilt. Im September 1939 überfiel Hitlerdeutschland Polen und besiegte den Staat binnen weniger Wochen. Witos fiel den Deutschen gleich bei der ersten Säuberungswelle in die Hände. Zunächst bemühten sich die Deutschen um den ehemaligen Premier, wollten ihn sogar zum Chef einer Marionettenregierung von Hitlers Gnaden machen. Doch der christliche Politiker lehnte derlei entschieden ab - und büßte diese Haltung mit neuerlicher und fortgesetzter Haft. Bis Ende 1941 schmorte Witos in deutschen Kerkern, dann erst wurde er ob seines zerrütteten Gesundheitszustandes freigelassen und unter Hausarrest gestellt, wo er den Rest des Krieges verbrachte.

WIEDERAUFERSTEHUNG UND ERBE

Ende 1944 mehrten sich die Zeichen der deutschen Niederlage, und der fast 71-jährige Witos schöpfte neue Hoffnung. Sein Nachfolger als PSL-Vorsitzender, Stanislaw Mikolajczyk, war seit 1943 im Londoner Exil offiziell Premierminister der Exilregierung, die allerdings im Clinch mit den im Land agierenden Kommunisten lag. Die Kommunisten hatten eine starke Partisanenarmee gebildet, die allerdings von der Widerstandsarmee der PSL getrennt agierte. Erst nach unzähligen Tragödien wie dem Scheitern des Warschauer Aufstandes und den deutschen Massakern im Warschauer Ghetto gelang die Befreiung Polens zur Jahreswende 1945.

Witos befand sich endlich wieder auf freiem Fuß und wurde sogleich wieder Vorsitzender der PSL, die sich nach der Befreiung neu konstituierte und im August 1945 ihren alten Namen wieder annahm. Witos wurde Ende August 1945 sogar zum Präsidenten des Staatsrates, mithin also zum provisorischen Staatsoberhaupt gewählt, doch lehnte er diese Würde mit Rücksicht auf seinen Gesundheitszustand ab. Wiewohl er nominell Vorsitzender der PSL blieb, übertrug er sämtliche politische Agenden dem aus London zurückgekehrten Mikolajczyk und zog sich auf seinen heimatlichen Bauernhof in Wierzchoslawice zurück, wo er am 31. Oktober 1945 an den Folgen von Haft und Verfolgung starb.

Seine Partei jedoch lebte weiter und war bis 1947 Hauptgegner der sich formierenden kommunistischen Macht. Dann allerdings verlor Mikolajczyk den Machtkampf gegen seinen kommunistischen Gegenspieler Bierut und ging neuerlich ins Exil. Die PSL wurde in „Vereinigte Volkspartei" (ZSL) umbenannt und blieb bis 1989 eine von der PVAP abhängige „Blockpartei" im kommunistischen Polen.

Erst im November 1989 setzte Waldemar Pawlak die Rückbenennung der ZSL in PSL durch und emanzipierte seine Partei von den Kommunisten. 1992 wurde Pawlak im Alter von nur 33 Jahren jüngster Premier der polnischen Geschichte. Und wenn die PSL seit 1995 auch wieder in der Opposition ist, so stellt sie doch eine der stärksten Fraktionen im gegenwärtigen Sejm. Nach wie vor gehört Wincenty Witos neben Stanislaw Mikolajczyk zu den von der PSL hochgehaltenen Ahnvätern der christlichen Bauernbewegung.

Ein Opfer seiner Überzeugung

DIMITRI MARKOW
(1868-19??)

Dimitri (oder Dmitrij) Markow (oder Markoff) vertrat seit 1907 die russische Bevölkerung Österreichs im Reichsrat. Dadurch musste er nach 1914 zwangsläufig zwischen die Fronten kommen, lag doch Österreich mit Russland im Krieg. Markow entschied sich für seine „Volkszugehörigkeit" und büßte für diesen Schritt beinahe mit seinem Leben.

EIN „RADIKALINSKI" AUS LEMBERG

Markow wurde am 24. Oktober 1868 als Sohn eines russischstämmigen Großgrundbesitzers in Hruszow im äußersten Ostzipfel Galiziens geboren, wo die Ukrainer (vulgo Ruthenen) praktisch unter sich waren. Vom väterlichen Landgut konnte man die Grenze zum Zarenreich sehen, und wer die Werke Josef Roths gelesen hat, der hat einen Eindruck von den Zuständen an jener wilden Grenze. Dort herrschte weder der Wille des Kaisers noch der des Zaren. Die Bevölkerung, auf der Hut vor jedweder Art von Autorität, machte sich ihre eigenen Gesetze und jeder Beamte innerlich ein Kreuzzeichen, wenn er in diese Region versetzt wurde. Die Grenze existierte für die Bewohner dieses entlegenen

Landstrichs nicht, Schmuggel und „Seitenwechsel“ waren an der Tagesordnung.

Wie sonst eigentlich nur in Bosnien - man denke an die Werke Ivo Andrićs - huldigten die Menschen in diesem Zipfel Galiziens vier verschiedenen Religionen. Es gab Orthodoxe, Juden, Katholiken römischer Konfession und die „griechisch-katholische Glaubensgemeinschaft“, die innerhalb der römischen Kurie schon seit dem 16. Jahrhundert eine Sonderstellung einnahm. Dieser Religion gehörte auch Markow an, der nach dem Abschluss des Gymnasiums an der theologischen Fakultät der Universität Lemberg studierte und 1893 zum Priester geweiht wurde. Zwei Jahre wirkte er im Örtchen Reitarowice, ehe er 1895 seinem Stand entsagte und nach Innsbruck ging, um dort ab 1896 Rechtswissenschaften zu studieren.

Weshalb Markow so radikal mit seinem bisherigen Leben brach, lässt sich aus heutiger Sicht nicht mehr nachvollziehen, wie vieles im Leben dieses Mannes in den Nebeln der Geschichte verborgen bleibt. Fakt ist jedenfalls, dass er in Innsbruck 1900 zum Doktor iuris promovierte, um danach in Graz und später in Wien als Rechtspraktikant zu wirken. Ende 1902 eröffnete er seine eigene Advokatur in Lemberg, in das er inzwischen zurückgekehrt war - und wandte sich der dortigen Politik zu.

Er kam gerade zurecht, um Zeuge eines grundlegenden politischen Wandels zu werden. Jahrzehntelang waren die so genannten „Altruthenen“ treue Untertanen der Habsburger gewesen, die ihr Gebiet seit 1772 beanspruchten. Innerhalb der Monarchie zwar schon früh als „russophil“ denunziert, galten die Vertreter der ruthenischen Partei als durch und durch kaisertreu, weshalb sie von ihren Gegnern prinzipiell nur die „Schwarzgelben" gerufen wurden. 1882, als ob des überhand nehmenden deutschnationalen Chauvinismus etliche ruthenische Politiker über andere Optionen nachzudenken begannen, gelang es Österreich, die Bewegung insofern zu spalten, als man die „Ruthenen" als eigenen Volksstamm „entdeckte", der mit den Russen nichts gemein habe. Zwanzig Jahre funktionierte dieser „Trick", dann begann sich in der ruthenischen Partei die Meinung durchzusetzen, dass die Ukrainer Brüder der Russen seien, weshalb die Zukunft der Slawen bei den Russen liege. Der Parteiführer Romanczuk proklamierte 1890 eine „Nowaja Era" („Neue Ära"), die die Ukrainer als „eigene Nation" in Österreich sehen werde.

Eine neue Generation ruthenischer Politiker lehnte die Politik der Altruthenen als zu konsensorientiert ab und drängte auf eine stärkere Autonomie. Sie verwiesen auf den Beitrag, den die Ukrainer zur russischen Kultur geleistet hätten, sich dabei vor allem auf Nikolaj Gogol beziehend, der ebenfalls Ukrainer gewesen war. Generell hielten sie fest, dass „die kleinrussische Sprache nur eine Mundart der russischen Sprache" sei, „welche durch ihre innere Einheit und Verwandtschaft dem Großrussischen näher steht als die niederdeutsche Mundart dem Hochdeutschen".

Diesen Fragen widmete Markow 1908 eine eigene Schrift, „Die russische und die ukrainische Idee in Österreich", die 1912 in einer zweiten Auflage erschien. Darin meinte er: „Unser Ziel und unsere Aufgabe in Österreich wäre, Kulturpioniere zu werden zwischen den Westslawen und dem Russentum, Pioniere des von den West- und Südslawen größtenteils bewohnten und in der

Zukunft auf den Handelsverkehr mit Russland angewiesenen österreichischen Staates zu werden."

Bei der Publikation war Markow bereits seit neun Monaten Abgeordneter im Reichsrat. Er hatte sich bei den Wahlen gegen seinen altruthenischen Konkurrenten mit einem Vorsprung von 125 Stimmen durchgesetzt, wodurch er im Parlament bis 1911 als „Ein-Mann-Fraktion" wirkte. Doch er erhielt mehr und mehr Zulauf für seine Ideen und fand in Wladimir Kurylowicz, dem Präsidenten des galizischen Landesgerichts, bald einen wichtigen politischen Verbündeten.

Dabei hatte Markow schon bei seiner Jungfernrede am 9. Juli 1907 für Aufsehen gesorgt. Er erregte Anstoß, da er seine Rede auf Russisch hielt, was ihm zunächst eine Ermahnung des vorsitzenden Präsidenten eintrug: „Ich werde aufmerksam gemacht", sagte dieser, „dass Sie in einer in Österreich nicht üblichen Sprache sprechen. Wenn das der Fall ist, erkläre ich, dass ich das nicht zulassen kann. Ich bitte also, sich einer in Österreich üblichen Sprache bedienen zu wollen." Der Präsident hatte sich deshalb so vorsichtig ausgedrückt, weil es ihm ob des im Plenarsaal herrschenden Lärmpegels nicht möglich gewesen war, Markow, der nur einen Meter vor ihm sprach, überhaupt zu hören, was sich im Protokoll anhand der resignierenden Bemerkung „Bei dem Lärme werde ich ihn niemals verstehen" ablesen lässt. Verzweifelt bat er die Mandatare um Ruhe, damit er seines Amtes walten könne, um schließlich Markow das Wort zu entziehen, „nachdem Sie, wie mir versichert wird, in einer in Österreich nicht üblichen Sprache reden und meiner Aufforderung nicht nachgekommen sind".

Markow ließ diese Behandlung nicht auf sich sitzen und verwies in einer neuerlichen Wortmeldung auf Deutsch auf das Staatsgrundgesetz: „Artikel 19 des StGG, der von den Rechten der Nationalitäten und Volksstämme handelt, gibt in Österreich einem jeden Volksstamme das Recht, seine Sprache in häuslichem Gebrauche, in der Schule, im öffentlichen Amte, umso mehr in diesem von vielen Rednern so gerühmten Volkshause zu bedienen." Als Markow diese Ansicht historisch und juristisch begründen wollte, drohte ihm der Präsident abermals mit Wortentzug, da er nicht zur Sache sprach. Markow fuhr unbeirrt fort: „Ich berufe mich darauf, dass ich in meiner Person 200.000 abgegebene Stimmen für die russisch-nationale Partei zu repräsentieren genötigt worden bin. Ich glaube, ich habe das vollste Recht, hier in diesem Volkshause die russische Sprache zu gebrauchen." In der Folge entspann sich zwischen Markow und dem Führer der Altruthenen Romanczuk ein Disput, der typisch war für das Verhältnis der beiden Strömungen.

Auch bei seinen nächsten Reden geriet Markow in regelmäßig mit dem Präsidium des Abgeordnetenhauses aneinander. Im Juli 1908 drohte ihm abermals die Entziehung des Wortes, weil er in den Augen des Präsidenten das Instrument der tatsächlichen Berichtigung zum Halten einer Rede benütze, und am 18. Dezember 1908 sprach er wieder einmal auf Russisch. Diesmal freilich unterblieben Maßregelungen des Präsidenten, denn Markow redete zum Thema der Annexion Bosniens und der Herzegowina, das alle Gemüter damals nachhaltig erhitzte.

Markow lehnte diese Annexion ab, „denn ich wäre ein sehr schlechter Christ, wenn ich den armen Bosniern und den Hercegovcen das wünschen würde, was wir unter der österreichischen Regierung seit Jahrzehnten erfahren haben. Es ist ein Skandal für die österreichische

Regierung, dass wir, die wir doch jenseits unsere Brüder haben, dieselben und vielleicht noch ärgere Verhältnisse haben als Bosnien und die Hercegovina", um dann festzustellen, „dass nur wir Slawen und die Sozialdemokraten vom Idealismus für die Freiheit erfüllt und bereit sind, den armen Serben und Kroaten in Bosnien eine schöne Zukunft zu sichern".

Seine Kritik an der antislawischen Politik der österreichischen Regierung erneuerte Markow im Februar 1910, als er Kanzler Bienerth vorwarf, „die Verbreitung der russischen Sprache und Literatur speziell bei uns galizischen Kleinrussen mit allen Mitteln unterdrücken" zu wollen: „In neuester Zeit werden rein kulturelle Vereine und Institute, welche auf freiwillige Spenden gegründet, seit langen Jahren die russische Sprache, Kunst und Literatur pflegen, einer förmlichen Polizeikontrolle unterstellt." Markow beklagte, dass die Regierung auf Zurufe seitens der Betroffenen nicht reagiere und auf seine Interpellationen nicht geantwortet werde, was sich gleich darauf bestätigte, als auch jene Anfrage, in deren Rahmen er die Rede gehalten hatte, aus formalen Gründen unbeantwortet blieb. Ähnlich erging es Markow mit einer weiteren Interpellation am 13. Mai 1910, als er abermals Übergriffe der Behörden gegen die Institutionen der russischen Volksgruppe in Österreich beklagte. Nachdem Markow 1911 wieder gewählt worden war, hielt er noch zwei Reden im Reichsrat. Im November 1911 nahm er zum Budgetentwurf Stellung, im März 1912 äußerte er sich zu Fragen des Wahlrechts.

Zu dieser Zeit verschärfte sich die politische Lage in Galizien, der Bukowina und der Karpatho-Ukraine. Am 16. Dezember 1911 versuchte der Klerus, einen Parteigänger Markows zur Niederlegung seines Landtagsmandats zu nötigen, widrigenfalls er seines Kirchenamtes verlustig gehen würde. Zwei Tage später gab es in einem ukrainischen Studentenheim eine Razzia, bei der die österreichische Polizei nach russischen Büchern im Besitz der Studentenschaft fahndete. Ähnliches wiederholte sich am 4. Januar 1912 in Gorlice. Tags zuvor war ein Parteiarbeiter sogar verhaftet worden, weil er Volksbildung in ukrainischem Sinne betrieben hatte. In einer eigenen Denkschrift listete Markow am 23. Januar 1912 diese und andere Übergriffe penibel auf und kam zu dem Schluss, dass, sollten die Behörden nicht zur Rechtstaatlichkeit zurückfinden, „eine blutige Gärung früher oder später wird ausbrechen müssen“. Noch im März 1912 beklagte Markow in einer Interpellation „das rechtswidrige Vorgehen der galizischen Verwaltungs- und Sicherheitsorgane, um generell festzuhalten: „Hochverräter, Spion ist in Wien immer noch ein terminus technicus für jeden galizischen Kleinrussen, welcher den Mut besitzt, einem Puschkin, Lermontow oder Gogol zu huldigen.“ Und weiter: „Dank Denunziationen hat man ja vor zwei bis drei Jahren in der Bukowina alle unsere Vereine - auch die mit 30-jährigem Bestand - amtlich geschlossen und das Vermögen dieser Vereine amtlich beschlagnahmt. Und ist es gerade jetzt, wo man so viel von einer Annäherung Österreichs an Russland redet, geboten, die öffentliche russische Meinung noch immer zu reizen, sie in ihren nationalen Gefühlen noch weiter zu verwunden?“ Österreich, so schließt Markow, möge sich hüten. Ähnliches verkündete Markow im Herbst 1913 in Petersburg, wo er sich mit führenden Repräsentanten Russlands traf.

KRIEG, GEFANGENSCHAFT, PROZESS

In der Tat brach schließlich der Weltkrieg auch wegen der ungelösten slawischen Frage aus. Ab 3. August 1914 herrschte Krieg zwischen Österreich und Russland. Politiker wie Markow mussten zwischen die Fronten geraten. Noch in der ersten Kriegswoche verhafteten die österreichischen Organe zahlreiche Aktivisten der Markowschen Partei, nur er selbst und Kurylowicz blieben als Abgeordnete vorerst auf freiem Fuß. Die Reaktion der Russophilen blieb nicht aus, und schon am 10. August 1914 wurde in Kiew ein Komitee zur Befreiung der Karpathoukraine gegründet, dessen Ziel es war, Teile Galiziens, die Bukowina und die Karpathoukraine dem russischen Reich einzuverleiben.

Unter dem Titel „Das Galizien der Gegenwart“ gab die russische Armee im Herbst 1914 eine Broschüre für den Dienstgebrauch heraus. Darin stand nicht nur, was die russischen Offiziere im Falle eines Einmarsches in Galizien berücksichtigen sollten, sondern auch eine Liste von vertrauenswürdigen Personen, die im genannten Falle sicher mit den Russen zusammenarbeiten würden, vor allem Kurylowicz und Markow.

Dieses Zirkular fiel den k.u.k. Behörden am 14. Oktober 1914 in die Hände. Fraglos waren in ihren Augen Markow und Kurylowicz, wiewohl österreichische Abgeordnete, nunmehr als Hochverräter anzusehen, denen der Prozess gemacht werden musste. Nur wenige Tage später wurde Kurylowicz, der eben zur Kur in Karlsbad weilte, im dortigen Kurhaus verhaftet, Markow wurde an seiner Wiener Wohnadresse im 18. Bezirk aufgegriffen und ebenfalls in Haft genommen. Ihre späteren Mitangeklagten - darunter sogar ein russischer Staatsbürger und zwei Adelige - saßen bereits seit August 1914 in Gefängnissen in Linz, Przemysl und Theresienstadt und warteten auf ihren Prozess wegen Hochverrats.

Markow legte Haftbeschwerde ein, die jedoch am 12. November 1914 abschlägig beschieden wurde, und am 21. November 1914 erhielt das Landwehrdivisionsgericht Wien die Zuständigkeit für den Prozess gegen die vermeintlichen Hochverräter. Der Oberkommandierende der österreichischen Armee, Conrad von Hötzendorf, schrieb in einem Brief an den Kriegsminister über die angeblichen Verfehlungen Markows: „Markow und Konsorten waren Führer der russophilen Partei in Galizien. Ihrer verbrecherischen Tätigkeit und Wühlarbeit war es zuzuschreiben, dass das Volk in Galizien schon im Frieden entsprechend präpariert wurde, jenen weit verzweigten Vaterlandsverrat zu begehen, unter dem unsere Truppen so vielfach zu leiden hatten." Hötzendorf hatte eine bequeme Ausrede für das jämmerliche Versagen seiner Armee gefunden und hetzte darum nur umso heftiger. An Markow müsse ein Exempel statuiert werden, zumal zu befürchten stehe, dieser werde sich zu wehren wissen: „Die Angeklagten, selbst größtenteils Juristen, werden mit den Waffen höchster Intelligenz gegen die Anklage Stellung zu nehmen suchen. Es ist daher klar, dass der Zusammensetzung des Kriegsgerichtes in diesem hochpolitischen und weit über den Rahmen des Normalen hinausreichenden Prozesse eine enorme Bedeutung zukommt. Das Kriegsministerium wird daher ersucht, verfügen zu wollen, dass seitens des Militärkommandos Wien das Personal dieses Gerichtshofes auf das sorgfältigste fürgewählt und dafür gesorgt werde, dass bei der Hauptverhandlung besonders energische Richter zu entscheiden haben."

In der Tat intervenierte in diesem Sinne sogar Kanzler Stürgkh, der im April 1915 einen Anwalt namens Markus Preminger als Vertreter der Anklage durchsetzen wollte. Dieser hatte durch seine Aussagen in früheren Prozessen gegen Funktionäre der russophilen Partei „sehr viel Beweismaterial gegen Markow“ geliefert, weshalb er, so Stürgkh, „erfolgreicher als ein anderer die Anklage zu führen imstande wäre“. Immerhin stieß dieser Brief innerhalb der Richterschaft auf Bedenken, da der Vorwurf der Befangenheit im Falle Premingers nicht „völlig ausräumbar“ schiene. Am 17. April 1915 war die Anklageschrift gegen Markow, Kurylowicz und fünf weitere Personen fertig gestellt worden, wobei die große Eile, mit der dies geschehen war, anhand der zahlreichen Fehler auf dem Deckblatt zu ersehen ist, die händisch hatten ausgebessert werden müssen.

Schließlich begann der Prozess unter der Leitung des Oberleutnants Robert Peutlschmid am 21. Juni 1916 in Wien. Er endete exakt zwei Monate später mit sieben Todesurteilen. In der „Arbeiter-Zeitung“ vom 22. August 1915 sollte folgender Bericht erscheinen: „Die Anklage ging dahin, sie hätten durch ihre Zugehörigkeit zum Volksrat und anderen russophilen Vereinigungen als Begründer des 'karpathisch-russischen Befreiungscomités' als Urheber, Rädelsführer und Anstifter etwas unternommen, was auf die Losreißung Galiziens, der Bukowina und des von Ruthenen bewohnten Teiles Ungarns abzielte und dies in gegenseitiger geheimer Verbindung durch Ausspionieren und Aufforderung, durch Aufwiegelung und Ausspähen getan. Sie hätten die Übeltat eingeleitet, vorsätzlich veranlasst und zu ihrer sicheren Vollstreckung beigetragen durch Einlassung in Einverständnisse mit dem Feinde und Verrätereien und damit der Armee einen Nachteil, dem Feinde einen Vorteil zugefügt.“

Offenbar war dem Staat das Urteil bereits zu diesem Zeitpunkt peinlich, denn der Artikel wurde zensuriert und durfte nicht erscheinen. Im Verein für Geschichte der Arbeiterbewegung befindet sich allerdings ein eigenes „Blindarchiv“, in dem die damaligen Redakteure der „AZ“ jeweils ein Exemplar der „vollständigen Zeitung“ vor der Zensur versteckten.

In der Tat löste das Urteil augenblicklich Protest und Betroffenheit aus. Das spanische Parlament telegraphierte umgehend ein Ersuchen um Begnadigung - welches vom österreichischen Außenminister als obsolet bezeichnet wurde, da das „Urteil zu diesem Zeitpunkt noch nicht rechtskräftig“ sei, weil Markow und Konsorten Nichtigkeitsbeschwerde und Berufung eingelegt hatten. Am 23. Dezember 1915 - noch war die endgültige Entscheidung im Verfahren nicht gefallen - musste der Außenminister jedoch auf die zu erwartenden diplomatischen Verwicklungen hinweisen, die sich aus dem Umstand ergaben, dass dem Angeklagten Jantschewetzky Hochverrat gegen Österreich vorgeworfen worden war, obwohl er diesen als Staatsangehöriger Russlands eo ipso gar nicht begehen konnte.

Befremdlich liest sich im zweitinstanzlichen Urteil, das in seiner schriftlichen Ausfertigung vom 4. Januar 1916 die sieben Todesurteile bestätigte, die Begründung für den Tatbestand des Hochverrates: „Zur Förderung dieses Ziels dienten Zeitungen, Einflussnahme auf die Jugenderziehung im russischen Sinne, die Errichtung von Vereinen, Bibliotheken und Lesehallen, die Verbreitung russischer Bücher, Schriften und Bilder und verschiedene Arten einer Agitation.“ Und weiter: „Die Propagatoren dieser Bewegung benützten als Vorwand für ihre Agitation die Behauptung, dass die Ruthenen der Monarchie kein eigener Volksstamm, sondern nur ein Zweig des russischen Volkes seien, kurz: dass die Ruthenen eigentlich Russen seien." Das Urteil werde bestätigt, weil die Angeklagten „durchwegs hochintelligente und führende Persönlichkeiten seien und der Erfolg der hochverräterischen Bewegung für zahlreiche Angehörige der Armee verhängnisvoll wurde."

Doch schon wenige Tage später, am 15. Januar 1916, empfahl Kriegsminister Friedrich Freiherr von Georgi in einem Vortrag an Kaiser Franz Joseph die Begnadigung von Jantschewetzky und der anderen Mitangeklagten außer Markow. In der Begründung schreibt Georgi: „Markow war der anerkannte Führer der russophilen Partei. Er hatte rege Beziehungen zu den führenden russischen Persönlichkeiten. Er unternahm häufige Reisen nach Russland. Seine zahlreichen Reden auf Versammlungen ergingen sich in Lobpreisungen der russischen Verhältnisse und legen Zeugnis dafür ab, um welche Ziele der Partei es sich eigentlich handelte. Überall, wo er erschien, nahm die russophile Propaganda überhand. Er beantwortete den Vorschlag Kurylowicz' zum Einlenken mit der Androhung seines Austritts aus der Partei und der Einstellung der russischen Unterstützungen."

Dennoch entschloss sich der Kaiser am 22. Januar 1916, allen sieben Angeklagten „die Todesstrafe allergnädigst nachzusehen". Der Kaiser habe „allerhöchst anzuordnen geruht, dass bei allen Verurteilten an Stelle der Todesstrafe lebenslänglicher schwerer Kerker, verschärft bei Dimitry A. Markow, Wladimir Kurylowicz durch einmaliges Fasten, einsame Absperrung in dunkler Zelle in jedem Vierteljahr" umgewandelt werde. Markow wurde in die Strafanstalt Theresienstadt in Böhmen verschickt, wo er ab 7. Februar 1916 einsaß.

Am 21. November 1916 starb der alte Kaiser, Karl I. folgte ihm nach. Als eine seiner ersten Amtshandlungen amnestierte Karl Jantschewetzky, der am 26. November 1916 das Gefängnis als freier Mann verlassen konnte. Doch auch für die anderen sechs Gefangenen besserte sich die Lage. Die Situation an der ukrainischen Front stand für die Österreicher alles andere denn günstig, sodass es dringend entsprechende Gesten brauchte, um die Bevölkerung nicht weiter gegen Habsburg auf zu bringen.

Dies schien umso notwendiger, als die Februarrevolution 1917 aus Russland eine Demokratie gemacht hatte, wodurch Habsburg in den Augen seiner Gegner als einziger „Völkerkerker" übrig geblieben war. Die Freilassung der sechs Russophilen schien mithin ein wichtiger Schritt zur Entkräftung antiösterreichischer Propaganda, und so amnestierte Karl am 19. Juli 1917 Markow und Konsorten und setzte sie in ihre bürgerlichen Ehrenrechte wieder ein. Begründet wurde dieser Schritt damit, dass „kein nachweisbarer unmittelbarer Anteil an Verrätereien" erkennbar gewesen sei, „zumal sie gleich nach Kriegsbeginn verhaftet wurden, also hiezu nicht einmal Gelegenheit fanden". Noch am selben Tage wurde Markow enthaftet, wie aus einem entsprechenden Telegramm hervorgeht. Am folgenden Tag öffneten sich auch für Kurylowicz, der in Arad inhaftiert gewesen war, für Drohomirecky in Möllersdorf, Czerlunczakiewicz in Komorn, Diakow und Mulkiewicz in Peterwardein die Gefängnistore. Nach drei Jahren waren die Russophilen wieder frei.

Dieser Umstand ist vor allem im Falle Markows interessant. Denn sämtliche Quellen gingen bisher davon aus, dass Markow nicht nur am 21. August 1915 zum Tod verurteilt, sondern am 24. August 1915 tatsächlich justifiziert worden war (so Brügel 1960 in seinem Buch „Friedrich Adler vor dem Ausnahmegericht", Knauer in seiner 1966 erschienen Aufstellung der österreichischen Abgeordneten und Claus Gatterer in seiner 1979 erschienenen Battistibiographie). Doch Markow war am 20. Juli 1917 wieder ein freier Mann. Er war 48 Jahre alt und stand gleichsam in der Blüte seiner Jahre.

WAS WURDE AUS DIMITRIJ MARKOW?

In der Folge erinnert Markows Geschichte an jene des amerikanischen Schriftstellers Ambrose Bierce, der 1914 in den Wirren der mexikanischen Revolution einfach „verloren" ging. Fakt ist, dass Markow zunächst nach Wien zurückkehrte, wo er Anfang August 1917 einlangte, um im 1. Bezirk in der Esslinggasse Wohnung zu nehmen. Offensichtlich musste er sich erst neu orientieren. In seiner Heimat waren die Verhältnisse mehr als unübersichtlich geworden, sodass selbst profunde Kenner der Lage nicht mehr wussten, wie sich die Dinge entwickeln würden.

In der Tat hatte es in der Russischen Republik eben einen Regierungswechsel gegeben. Auf den konservativen Fürsten Lwow war der Sozialrevolutionär Alexander Kerenski als Regierungschef gefolgt, der zwar den Krieg fortsetzen wollte, dessen Autorität aber bei den Soldaten weitgehend geschwunden war. Diese folgten den Bolschewiki, die zwar eben mit ihrem Generalstreik gescheitert, aber dennoch unverkennbar im Kommen waren. Gegen sie machte General Kornilow mobil, der die Zarenherrschaft restaurieren wollte und in Kerenski nur einen weiteren Linken sah. Alle Zeichen standen Ende August 1917 auf Sturm. In Markows engerer

Heimat, der Ukraine, tobte bereits ein veritabler Bürgerkrieg. Ukrainische Nationalisten unter Semen Petljura und dem Kosaken-Hetman Skoropadski drängten auf die Unabhängigkeit der Ukraine, dabei durchaus den Kontakt der Mittelmächte suchend, von denen sie sich aus taktischen Gründen die Unterstützung ihrer Ziele erhofften. Die Truppen der so genannten „Kiewer Rada" von Petljura standen aber die anarchistischen Brigaden des Nestor Machno, eines charismatischen Bauernführers, gegenüber, der auf ukrainischen Boden die Ideale eines Bakunin und eines Kropotkin zu verwirklichen trachtete und in dem von ihm befreiten Gebieten der Ukraine die vollständige Sozialisierung aller Lebensbereiche einleitete.

Markow fuhr Ende August in das mährische Kurbad Luhacavice bei Zlin (an der heutigen tschechisch-slowakischen Grenze), wo er seine durch die lange Haft angegriffene Gesundheit pflegte. Um die Wende zum 20. Jahrhundert erlebte Luhacavice, zu dessen Stammgästen auch Leos Janaček zählte, einen ungeahnten Aufschwung und war zweifellos ein überaus angenehmer Beobachtungsposten für Markow.

Doch die Dinge nahmen wohl nicht den Verlauf, den sich Markow gewünscht hatte. Bereits im September 1917 verschlechterte sich die Lage in der Ukraine neuerlich, zu den „normalen" Schlachten an der Front kamen die permanenten Scharmützel zwischen diversen bewaffneten Einheiten, die unter mannigfacher und oftmals wechselnder Flagge kämpften. Die Regierung Kerenski hatte schon keine Oberhoheit über die Ukraine mehr, als sie Anfang November von den Bolschewiki unter Lenin und Trotzki durch die so genannte „Oktoberrevolution" aus dem Amt gedrängt wurde. Ob sich

Markow zwischen September und November 1917 in die Ukraine gewagt hat, kann nicht festgestellt werden, doch der Sieg der Bolschewiki überzeugte ihn offensichtlich davon, auf dem Gebiet der Monarchie zu bleiben. Das neue Jahr 1918 sah ihn in Prag.

Die Bolschewiki waren im Frühjahr 1918 zum Frieden von Brest-Litwosk gezwungen, in dem die Ukraine - wenngleich unter der De-facto-Ägide der Mittelmächte - unabhängig wurde. Petljura herrschte über Kiew und den Osten der Ukraine, im Westen standen Österreicher und Deutsche aufständischen Rotarmisten und den hartnäckigen Anarchisten Machnos gegenüber. Hinzu kam auch noch der nicht unbeträchtliche Anteil polnischer Bevölkerung in der Region Lemberg, die 1920 Polen einverleibt wurde.

Die Zeit war über Markows Bestrebungen hinweggeschritten. Er hatte sich für ein gemeinsames Staatswesen aller Russen - egal, ob Groß- oder Weiß-, ob Kleinrussen oder Ukrainer - eingesetzt, und dies war ein Ziel, das unter bürgerlichen Vorzeichen niemand mehr vertrat. Kerenski war im Exil, für Petljura zählten nur die Ukrainer, für Machno nur die armen Bauern und für die Bolschewiki die Werktätigen. Markow saß in Tschechien - und politisch zwischen allen Stühlen.

Erst zu Beginn des Jahres 1923 wird Markow wieder aktenkundig. Aus Prag kommend, nimmt er im Februar 1923 in Wien im 18. Bezirk in der Gersthofer Straße Wohnung. Bis Ende April lebt er dort, ehe er Wien wieder in Richtung Tschechoslowakische Republik verlässt. Was er in Wien wollte, ist offen. Später (ob schon 1923 oder erst nach Umwegen, ist nicht nachweisbar) ließ er sich in dem ostslowakischen Örtchen Sabinov nieder. Die erstmals 1248 urkundlich erwähnte und von König

Andreas III. zu einer reichsunmittelbaren königlichen Stadt geadelte Siedlung wies eine griechisch-katholische Gemeinde auf und befand sich in relativer Nähe zu Markows Heimat.

Markow war nun Ende 50 und eigentlich immer noch nicht zu alt für einen Neubeginn. Ob man auch in diesem Ort, nicht weit von Presov entfernt, einen Advokaten brauchte? Jedenfalls gab Markow dies als seinen Beruf an, als er im Oktober 1936 ein letztes Mal nach Wien zurückkehrte. Die meiste Zeit dieses Aufenthalts lebte er im Hotel Fuchs auf der Mariahilfer Straße, nur im November 1936 hatte er knapp vier Wochen lang eine eigene Wohnung in der Lazarettgasse. Wieder liegen Gründe und Verlauf dieses Wienaufenthalts im Dunklen, fest steht nur, dass er Anfang Dezember 1936 nach Sabinov zurückkehrte.

Die Jahre seiner „zweiten Existenz" hatten dabei einen gewaltigen Bogen gespannt. In der Zwischenzeit war die Erste Republik Österreich geboren und wieder untergegangen, hatte Polen die Pilsudski-Diktatur schon wieder hinter sich, waren Mussolini in Italien und Hitler in Deutschland an die Macht gekommen. Masaryk war nicht mehr Präsident der ČSR, Kramař lag bereits auf dem Totenbett. Aus Russland war die UdSSR geworden, wo Stalin eben den großen Terror entfesselt hatte, und in der Ukraine stieg eben ein junger Bauernsohn namens Nikita Chruschtschow zu höchsten Parteiweihen auf. In England hatte Edward III. wegen einer skandalträchtigen Liebesaffäre auf den Thron verzichten müssen, und in Spanien tobte ein Bürgerkrieg, in dem die Faschisten des Putschisten Franco von Nazideutschland und Mussolini-Italien unterstützt wurden, die legitime Regierung durch internationale Brigaden, an denen sich

u. a. George Orwell, Ernest Hemingway und Willy Brandt beteiligten. Der Krieg in Spanien sollte sich als Vorspiel zum Zweiten Weltkrieg erweisen.

Markow lebte dieweilen beschaulich in einem Biedermeierhäuschen auf der Hauptstraße Sabinovs, das heute ein Amtsgebäude ist. Zu den politischen Schlagwettern kamen im Alter private Wechselfälle. Markows zweite Ehefrau (seine erste war noch vor dem Ersten Weltkrieg gestorben) lief mit einem Zirkusartisten davon und konnte von Markow, der ihr bis nach Wien nachgereist war, nicht zu einer Rückkehr zu ihm bewegt werden. Als schon alles darauf hindeutete, dass Markow nun die Last des Alters alleine zu tragen genötigt war, fand er in Maria Oetter eine neue Lebensgefährtin, die bis Ende 1942 mit ihm zusammen bleiben sollte.

Doch auch hier gebricht es dem Historiker wieder an eindeutigen Fakten. Eine Maria Oetter, Jahrgang 1919, lebt heute in der ostslowakischen Kreisstadt Presov. Eine andere Maria Oetter ist in den Meldearchiven der Slowakischen Republik nicht nachzuweisen. In einem persönlichen Gespräch erklärte Frau Oetter jedoch, sie sei lediglich die Schwägerin Markows gewesen, der zu jener Zeit mit einer gleichnamigen Maria Oetter liiert gewesen sei, die später einen Herrn Ploštunak geheiratet habe und 1989 in Bratislava gestorben sei. Sie hingegen, geborene Schichmann, habe Emil Oetter, Marias Bruder, geheiratet, woraus die Namensgleichheit resultiere. Merkwürdig an dieser Erzählung stimmt der Umstand, dass im Pressburger Matrikelamt eine Maria Ploštunakova, geborene Oetter, nicht auffindbar ist. Warum aber sollte eine 84-jährige Frau nach 61 Jahren eine unwahre Geschichte erzählen?

Fakt ist, dass Dimitri Markow Ende 1942 nicht mehr in Sabinov gemeldet war. Ob er jedoch die Stadt wirklich erst im November 1942 verließ, als der entsprechende Eintrag erfolgte, oder ob er schon früher abreiste, dieser Umstand aber erst später dem Rathaus von Sabinov bekannt gegeben wurde, lässt sich aus der Distanz von sechs Jahrzehnten nicht mehr klären. Auch der weitere Verbleib Markows ist unklar. Ging er, um die Bahn brechenden Umwälzungen während des Zweiten Weltkriegs zu nutzen, doch noch in seine Heimat zurück? Wurde er deshalb 1944 von der Roten Armee gesucht? Gab oder gibt es Gründe, die Frau Oetter aus Presov auch heute noch veranlassen, ihre allfällige Beziehung zu Markow zu leugnen? An dieser Stelle mutiert der Historiker zum Detektiv. Eine breit angelegte Feldforschung in der Westukraine wäre vonnöten, die Chance auf Erfolg jedoch gering, muss doch davon ausgegangen werden, dass die Archive von Hrusziv, Lemberg und anderen Orten aus Markows Jugend durch den Krieg schwer in Mitleidenschaft gezogen wurden. Wenn Markow zwischen 1942 und 1944 nicht an exponierter Stelle stand, werden sich seine Spuren kaum noch finden lassen. Vielleicht aber findet sich ein(e) engagierte(r) HistorikerIn, die die Fährte in der Ukraine aufnimmt, um so das letzte Kapitel in Markows Biographie zu schreiben.

Quellennachweis

Bilder auf den Seiten 9, 27, 49, 59, 67 und 77:
Enciklopedija Slovenije, Mladinska knjiga Ljubljana

Alle übrigen Fotos:
Bildarchiv der Österreichischen Nationalbibliothek

Titelfoto:
„Letzte Sitzung des österreichischen Abgeordnetenhauses am 12. November 1918"
Quelle:
Bildarchiv der Österreichischen Nationalbibliothek

Europa erlesen

Alle lieferbaren Titel

Band	Autor/Hg.	Titel
1	Gretter	*Venedig*
2	Gretter	*Triest*
3	Niederle	*Wien*
4	Rothmeier	*Mähren*
5	Strutz	*Istrien*
6	Wieser	*Karst*
7	Strutz	*Dalmatien*
8	Niederle	*Berlin*
9	Niederle	*Prag*
10	Simonek/Woldan	*Galizien*
11	Czernin	*Salzkammergut*
12	Wieser	*Kärnten*
13	Gretter	Zürich
14	Jäger	*Sankt Petersburg*
15	Pittler	*Dublin*
16	Niederle	*Weihnachten*
17	Gruber	*In anderer Augen*
18	Kitzmüller	*Friaul*
19	Aescht	*Siebenbürgen*
20	Jäger/Klein	*Moskau*
21	Wieser	*Senza Confini*
22	Niederle	*Rom*
23	Wieser/Poniž	*Ljubljana*
24	Niederle	*Die letzte Reise*
25	Barner	*Bukarest*
26	Niederle	*München*

27/28	Verne	*Mathias Sandorf*
29	Haar	*Amsterdam*
30	Wetzig	*Island*
31	Marenits	*Barcelona*
32	Schneider L.	*Lappland*
33	Twaroch	*Niederösterreich*
34	Jäger/Sitzmann	*Plovdiv*
35	Ponger/Heimann	*Wiener Einstellungen*
36	Sandbichler	*Tirol*
37	Eggert	*Bodensee*
38	Dittmar	*Liechtenstein*
39	Pittler	*Schottland*
40	Schneider S.	*Provence*
41	Billetta	*Athos*
42	Holzbauer	*Das Lied v. Hürnen Seyfried*
43	Velikić	*Via Pula*
44	Slataper	*Mein Karst*
45/46	Kofler	*Poesie von Meer und Erde Poesie di mare e terra*
47/48	Spechtler	*Liechtenstein/Frauendienst*
49	Erstić	*Zagreb*
50	Schulte	*Belgrad*
51	Niederle	*Eros*
52	Niederle	*Frühjahr*
53	Artl	*Dubrovnik*
54	Bernhart	*Sizilien*
55	Niederle	*Sommer*
56	Echerer	*Budapest*
57	Niederle	*Herbst*
58	Baker	*London*

59	Niederle	*Winter*
60	SakoHoess	*Bratislava*
61	Decloedt	*Brüssel*
62	Schneider L.	*Oslo*
63	Pollack	*Porto*
64	Brix	*Krakau*
65/66	Fischer/Okuka	*Terra Bosna*
67	Spechtler	*Walther von der Vogelweide/ Sämtliche Gedichte*